Klaus Müller

DEM GLAUBEN NACHDENKEN

KLAUS MÜLLER

DEM GLAUBEN NACHDENKEN

Eine kritische Annäherung ans Christsein in zehn Kapiteln

Aschendorff
Verlag

Für Anneliese und Otmar Kappl
aus der Gemeinde Mariä Himmelfahrt in Lappersdorf,
die Zeit ihres Lebens das WORT nicht nur hören,
sondern auch tun

Inhaltsverzeichnis

Vorwort

Derzeit ist so etwas wie ein Rückzug christlicher Stimmen ins kirchliche Kuscheleck und ein verbreitetes Misstrauen gegen die Vernunft in Glaubensdingen zu beobachten. Man badet gern lau in der niveauvollen Seelenstimmung, die sich einstellt, wenn man von den Kanzeln hört, was man ohnehin schon immer denkt – und hält das dann auch noch für Spiritualität. Dass es auch so etwas wie eine Andacht des Denkens gibt, die darin besteht, den Fragen nicht auszuweichen, die sich an den Grenzen der Vernunft stellen, ist heute weitgehend vergessen.

Der unverratenen Anbetung bedarf es für das ernsthafte Christsein, hat Alfred Delp einst geschrieben. Wohl wahr. Das nicht minder nötige unverratene Gottdenken ist bis in Theologenkreise hinein nicht mehr selbstverständlich. Dem möchten die nachfolgenden zehn Reflexionsgänge dienen, die sich alle den Grundlagen und Grundfragen des christlichen Glaubens widmen. Alle Texte sind zunächst als Fastenpredigten oder Vorträge für eine Hörerschaft entstanden, die ihre Entscheidung für den Glauben mit dem Gebot intellektueller Redlichkeit verbindet. Im Längsschnitt gesehen, könnten die zehn Kapitel als eine Art Einführung ins Christliche unter den Bedingungen der Spätmoderne gelesen werden.

Ich danke all denen, die durch ihre Einladungen und Anfragen den Anstoß zur Ausarbeitung der Überlegungen gaben. Ich danke den Vielen, die mündlich oder schriftlich auf etliche der Fastenpredigten und Vorträge reagiert haben. Ich danke Herrn Dr. Dirk Paßmann und Herrn Dr. Bernward Kröger vom Verlag Aschendorff für das lebhafte Interesse an diesem Projekt. Und nicht zuletzt gilt mein Dank den

Mitarbeiterinnen und Mitarbeitern am Lehrstuhl für Philosophische Grundfragen der Theologie an der Westfälischen Wilhelms-Universität Münster, der Wissenschaftlichen Mitarbeiterin Jasmin Hassel, den Studentischen Hilfskräften Michael Berentzen, Agnes Engel, Elisa Kröger und Ruth Möser sowie der Sekretärin Frau Monika Liedschulte. Desgleichen bedanke ich mich – wie schon so oft – beim Konvent der Klarissen am Dom zu Münster für die unermüdliche Mithilfe, abgabefähige Druckvorlagen rechtzeitig fertig zu stellen.

Besonders freut mich, dass das Buch genau am 15. November, dem Fest des heiligen Albertus Magnus, fertig geworden ist. Er war von 1260–1262 Bischof meiner Heimatstadt Regensburg, er war ein leidenschaftlicher Philosoph und er hat – eingefügt in einen Matthäuskommentar – eine Predigtlehre geschrieben, gemäß der die Predigenden am Sich-klein-Machen Gottes in der Menschwerdung Maß zu nehmen haben.

Münster, den 15. November 2009

Klaus Müller

ERSTES KAPITEL

Wort wird Fleisch wird Wort
Ein Gang durch die ganze Bibel in vier Schritten

— *Eine Pilgerin als Vorbild* —

Im Folgenden wird der Versuch gewagt, gleichsam einmal mit Siebenmeilenstiefeln in überschaubaren Schritten vollständig die Heilige Schrift zu durchmessen und so auf das ganze Fundament des Glaubens zu schauen. Diese Idee ist gar nicht neu. Vergleichbares hat uns schon die berühmte Pilgerin Egeria aus dem Jerusalem an der Wende zum 5. Jahrhundert überliefert: Gerade in den Festzeiten gab es da lange Lesegottesdienste, in denen die ganze Heilsgeschichte rekapituliert wurde mit Lesungen über Schöpfung, Sündenfall, Erlösung bis zur Endzeit – und dazu wurde alles ins Verhältnis zum Leben Jesu gesetzt, um von ihm als dem maßgebenden Kommentator her nochmals zurückzuschauen. So sollten sich die Hörerinnen und Hörer in die Geschichten gleichsam verstricken, damit das Einmalige von einst sich in ihrem Hier und Heute vergegenwärtige.

— *In die Bibel verstricken* —

Es verhält sich gerade so wie in der Geschichte, die Martin Buber seinen berühmten »Erzählungen der Chassidim« vorangestellt hat:

»Da war einmal ein Rabbi, den bat man, eine Geschichte zu erzählen. Eine Geschichte, sagte er, soll man so erzählen, daß sie selber Hilfe sei. Und er erzählte: Mein Großvater war lahm. Einmal bat man ihn, eine

Geschichte von seinem berühmten Lehrer zu erzählen. Da erzählte er, wie dieser heilige Mann beim Beten zu hüpfen und zu tanzen pflegte. Mein Großvater erzählte und erzählte, und die Erzählung riß ihn so hin, daß er hüpfend und tanzend vormachen mußte, was der Meister getan hatte. Von dieser Stunde an war er geheilt. So soll man – und damit schloß der Rabbi –, so soll man Geschichten erzählen.«[1]

So zu ergreifen vermögen uns die Geschichten der Bibel, weil sie immer schon von uns selbst reden: In ihren Gestalten und Bildern schauen wir uns an: Woher wir kommen, wo wir stehen, wohin wir gehen, wer wir sind, wer Gott ist, wie es steht zwischen uns und ihm – und was er tut für uns. Indem uns die Geschichten von Gottes Geschichte mit uns berühren und treffen, bringen sie von Neuem in Bewegung, was schon starr und lahm geworden ist in uns, und sie heilen wieder, was angeschlagen ist – gerade so, wie ein Wort der Liebe tiefe Angst zu beruhigen, ein Wort des Trostes Schmerz zu heilen vermag.

— *Die ganze Bibel ist adventlich* —

In dieser Absicht durchwandern wir in vier Schritten die ganze Schrift von vorne bis zum Ende. Das passte eigentlich in besonderer Weise zum Advent, weil die ganze Bibel so sehr von einem Hoffen und Warten und Drängen nach vorne durchzogen ist, dass man sie schlicht ein adventliches Buch nennen könnte. Das Allermeiste davon teilen wir mit unseren jüdischen Glaubensgeschwistern. Doch auch die Christusbotschaft hat diesen adventlichen Erwartungszug nicht zum Stillstand gebracht. Im Gegenteil, sie macht das Warten und Hoffen noch dringlicher, weil für die Glaubenden an Jesus dem Christus aufleuchtet, was es für einen Menschen bedeutet, wenn Gott alles richtet, also recht macht und alles in allem sein wird. Nicht umsonst lautet das älteste Gebet der Gemeinde: *»Maranatha – unser Herr, komm!« (Offb 22,20)* Unter diesem Vorzeichen versuchen wir jetzt, uns in die Geschichte der Bibel hineinzugraben – bis dorthin, wo uns sichtbar wird, was sich wie ein roter Faden durch die ganze Bibel zieht und alles von der ersten bis zur letzten Seite zusammenhält.

1. Von Anfang zu Anfang *(Gen 2,4b–11,9)*

— Menschen-Frage —

Wir fangen an mit den Hör-Bildern aus dem Buch Genesis ab Kapitel 2,4, beginnen also mit dem zweiten und älteren der beiden Schöpfungsberichte, die am Anfang der Bibel stehen. Dort geht es nicht um den Anfang von allem: wie denn Gott die Welt gemacht habe oder woher er selbst komme. Sondern hinter der Geschichte steht als erste Frage die des Menschen nach sich selbst: Wer bin ich? Wozu bin ich da? Und die Geschichte sagt als Erstes weiter: *»Gott, der Herr, töpferte den Menschen aus Erde vom Ackerboden und blies in seine Nase den Lebensatem...« (Gen 2,7)*

Mit einem Satz wird da umrissen, wie der Mensch sich im Letzten erfährt: Als Wesen, eng der Erde verbunden mit seinen Sinnen und seinem Leib, seinen Bedürfnissen und Grenzen, verwandt mit dem Boden, der ihn trägt; aber zugleich beseelt und begabt mit etwas Unbegreifbarem, was er nicht selbst macht und worüber er nicht selbst verfügt: mit dem Leben. Das kann nur einer geschenkt haben, der Leben hat und über das Leben im Ganzen verfügt. Dieses Geschenk verbindet die beiden – den Geber und den Empfangenden – auf Leben und Tod. Das Wesen am Schnittpunkt von Oben und Unten, von Erde und Himmel, wo beide sich ineinander verweben – das ist der Mensch.

— Gönnender Gott – beschenktes Geschöpf —

Diesem Wesen gilt Gottes ganze Fürsorge. Er legt ihm einen großen Garten an, so weit, dass es vier große Ströme braucht, um ihn zu umgrenzen. Ströme – mit ihrem Wasserreichtum Sinnbilder der Lebensfülle, die sie umarmen. In dem Garten lässt Gott vielerlei Bäume wachsen mit köstlichen Früchten daran. Und in der Mitte des Gartens – an besonderer Stelle – da steht gleichsam als zusammenfassendes Inbild für die ganze Lebensfülle ringsum ein Baum, der Baum des Lebens. In diesen Garten hinein setzt Gott sein Geschöpf. Der Mensch darf den Garten bewohnen, er soll ihn auch behüten und bewahren. Gott traut ihm so viel zu, lässt ihn auf seine Weise das Schöpfungswerk fortsetzen. Und auch leben darf der Mensch von diesem Garten und ihn genießen: Von allen Bäumen des Gartens darfst du essen – das ist das erste Wort Gottes an sein Geschöpf. Nur einen, einen einzigen Baum lass stehen – den in der Mitte, den Lebensbaum, der stellvertretend steht für alles, was es gibt. Er soll dich daran erinnern, dass du alles, was da ist, nicht selbst gemacht, sondern geschenkt erhalten hast. Wenn nun – so sagt unsere Geschichte – der Mensch nach dem Lebensbaum als dem Sinnbild der ganzen Schöpfung griffe, sich buchstäblich alles aneignete, dann eben auch mit dem Gutsein der Dinge zusammen ihre dunkle Kehrseite, der er nicht gewachsen ist. – Sobald du davon isst, wirst du sterben. Wenn du versuchst, dich zum unumschränkten Herrn des Lebens aufzuschwingen, wirst du genau das Gegenteil ernten – das Nicht-mehr-leben-Können –, warnt Gott. Denn – zum Herrn des eigenen Lebens aufgeworfen – wirst du dich zu Tode ängstigen, ja nichts auszulassen, ja nicht zu kurz zu kommen; wirst dich den chaotischen Kräften in den Dingen aussetzen und dabei das Leben, das du hast, zerstören. Wer sich das Leben nimmt, der nimmt sich's, hat der Philosoph Hegel dafür gesagt. – Das ist deine allererste Wahrheit, Mensch. Freilich aber auch: Welche Freiheit muss dem Menschen gegeben sein, wenn Gott ihn mahnt, sich nicht der Wahrheit seines eigenen Wesens zu verweigern?

— *Geborgen leben* —

Die Genesis versteht das nicht als Drohung. Deshalb folgt Gottes Mahnung auch von Neuem seine Fürsorge um sein Geschöpf. Geradezu selbstkritisch mit seinem Werk mag der Schöpfer nicht gut finden, dass der Mensch allein sei. Ein Gegenüber soll der Mensch finden, das ihm entspricht und leben hilft – leben hilft, indem es da ist und die Einsamkeit aufhebt. Darum schafft Gott – zunächst – die Tiere und schenkt dann in einem ganz besonderen Akt der Schöpfung dem Menschen dieses ersehnte Gegenüber. Ihm so sehr entsprechend, dass der Mann – wohlgemerkt: der Mann – Vater und Mutter verlassen wird, um mit seiner Frau ein Fleisch zu sein. Und die Schöpfungsgeschichte endet mit dem denkwürdigen Satz: Beide, Adam und seine Frau, waren nackt, aber sie schämten sich nicht voreinander. Noch einmal will damit zusammenfassend gesagt sein, wie harmonisch Gott alles geschaffen hat: die Menschen – Mann und Frau – sind füreinander und voreinander offen. Es gibt nichts, wessen sie sich schämen müssten. Obwohl doch nur ein paar Hände voll Staub und ein Anhauch aus Gottes Mund darüber, haben sie es nicht nötig, sich etwas vorzumachen und vorzuhalten, um etwas zu sein, denn sie sind schon unendlich viel: Gottes Geschöpfe, geborgen in seiner Fürsorge, überreich beschenkt mit Leben, so dass sich keiner bedecken muss in seiner Zerbrechlichkeit und keiner sich hüten muss, dass der eine den anderen für sich ausnutze. So hat Gott die Welt gemeint und so hat er sie geschaffen.

— Die Schlange – Ikone der Kontingenz —

Warum wir uns und die Welt ganz anders erfahren, sagt uns die Genesis in der unmittelbar folgenden Geschichte vom Sündenfall. Da steht am Anfang die Schlange, Inbild des Unheimlichen, aber auch Faszinierenden – und darin Sinnbild des Bösen, das die ganze gute Schöpfung pervertiert. Woher es kommt, das Böse, danach wird nicht gefragt. Es ist auf einmal da, ungefragt und ungebeten. Gerade so, wie wir Menschen es erfahren in der gar nicht geplanten, aber uns auf einmal bestimmenden Bereitschaft, den anderen zu hintergehen, ihm wehzutun. Nicht ob es das Böse gibt, ist die Frage – da gibt die gelebte Erfahrung genug Auskunft –, sondern gefragt wird, wie das Böse wirkt, um uns offenbar zu machen, worin es denn eigentlich besteht.

Alles beginnt, indem die Schlange fragt: Hat denn Gott wirklich gesagt: Ihr dürft von keinem Baum des Gartens essen? Was wie eine harmlose Erkundigung klingt, ist in Wirklichkeit ein Anschlag auf das Gottesbild des Menschen: Gott hat ja gar nicht so gesagt, wie die Schlange fragt: Er hatte ja im Gegenteil ganz ausdrücklich alle Bäume freigegeben, dass der Mensch sie genieße, nur einen einzigen ausgenommen. Und er hat sich darüber hinaus gesorgt, dass der Mensch nicht einsam leben muss. Wie könnte der Mensch da noch ein anderes Bildnis im Herzen tragen als das eines gönnenden Gottes! Da taucht – wie aus dem Nichts – die Schlange auf. Sie ist schlauer als alle anderen Tiere des Feldes, sagt die Bibel. Das meint: Sie steht für eine besonders tiefe, freilich – dem Wesen der Schlangen ähnlich – auch unheimliche Einsicht. Und die unheimlichste Einsicht, die es für uns Menschen gibt, ist – die eigene Endlichkeit, das Sterben. Jeden Menschen überfällt diese Erkenntnis einmal auf dem Weg seines Reif- und Erwachsenwerdens: er selber und alle und alles, was ihm lieb und kostbar ist, wird einmal nicht mehr sein. Irgendwann tritt ihm diese beklemmende Wahrheit wie aus dem Nichts entgegen – genauso wie die Schlange in der Bibel auftaucht.

— *Zweideutiges Gottesbild* —

Mit ihrer Frage hat die Schlange ein böses Gegenbild heraufbeschworen, wie Gott ja auch sein könnte: ein grausamer Despot, der einen köstlichen Garten anlegt, den Menschen hineinsetzt und ihm dann – die ganze Wonne des Lebens vor Augen – verbietet, sich daran zu freuen. Die Schlange hat nicht behauptet, dass Gott so sei. Sie hat nur gefragt. Aber das hat gereicht, um Eva dieses Zerrbild Gottes so ins Herz fahren zu lassen, dass ihr eigenes Gottesbild – das vom gütigen Gönner des Lebens – eine winzige, gleichwohl katastrophale Veränderung erfährt. Denn sie antwortet der Schlange:

»Von den Früchten der Bäume im Garten dürfen wir essen; nur von den Früchten des Baumes, der in der Mitte des Gartens steht, hat Gott gesagt: Davon dürft ihr nicht essen und daran dürft ihr nicht rühren, sonst werdet ihr sterben.« (Gen 3,2–3)

Das aber hat Gott eben nicht gesagt. Davon dürft ihr nicht essen, hat er gemahnt; vom Nicht-berühren-Dürfen des Baumes war mit keinem Wort die Rede. Dass die Frau aber eben das behauptet, verrät, dass es der Schlange mit ihrer hinterhältigen Frage, also dem Bewusstsein der Endlichkeit, gelungen ist, ihrem Gegenüber den Bazillus der Angst zu injizieren, denn: Nicht Angst haben vor dem Baum, sondern weit tiefer Angst haben um sein eigenes Leben und im tiefsten Winkel dieser Angst den Argwohn hegen, der Geber des Lebens habe es vielleicht doch nicht so gut gemeint, wie bisher gedacht. Die Angst vor Gott ist aufgebrochen.

— *Unzufrieden mit dem Paradies* —

Damit ist das Entscheidende des Unheils bereits geschehen. Das Gottesbild beginnt zweideutig zu werden. Um es schon einmal vorwegnehmend zusammenzufassen: der Fall des Menschen, seine Sünde, besteht darin, mit der Hypothese zu spielen, es gäbe vielleicht doch noch etwas anderes mehr, das ihm der scheinbar gütige Schöpfer vorenthält. In der Atmosphäre des angstverursachenden Misstrauens entdecken Adam und Eva jetzt, wie ungeschützt sie sind, wie verletzlich. Sie machen einen Schurz aus Feigenblättern, weil sie sich etwas vormachen müssen – im doppelten Sinn des Wortes: Sie schämen sich für das, was sie sind, weil es – abgesondert von Gott – als so viel wie nichts erscheint – ein bisschen Erde und ein unfassbarer Hauch, sie, die hatten wie Gott sein wollen. Aus Misstrauen gegen Gott können sie nicht einmal mehr einen Schimmer an Gutem und Schönem an sich entdecken – so sehr, dass sie sich sogar vor ihrem eigenen Schöpfer meinen verstecken zu müssen. Das verlorene Paradies ist der Preis dafür, nicht mehr danke sagen und nicht mehr wie ein Kind aufgehoben sein zu wollen in Gott. Dieser Urkonflikt zwischen Vertrauen und Misstrauen in den Grund des Lebens, zwischen Glaube und Angst, zwischen Gnade und Sünde – das ist es, was uns die Schöpfungsgeschichte verdichtet in den Gestalten von Adam und Eva vor Augen stellt, damit wir erahnen, warum unsere Welt so ist, wie sie ist.

— *Logik des Misstrauens im Großformat* —

Was jetzt nach den ersten drei Kapiteln der Schöpfungsgeschichte noch folgt, lässt nur bis zum Grunde hervortreten, in welchen Sog die Menschen und ihre Welt durch die Absonderung von Gott geraten. Die Geschichte von Kain und Abel, von der Sintflut und der Noachsippe bis hin zum Turmbau von Babel projiziert das Adam-Eva-Drama sozusagen ins Großformat von Geschichte und Kultur. Die Logik des Misstrauens, der Angst, der Gewalt, die daraus folgt, bleibt die gleiche. Die am Ende im gigantischen Turm von Babel gesuchte Vergewisserung über sie selbst verrät, wie tief die Menschen der Wirkmacht der Angst verfallen sind: dass sie toten Sachen, einem Steinhaufen, zutrauen, er könne ihr Leben garantieren. Da wird wieder – diesmal in der Makroperspektive – etwas vorgemacht, um die Dürftigkeit des von Gott getrennten und damit allein auf sich geworfenen Daseins zu überblenden. Der ragende Turm von Babel ist nichts anderes als das Weiterfädeln des Feigenblattschurzes von Adam und Eva mit den Mitteln der Gigantomanie.

Doch der Turm bleibt Torso. Sein Zerbröckeln wird zum Sinnbild für den Zerfall des Menschseins in der Ferne von Gott. Mit dieser beklemmenden Szene endet die Urgeschichte. So ist die Welt, sagt die Genesis. Haben wir Anlass zu widersprechen? Deshalb lautet die allerallerletzte Frage auf dem Grunde unseres Daseins und muss lauten: Wie kann ich noch leben in dieser Welt? Und wo ein Mensch auch nur einen Augenblick lang einmal weiter denkt als an Essen und Trinken und Geschlecht, da wird er unfehlbar zu suchen beginnen, ob er denn einen Weg finde zurück in Gottes Lebensgarten, wo er so daheim war: geborgen in Gottes Nähe und Boden unter den Füßen, der ihn trug und nährte. Kann es einen Weg dorthin noch geben für die Sünder? Das zu erkunden, wird Aufgabe des folgenden Schrittes.

2. Gottesabenteuer Geschichte *(Ex 1,1–34,35 pass.)*

In unserem ersten Schritt haben wir uns eine kleine Weile vor das Kolossalgemälde der biblischen Urgeschichte gestellt. Wir haben in die Hör-Bilder vom Schöpfungsmorgen bis zum Turmbau von Babel hineingelauscht, weil sie uns davon sprechen, wie es steht zwischen Gott und uns – und wie es kommt, dass es so steht, wie es steht: dass der Mensch im Tiefsten mit seinem Gott zerfallen ist und so den Grund seines Lebens verloren hat. Das ist das letzte Wort der Schöpfungsgeschichte.

— Mikrokosmos Israel —

Was jetzt noch folgt im Alten und Neuen Testament über mehr als 2000 Seiten hin, hat einzig zum Ziel, uns zu versichern, dass diesem verheerenden Resultat der Schöpfungsgeschichte nicht zukommt, das letzte Wort über uns zu sprechen – weil Gott nicht will, dass es so ende mit uns – im absoluten Gegenteil dessen, was er sich für uns, seine Geschöpfe, ausgedacht hat. So fängt das Gottesabenteuer der Geschichte an. Und weil Geschichte nie allgemein, sondern einzig im Hier und Jetzt von Raum und Zeit zu geschehen vermag, kommt diese Geschichte Gottes mit uns auch konkret zum Austrag – in der Geschichte des Volkes der Juden von Abraham an. Eine Geschichte, die aber immer auch uns schon meint: Durch dich sollen alle Geschlechter der Erde Segen erlangen (Gen 12,3), wird schon im Ansatz dieser Erzählung dem ersten geschichtlichen menschlichen Gegenüber Gottes – dem Abram – gesagt. Alle Geschlechter: also auch wir. Das aber heißt auch, dass uns in den Widerfahrnissen und Wendungen dieser Geschichte Israels mit seinem Gott unsere eigene Geschichte mit Gott anschaulich vor Augen tritt.

— *Aus dem Sklavenhaus zum Bundesschluss* —

Die Achsenzeit dieser Geschichte Gottes mit uns umfasst die Ereignisse vom Auszug aus Ägypten bis hin zur Begegnung und zum Bundesschluss mit Gott auf dem Sinai. Da hat Israel kennen gelernt, wer sein Gott ist. Historisch lässt sich dazu nur wenig sagen: Die Israeliten waren Nomaden, die in Sippenverbänden in dem Gebiet vom Euphrat und Tigris im Osten bis zur Nilmündung im Westen zwischen den Städten der bereits sesshaft gewordenen anderen Völker umherzogen. Bei diesen Wanderungen sind einige Gruppen tief in ägyptisches Gebiet gekommen – und wohl aus Gründen günstiger Lebensumstände dort länger geblieben. Nach etlicher Zeit geraten sie allerdings unter die Gewalt des ägyptischen Herrschers. Er zog die Apiru, die Hebräer, wie sie jetzt heißen, zu Fronarbeiten im Nildelta heran, vor allem beim Bau der Städte Pitom und Ramses. Die Israeliten freilich wollten sich mit dieser Unterdrückung nicht abfinden. Nach gescheiterten Verhandlungen über eine Entlassung gelingt ihnen endlich die Flucht aus dem Nildelta unter Führung eines Mannes namens Mose. Trotz Verfolgung durch die Ägypter glückt dieses Unternehmen aufgrund einer spektakulären, wohl durch klimatische Ereignisse mitbedingten Niederlage der überlegenen Ägypter.

Damit beginnt nun ein riskanter, von Fortschritt und Rückschlägen gezeichneter Weg in eine Zukunft, durch die sich die Israeliten am Ende in völlig veränderter Gestalt und Rolle wiederfinden werden: die geflohenen, durch die Wüste ziehenden Nomaden werden zu sesshaften Bewohnern eines fruchtbaren Landes, Menschen mit Boden unter den Füßen und – freilich mit Ersterem untrennbar verbunden –: religiös werden sie Erwählte, für etwas Besonderes bestimmte Partner Gottes im Bundesschluss am Berg Sinai.

— *Israels Geschick als eigene Lebensgeschichte lesen* —

Alle nachfolgenden Generationen haben immer wieder auf dieses Zentrum der Geschichte ihres Volkes zurückgeschaut. Und dabei haben sie Stück für Stück entdeckt, dass alles, was einst geschichtlich-äußerlich geschehen war, genau das sichtbar darstellte, was jeder Mensch innerlich notwendig als die Geschichte seiner Lebens- und Heilssuche durchmacht: in die Fremde geraten; Unterdrückung, Entfremdung erleiden; ohnmächtig aufbegehren; fliehen; wunderbar gerettet werden; Rückfälle erleiden aus eigener Schwäche und schließlich Verbündeter Gottes werden dürfen – das sind die Stationen, über die einer – jeder! – erwachsen, ja Mensch wird vor und mit seinem Gott, sein Ebenbild, geschaffen zum Leben. Wiederum von uns selbst also reden auch diese so geschichtlich geprägten Geschichten der Bibel. Hören wir, was sie uns sagen:

— *Der Hunger und seine Masken* —

Eine Hungersnot treibt Israel in die Fremde. Die Sorge um sein Bestehen – das ist wie eine Wiederholung aus der Paradiesgeschichte, ob denn zum Leben reichen wird, was Gott gibt. Und genauso ähnelt, was die Genesis am Anfang erzählte, dem, was die Israeliten jetzt erleben: Sie gehen fort nach Ägypten, sie finden tatsächlich genug zu essen, – aber, der Preis: sie werden satt um den Preis der Entfremdung. Nicht mehr in Freiheit sie selbst, werden sie abhängig von dem, was ihr Leben garantiert. Und nicht lange, so erfahren sie diese Entfremdung – diese Heimatlosigkeit – als pure Unterdrückung. Ein Preis, der das Brot, für das er bezahlt wird, nur noch vergiften und ungenießbar machen kann. Sie leben ja gar nicht mehr – stöhnen die Israeliten in Ägypten – sie werden gelebt, in raffinierter Ausnutzung ihres Lebenshungers ausgepresst für Fremdes, zynisch sichtbar gemacht dadurch, dass sie als Sklaven Städte – also Wohnung, Heimat – bauen müssen für andere. Die banale historische Konstellation – weiß Gott, wie oft bis heute in der Menschheitsgeschichte wiederholt –, dass die einen als Sklaven um ihres bloßen Daseins willen dem Leben Fremder zu dienen haben, diese geschichtliche Konstellation gerät in der Perspektive des Glaubens zum Sinnbild des Menschen nach dem Fall: Die Angst, nicht genug zu bekommen von Gott und deshalb sein Leben selbst in die Hand nehmen zu müssen, treibt unentrinnbar in die Entfremdung – eben dadurch, dass genau das, was mir Leben in Überfülle verspricht, mich aussaugt und meine besten Kräfte sich dienstbar macht. Warum will einer um jeden Preis Karriere machen? Um mehr zu sein, also mehr zu leben. Und wie macht er Karriere? Indem er alles, sein Denken, seine Gefühle kategorisch und kompromisslos seiner Rolle unterwirft – bis dahin, dass er nicht mehr er ist. Warum sucht einer die Bestätigung, unbedingt geliebt zu sein, in der Beziehung zu dauernd wechselnden Partnern? Aus Angst, mit einem allein zu kurz zu kommen. Und was findet er dabei wirklich? Ein Aneinanderreiben von Körpern, dem nichts fremder ist als das Wort Liebe. Warum hält einer seine Habe geizig zusammen? Aus Angst, nicht genug zu haben. Und was hat er davon? Nichts anderes als die Sorge, nichts zu verlieren und nichts zu verpassen, was an Vorteilen sich bietet. Das ist Existenz in Ägypten. Es gibt keinen Winkel unseres Daseins, in dem Ägypten nicht liegen könnte. Aber wie da wieder herausfinden?

— *Ruf in die Freiheit* —

Davon erzählt uns die Geschichte der Begegnung Gottes mit Mose. Die Erzählung vom brennenden Dornbusch ist ihre Ouvertüre: Eines Tages trieb Mose das Vieh über die Steppe, so hören wir, da erschien ihm ein Engel des Herrn. Das heißt in der Sprache der Bibel: eine Gotteserfahrung machen. Und Mose schaut einen Dornbusch, der brennt und doch nicht verbrennt. Wie in jeder Vision steht auch hier das

Geschaute für den Schauenden selbst: ein Dornbusch – Sinnbild des Minderwertigen schlechthin –, wird ergriffen vom Feuer, dem Symbol der unfasslichen Macht Gottes. Ja, dieser Dornbusch wird gleichsam Wohnung dieser Macht, er lodert von ihr, aber ohne dass ihn selbst diese Macht vernichtet. Dem Mose wird da in dieser Erfahrung von Gott etwas über sich selbst kundgemacht: Wie wertlos du auch dich selbst fühlen magst, dennoch taugst du so, wie du bist, dafür, dass Gott in dir wirkt. So wie du bist – mitsamt deinen Schwächen – bist du gut genug für mich. Das kann niemand sich selber sagen. Kein Wunder daher, dass Mose diese Offenbarung der Vision am Dornbusch nur zögernd annehmen mag. Darum schenkt Gott dem Mose als Antwort auf seinen Zweifel – seinen Namen: Ich bin der Ich-bin-da. Seit Jahrtausenden hat dieser Name Gottes die Theologen nicht mehr zur Ruhe kommen lassen, um sein Geheimnis zu ergründen, dieses »ehjeh ascher ehjeh«, »ego eimi ho on«, »sum qui sum«. Und dabei meint er genau das und nichts anderes, als was er sagt: Gottes Name, Gottes Wesen also, besteht darin, immer da zu sein für dich; dazusein für dich, wenn du stark bist und wenn du schwach bist; dazusein für dich, wenn du aufrecht stehst und wenn du gefallen bist; was immer geschieht, er ist für dich da. Der Urakt unseres Gläubigwerdens besteht einzig darin, diesen Namen Gottes so lange zu wiederholen, uns so lange in ihn hineinzubeten, bis er zum Innersten unser selbst geworden ist – unauslöschlich eingeprägt, damit wir ihn nie mehr vergessen, komme, was kommen mag.

— Flucht nach vorn – Versuchung retour —

Was geschieht, wenn Menschen diesem Gottesnamen zu trauen wagen, das erzählen uns die Geschichten vom Auszug aus Ägypten. Sie schildern im Detail die Dramatik der Kämpfe, in die ein Mensch gerät, der sich aus Gottvertrauen entschlossen hat, sich aus den Versklavungen seines Lebens zu befreien. Da sehen wir, wie Mose zuerst mutig und doch voller Angst dem Pharao als Bittsteller unter die Augen zu treten wagt, dieser Inkarnation all dessen, was Israel unterdrückt und Angst einjagt. Man möchte die Freiheit, ja, aber mit offizieller Genehmigung gleichsam, mit Erlaubnis dessen, was ihm bisher die Freiheit nimmt. Doch dieser Kompromiss zwischen Angst und Freiheit ist ein einziger schreiender Selbstwiderspruch. Darum steigert sich das Bittstellen von Mal zu Mal mehr zur Verhandlung und die Verhandlung wird schließlich zu einem erbitterten, aggressiven Schlagabtausch zwischen Mose und dem Pharao, zwischen dem unabweisbar gewordenen Willen zur Freiheit und dem Widerstand dessen, was einen beherrscht. Wenn jemand diesen Kampf aufnimmt – sich einer Sucht entwindet, aus einer versklavenden Bindung löst, überzogene Erwartungen abwirft –, dann gerät sie oder er jedes Mal und unentrinnbar in die Mose-Pharao-Situation, die alles Leben so vergiftet, zerfressen und zerschlagen werden lässt, dass einer da, wo er steht, einfach nicht mehr weiterleben kann.

Deshalb folgt an dieser Stelle, was allein noch folgen kann: Mose und die Israeliten wagen die Flucht – hinaus in die Steppe, aus der sie einst des Hungers wegen in die sattmachende Fremde gekommen waren. Wo immer ein Mensch – seinen Ich-bin-da-für-dich heißenden Gott im Rücken glaubend – beginnt, sich den Unterdrückungen seines Lebens zu entziehen, da hat der erste Schritt immer den Charakter der Flucht nach vorn. Und genauso unumgänglich erfährt dieser Mensch im zweiten Schritt exakt das, was jetzt im Buch Exodus über das Geschick der Israeliten folgt. Noch gar nicht weit gekommen, da sehen sie schon eine Streitmacht des Pharao hinter ihnen herjagen. Die alte Unterdrückung, die alten Zwängen, drohen, sie einzuholen und ins Sklavenhaus zurückzupeitschen. Nichts anderes als tiefster Schrecken kann da die Israeliten ergreifen, so sehr, dass sie keinen Schritt mehr tun können. Wo immer ein Mensch den Schritt in die Freiheit wagt, suchen die alten Fesseln der Angst ihn neu zu knebeln. Endlich traut sich einer einmal, ja zu sagen zu sich, so wie er ist, da wird ihn gleich darauf wie ein Tier die Angst anfallen, nichts zu sein, weil er doch zuerst Übermenschliches leisten müsse, um etwas zu sein. Dann kann einer sogar meinen, sterben zu müssen, weil er gewagt hat, aus dem Diktat seiner Zwänge herauszutreten. Hinten die Verfolger, vorne der Abgrund des Meeres. Wohin noch? Das ist die zugespitzte Bedrängnis, die den Gebetsschrei des Menschen geradezu herauspresst – aber zugleich in ihm auch dem Vertrauen in den Gott aufhilft, der allein jetzt noch retten kann.

— *Im Letzten ein Wunder* —

Dass es dann aus solcher Ausweglosigkeit doch noch weitergeht, das kann man nicht anders benennen als Wunder. Und Israel hat folgerichtig seine Rettung am Schilfmeer als die Wundertat Gottes schlechthin erzählt: dass sich dort im Meer, wo sonst bloß Unheil dräut, auf einmal ein Weg auftut; dass sich, wo mir sonst das Wasser bis zum Hals reicht und höher, gangbare Pfade zeigen. Und dass bei diesem Durchgang durch das scheinbar Ungangbare alles hinter mir versinkt, was mich geängstigt, bedroht, versklavt hat, das wird ein jeder, der auf seiner Lebens- und Freiheitssuche einmal so weit gekommen ist, immer wieder nicht anders als ein Wunder erleben. Das ist die Grunderfahrung aller, die aus innerstem Antrieb um ihrer selbst willen den Einbruch einer Lebenskrise auf sich zu nehmen wagen im Akt des Gottvertrauens. Deshalb konnte, was Israel einst am Schilfmeer geschichtlich auf einmalige Weise widerfuhr, zum zeitüberdauernden Sinnbild der Rettermacht Gottes werden. Dürfen wir uns da noch wundern, dass Israel in der Erinnerung diese Geschichte so eindrücklich und dramatisch wie möglich erzählt, um zur Sprache zu bringen, welches Wunder da durch Gottvertrauen geschehen ist – und um zugleich zu verheißen, dass Gottvertrauen solche Wunder auch künftig wirken wird?

— *Bundesschluss und Bundesbruch* —

Doch genau das, die künftigen Wunder, die hat Israel mehr als nötig. Denn bald nach dem Durchzug durch das Meer folgt nicht nur ein bewegtes Auf und Ab im Umgang mit dem neuen Geschenk der Freiheit, die dem Volk manchmal so beschwerlich wird. Es kommt vielmehr zu einem einzigartigen Vorfall. Denn wir hören: nachdem Israel seine Freiheit wiedergewonnen hat und sich abzuzeichnen beginnt, wie es durch die besondere Gottesnähe des Bundes wieder Boden unter die Füße – eine Heimat – bekommt, da geschieht ein dramatischer Rückfall. Einer, der alles, was Gott bis jetzt für das Volk getan hat und was das Volk im Verlauf dieser Geschichte über Gott und sich selbst erfahren hat, gewissermaßen überblendet, ja faktisch ungeschehen zu machen scheint: Nur weil Mose, dieses Erinnerungszeichen Gottes in Menschengestalt, für eine Weile abwesend ist, beginnen die Israeliten, Gott zu vergessen und gießen sich das Goldene Kalb als neuen Gott. »Kalb« ist in der Sprache des Alten Testaments der spöttische Name für Stier. Und dieser wiederum gilt – für Israel hautnah zu erleben an der Religion der umliegenden Völker – als Sinnbild der Kraft und Fruchtbarkeit.

Dass sich Israel auf einmal einen anderen Gott macht, hat auf eine nahezu tragisch zu nennende Weise seinen Grund darin, wie Israel eben diese seine neue Existenz betrachtet: Im Verlauf seiner Freiheitsgeschichte hat es erleben dürfen, wie viel es Gott wert ist. Und das gibt ihm – völlig zu Recht – ein neues Selbstwertgefühl. Doch in dem Augenblick, da dies geschieht, läuft Israel schon wieder Gefahr, diesen Selbstwert misszuverstehen – nämlich nicht mehr als gottgeschenkt, sondern als sich selbst verdankt. Deshalb wenden sie sich dem Sinnbild der Kraft und Potenz als ihrem Gott zu und drücken damit aus: die Mitte unserer Existenz, ihr ein und alles, das, was uns wieder jemand sein lässt, das ist unsere eigene Lebenskraft. Was ja nichts anderes heißt als: wir leben von eigenen Gnaden! Messerscharf wird in dieser Geschichte die innere Verfassung des Menschen zur Sprache gebracht: dass sie sich unbeschadet der Erfahrung einer durch Gottvertrauen geschenkten Erlösung aus aller Entfremdung von eben diesem erlösenden Gott doch wieder noch einmal abwenden kann und das in einer so seltsam wirklichkeitsfremden Selbstüberschätzung faktisch auch tut.

— Gottes Geduld —

Dass die Geschichte der Befreiung zu erlöstem Leben an diesem Punkt nicht doch noch und vielleicht endgültig stecken bleibt, rührt einzig daher, dass Gott die neuerliche Abwendung des Volkes von ihm seinerseits nicht auch wieder mit Abwendung beantwortet, sondern den so schnell gebrochenen Bund in einem bewegenden Gespräch mit Mose erneuert: *»Sag den Israeliten: Ihr seid ein störrisches Volk ... Doch ich will sehen, was ich mit dir tun kann.« (Ex 33,5)*

Geduld und Erbarmen Gottes halten trotz allem das Ziel offen, auf das hin die ganze dramatische Geschichte Gottes mit den Menschen überhaupt erst in Gang kam: dass wir – erlöst vom Misstrauen und von der Angst um uns selbst – dorthin gelangen, wo die Heimat liegt, die einzig und wirklich diesen Namen verdient: die Geborgenheit in Gott, die menschliches Dasein erst gelingen lässt.

Der weite Weg dorthin muss freilich aufgrund des vom Menschen selbst gewählten Gebrauchs seiner im Auszug aus der Entfremdung bereits gewonnenen Freiheit noch einmal anders verlaufen, als Gott ihn am Beginn der Heilsgeschichte – menschlich gesprochen – eigentlich vorgesehen hatte. Das seltsame Neben-, ja Ineinander von Bundesschluss und Bundesbruch setzt eine Spannung frei, unter die die ganze weitere Geschichte Gottes mit den Menschen tritt – und zwar so sehr, dass man sie im Grunde als eine einzige Kette werbender Zuwendungen Gottes zum Menschen, dessen zeitweiligen Eingehens auf Gott, der gleichzeitig immer neuen Absonderung von Gott und der immer noch einmal neu anfangenden Sympathie Gottes beschreiben kann.

Das steigert sich von Mal zu Mal mehr zu solcher Dramatik, dass nach menschlichem Ermessen irgendwann der Zeitpunkt gekommen sein müsste, da Gott die Geduld verliert mit seinem Geschöpf und in einem vernichtenden Gericht doch noch allem ein Ende setzt. Nicht einmal Gottes immer neues Erbarmen scheint zu reichen, dass wir ins Heil kommen. Muss damit nicht unabwendbar das letzte Wort über uns gesprochen sein? Oder weiß Gott noch anders weiter? Dem werden wir im nächsten Schritt nachzugehen suchen.

3. Herzensanliegen Mensch *(Am; Hos; Jes pass.)*

In zwei Gängen haben wir schon versucht, uns hineinzugraben in die Grundbotschaft der Heiligen Schrift. Das Buch Genesis hat uns in der Urgeschichte erschlossen, warum wir unser Leben so erfahren, wie wir es erfahren – dass das daher rührt, wie der Mensch zu seinem Gott steht. Dass Gott trotzdem sein Werk nicht im Desaster von Babel enden lässt, sondern in einem regelrechten Abenteuer beginnt, seinen Geschöpfen einen Ausweg zu eröffnen aus dem Verhängnis der Gottesferne – dem war nachzugehen in der Betrachtung der Geschichte des Volkes Israel vom Auszug in Ägypten bis zum Ineinander von Bundesschluss und

Bundesbruch am Sinai. Alles, was danach noch zwischen Gott und Volk geschieht, gerät unter diese Spannung, bis sich die Frage aufzwingt, ob Gott denn nicht doch noch in einem vernichtenden Gericht allem ein Ende setzen wird, ja setzen muss, will er sich mit seiner Nachsicht nicht noch selbst aufgeben. Oder weiß Gott noch anders weiter?

— Das Auftreten der Propheten —

Diese Frage ist es, die innerhalb dieser so dramatisch werdenden Geschichte Gottes mit dem Menschen etwas völlig Neues – im Glauben Israels und in den Religionen der Menschheit noch nie Dagewesenes – hervortreibt: die Gestalt der Propheten. Folgerichtig haben wir deshalb jetzt ihrem Auftreten, ihrer Botschaft und den in dieser Botschaft sich andeutenden Fluchtlinien ihrer heimlichen Hoffnung unsere Aufmerksamkeit zu schenken.

Wer und was sind Propheten? Es sind nicht Männer und Frauen, die Zukunft vorhersagen, sondern die hervorsagen wie es in der jeweiligen Gegenwart wirklich steht zwischen Gott und Mensch. Im Bewusstsein, absolut und persönlich von Gott in Anspruch genommen zu sein – berufen sagt man dafür –, machen die Propheten in Worten und Zeichen, manchmal an ihrem eigenen Leib, die menschliche Geschichte deutend und gestaltend auf Gott hin durchsichtig. Dabei brechen oft aus der Tiefe ihrer Seele visionäre Bilder hervor, in denen sie dem Volk Gericht und Heil ansagen – die beiden Alternativen, die es vor Gott für den Menschen allein ja geben kann. Und in der Schau dieser Wahrheit über Tod und Leben wissen sie sich dann auch genötigt, manchmal selbst in Geschichte und Politik einzugreifen – selbst, wenn sie sich dagegen wehren wie Elija, Jeremia oder Jona, die vor Gott regelrecht davonlaufen möchten; und selbst, wenn sie durch ihr Auftreten ihr eigenes Leben aufs Spiel setzen – der gewaltsame Tod ist das typische Prophetenschicksal. Dass es in dem Zwielicht, in das das Volk durch das Ineinander von Bundesschluss und Bundesbruch auch noch Gottes rettende Initiative hineingezogen hat, – dass es dann darin doch noch einmal die Propheten als absolut unzweideutige Brennspiegel der für alle und alles geltenden Wahrheit gibt, das hat Israel selbst verstanden und haben wir rückschauend nicht anders zu verstehen denn als neuerlichen Ausdruck dafür, wie Gott um uns ringt. Worum in dieser Sendung der Propheten im Letzten gerungen wird – und dass es dabei wieder um uns selbst geht –, das vermögen wir zu erahnen, wenn wir wenigsten in Umrissen ein paar solche Rufer Gottes vor uns lebendig werden lassen.

— *Verinwendigung* —

Auf einen bündigen Nenner gebracht kann man sagen, dass mit dem Auftreten der Propheten Religion und Glaube endgültig anfangen, sozusagen verinwendigt zu sein, etwas von Du auf Du zu werden zwischen Gott und Mensch. Gott begegnet als der Herzens-JHWH, der sein Wort ins Innerste des Menschen spricht und auf Tafeln nicht mehr von Stein, sondern von Fleisch schreibt. Das aber zieht nach sich, dass es ab nun vor allem um das Verhältnis zwischen Innen und Außen, zwischen Herz und Handeln geht. So sehr die Menschlichkeit des Menschen steht und fällt mit dem Verhältnis zu Gott, also Folge einer religiösen, geistlichen Grundentscheidung ist, so wenig kann diese Menschlichkeit ohne eine politisch-soziale Kehrseite gedacht werden. Darum ist nicht zu verwundern, dass neben dem Abfall von Gott die Entlarvung und Anklage sozialen Unrechts zu dem Anliegen der Propheten wird.

— *Eingeklagte Gerechtigkeit* —

Die schärfsten Worte dagegen hat der Prophet Amos, ein Schafzüchter und Baumwollpflanzer aus Tekoa, getrieben vom Schrecken über die Niedertracht in Gottes auserwähltem Volk hervorgestoßen: Wenn er vom Dorf in die Stadt kommt, um seine Wolle zu verkaufen, da hört Amos reden und erlebt mit eigenen Augen, wie sich Richter bestechen lassen von den Reichen, wie man Landsleute, die sich verschuldet hatten, ausbeutet, gar als Sklaven verkauft, wie einzig noch das Recht des Stärkeren gilt, die Reichen immer reicher, die Armen immer ärmer werden. Weil sich die umliegenden gegnerischen Völker in gegenseitige Händel verstrickt hatten, war Israel außenpolitisch entlastet und erlebte infolgedessen innenpolitisch ein regelrechtes Wirtschaftswunder. Das sicherheitspolitische Traktieren und der ökonomische Aufschwung aber trieben einen Kult der Selbstsicherheit hervor, der kein Gesetz mehr über sich akzeptierte und keine Norm mehr kannte außer der der eigenen Gewinn- und Genusssteigerung.

Kein Wunder, dass dieser Lebensstil der Leute Sinn und Herz für die elementarsten Gebote der Menschlichkeit verklebte. Aus der Feinfühligkeit seines glaubenden Herzens brüllt Amos angesichts dieser Zustände heraus, was einzig und unentrinnbar Folge solcher Maßlosigkeit sein kann: äußere Vernichtung Israels, die nichts anderes bedeutet als inneres Gericht Gottes über die Zertrampelung des Bundes, den er seinem Volk geschenkt hatte. Darum verflucht er die »High Snobiety« in Jerusalem und nennt die feinen Damen fette Baschankühe, denen man bald die Fleischerhaken in den Hintern hauen werde, um sie wie Kadaver aus den Stadtmauern zu schleppen. Was den Amos solche Worte finden lässt, ist seine aus Glauben kommende Überzeugung, dass gelebte Inhumanität nicht bloß moralisch inakzeptabel ist, sondern praktizierte Gottlosigkeit darstellt – und eine umso zynischere, wenn dieselben Prasser und Rechtsbeuger gleichzeitig in aller Scheinheiligkeit Gottesdienst feiern.

Was ist denn Gottes ganzer Heilsplan noch wert, wenn unter denen, die zu Vermittlern dieses Heils erwähnt sind, einer des anderen Wolf ist? Biblischer Glaube wäre nicht mehr er selbst, wollte er diese radikale Sozialkritik ausblenden, die ihn bis in seine innerste Mitte hinein bestimmt. Der Gott, der von sich sagt: Ich bin der Ich-bin-da-für-euch, der hat das ernst gemeint und gültig für den ganzen Menschen, nicht nur für das Jenseits, auch für das Leben vor dem Tod. Wer beides auseinanderdividiert, holt aus, um Gott selbst in seiner innersten Mitte zu treffen. Wenn Menschen das tun – und sie tun es und wir selbst tun es auf höchst raffiniert getarnte Weise immer wieder –, wie vermögen sie da überhaupt noch eine Sekunde weiterzuleben vor den Augen ihres Gottes?

— *Gottesrevolution* —

Dass Götzendienst und Unmenschlichkeit nicht bloß moralische Ausrutscher störrischer Wesen sind, sondern Gott wirklich zuinnerst treffen und warum die Täter trotzdem nicht der Vernichtung verfallen, das hat ein anderer der Gottesrufer, der Prophet Hosea – kurz nach Amos – auf nicht mehr zu überbietende Weise zu verkünden gehabt. Nicht nur, dass Hosea alles, was zwischen Gott und Volk geschieht, als ein Drama zwischen zwei Herzen begreift – so sehr, dass er das Verhältnis beider mit einer Ehe vergleicht, in der der Partner, das Volk, Ehebruch begeht mit anderen, mit den Baalen. Nicht nur, dass Hosea sich genötigt fühlt, seine Predigt geradezu in Wirklichkeit umzusetzen, und deshalb eine Kultdirne heiratet, um dem Volk mit dieser aufsehenerregenden Geste drastisch vor Augen zu stellen, was es treibt mit seinem Götzendienst. Über all dies hinaus noch lässt uns Hosea in den Versen eines Liedes – im 11. Kapitel – gleichsam einen Blick tun ins Innerste Gottes, um dem Volk und uns endlich die Augen zu öffnen, dass es bei allem, was Gott unternimmt, um den Menschen die alte Geborgenheit wiederzugeben, – dass es dabei nicht um die Behebung eines bedauerlichen Defekts im Schöpfungswerk geht, sondern um die Geschichte einer Liebe, in die sich Gott mit allen Fasern seines Wesens verstrickt hat:

Obwohl Gottes Reaktion auf seines Volkes Aktionen nur noch Gericht heißen müsste, bleibt seine Barmherzigkeit noch größer als sein Zorn. Weil es in Gott eine Revolution gibt – mein Herz wendet sich gegen mich, sagt Gott durch den Mund Hoseas –, weil es in ihm eine permanente Revolution des Herzens gibt, deshalb allein noch gibt es uns. Lässt sich noch dramatischer zur Sprache bringen, dass der Mensch – so, wie er ist – einzig und allein von der Gnade Gottes lebt? Dass sich in Gott um unsertwillen das Oberste zuunterst kehrt, was könnte dem im Menschen anderes entsprechen als die Bewegung der Umkehr hin zu diesem unbegreiflichen Gott?

— *Desaster des Misstrauens* —

Genau das müsste sie. Doch der Fortgang der Geschichte bringt anderes. Nicht einmal die bewegende Predigt der Propheten wie eines Amos und Hosea reichen, Israel seinem Gott wirklich näher zu bringen. Und so kommt, was kommen musste: In fortdauernder und geschichtlich sich steigernder Abkehr vom Gott der Befreiung aus dem Sklavenhaus

Ägyptens erlebt Israel – bedingt durch sicherheitspolitische und das heißt für das Alte Testament immer: aus Misstrauen gegen Gott keimende Kalküle – zunächst eine Krisenzeit, in der ein Teil des Volkes im 8. Jahrhundert unter die Herrschaft der Assyrer gerät. Und die Krise gipfelt schließlich – gut 100 Jahre später – auf in der Katastrophe des Babylonischen Exils: dem neuerlichen und als endgültig empfundenen Absturz in die ägyptische Existenz totaler Entfremdung. Das ist die Zeit der Klagelieder.

— *Krise als Lehrzeit* —

Mit diesem Desaster des Exils gerät zwangsläufig der ganze Glaube Israels in eine Krise. In dieser Bedrängnis aber ahnt Israel zumindest, dass nicht Gottes Schwäche das Unheil hereinbrechen ließ, sondern seine – des Volkes – Gottlosigkeit. Gerade diese schonungslos ehrliche Selbsteinschätzung aber – so kann man rückblickend erkennen – macht aus, dass die Geschichte überhaupt noch weitergeht. Denn vor ihrem Hintergrund konnte die Krisenzeit – je länger, je mehr – zur Lehrzeit werden, so lange, bis Israel zu denken wagte: Wenn unsere eigene Geschichte seit dem Exodus und auch schon vorher je einen Sinn gehabt haben soll, dann einzig dadurch, dass unser Gott auch dieses Geschick des Exils noch in seinen Händen hält – dass er Herr über Raum und Zeit ist. Doch Israel geht sogar noch weiter und sagt sich: Wenn es so wäre – wenn Gott auch jetzt noch der Herr ist, wenn wir ihm so viel wert sind, dass er bis jetzt mitging mit uns, dann ist auch dieses Exil nicht das Aus. Dann trägt er uns auch jetzt noch. Und weil Israel da in Babylon trotz allem nicht nur unter dem erneuten Druck der Entfremdung und Heimatlosigkeit des Exils steht, sondern auch jetzt in der Trauer noch zurückgreifen kann auf unauslöschliche Erinnerungen an erfahrenes rettendes Handeln Gottes in seiner Geschichte seit dem Exodus, – weil es die Erinnerungen daran auch jetzt noch erzählend gegenwärtig hält, deshalb kann das Volk jetzt zu einem so großen Glaubensmut heranreifen, der Gott sogar noch in der offenkundigen Situation des Gerichts zutraut, der Ich-bin-da-für-euch zu sein. Und eines Tages bricht der zuinnerst in der Existenzmitte geschehende Prozess der Reinigung des Glaubens in die

Öffentlichkeit des Bekenntnisses durch, als einer der Propheten des Exils, der sogenannte »Zweite Jesaja« oder die Prophetengruppe, die hinter diesem Namen steht, im Geist Gottes die ungeheure Zusage zu geben wagt:

»Hört auf mich, ihr vom Haus Jakob,
und ihr alle, die vom Haus Israel noch übrig sind,
die mir aufgebürdet sind vom Mutterleib an,
die von mir getragen wurden,
seit sie den Schoß ihrer Mutter verließen.
[Gott an Mutter statt! – K. M.]
Ich bleibe derselbe, so alt ihr auch werdet,
bis ihr grau werdet, will ich euch tragen.
Ich habe es getan
und ich werde euch weiterhin tragen,
ich werde euch schleppen und retten.« (Jes 46,3–4)

Ich bin für euch da, selbst dort noch, wo ihr eure Freiheit gegen mich kehrt und ihr diese Perversion existenziell im Zerfall eures Daseins und seiner Geschichte erfahrt. Weil Gott immer und immer derselbe bleibt – selbst noch in der selbstverschuldeten Verdunkelung des Antlitzes Gottes. Und warum? Weil Gott uns sich aufgebürdet hat vom ersten Atemzug an, aufgebürdet wie den schweren Packen eines Lasttiers. Ich werde euch weiterhin tragen, ich werde euch schleppen und retten. Gott ist einer, der macht sich zum Esel für sein Volk, für uns. Denn wie ein Esel wirft er seine Last noch immer nicht ab, nicht einmal dann, wenn sie unerträglich wird. Überall auf der Welt sind die Götter oben und die Menschen sind unten, müssen ihnen dienen. Bei uns steht alles Kopf: unten Gott, der sich plagt mit uns, bis wir grau werden, und wir oben, auf seinem Rücken. Das ist die existenzielle Kehrseite des Gottesnamens vom Horeb – eine Kehrseite, die die innerste Wahrheit dieses geheimnisvoll-hoheitlichen Namens überhaupt erst in ihrer eigentlichen Reichweite erahnen lässt. Bis dahin radikalisiert die Krise des Exils den Glauben Israels.

— Suchbild der Hoffnung —

Und trotzdem ist das noch nicht alles. Gottes Wahrheit nämlich steht nicht als theoretische über der Geschichte, sondern bewahrheitet sich als praktisch-konkrete in der Geschichte. Von allem Anfang an war das so: Auch die Dornbuschwahrheit zu Beginn der Heilsgeschichte – das Ich-bin-da – kam konkret und anschaulich zur Geltung in der Gestalt des Mose: also darin, dass Gott einen solchen begrenzten, mit Schwächen behafteten Menschen brauchen konnte, um gerade in ihm auf wunderbare Weise für das Volk da zu sein. Und keinen Deut anders geht es mit unserer Kehrseite des Gottesnamens, mit der Wahrheit, dass dieser Gott sich für uns zum alles sich gefallen lassenden Tragtier macht, um so – auf seine Kosten – über alle Verwerfungen hinweg die dramatische Geschichte zwischen ihm und seinem Volk zu einem guten Ende zu bringen.

Darum fängt unser »Zweiter Jesaja« mitten im Exil visionär zu reden an von einem Knecht Gottes; von einem, der absolut mit Gott vertraut und ganz in seinen Dienst gestellt gleichsam wie ein neuer Mose in einem neuen, endgültigen Exodus den Heilsplan Gottes geschichtlich verwirklichen wird. Jesaja sagt nicht, wer das sein wird – weil er ja nicht die Zukunft voraussagt; sondern aus der glaubenden Tiefenschau der gegenwärtigen Wahrheit Gottes ergibt sich, dass es einen solchen Gottesknecht um der Menschen willen geben muss – wenn Gott wahr ist. Sehr wohl aber weiß Jesaja von daher, wie dieser Gottesknecht nur sein kann – als des geduldig tragenden, schleppenden Gottes Sinnbild aus Fleisch und Blut: Einer, der nicht schreit und lärmt und nicht einmal zurückschlägt, wenn man ihm Gewalt antut.

— Neuer Exodus: Die Sünde wegleiden —

Und genau damit wird er sein von Gott aufgetragenes Werk für uns vollbringen – den neuen Exodus verwirklichen: nicht mehr handelnd wie Mose einst, sondern – leidend: Nicht aus Lust am Leiden, sondern weil er so auch noch in der Situation der extremsten Verfassung, in die ein Mensch geraten kann, während eines aggressiven Hassausbruches gegen Gott die Wesensart des grenzenlos geduldigen Ich-bin-da-für-dich beglaubigen kann. Und nicht nur beglaubigen: Indem er leidet, hält er der aggressiven Absonderung von Gott entgegen, wie überflüssig sie doch eigentlich ist gegen einen Gott, der absolut nichts für sich, aber alles für sein Geschöpf will. Und eben dadurch wird das Geschick des Gottesknechtes die Absonderung von Gott – die Sünde – entmächtigen.

Mit dieser Hoffnung auf den Gottesknecht im Herzen machte sich Israel nach 70 Jahren aus dem Exil auf den Weg in seine weitere Geschichte – ohne in dieser Geschichte den vom Zweiten Jesaja verkündeten neuen Exodus unter Führung des Gottesknechts als des neuen Mose wirklich zu erleben. In der nachexilischen Zeit haben Propheten und Seher diese Hoffnung fortgeschrieben in der Gestalt des Messias bzw. des Menschensohnes und der von diesem heraufgeführten neuen Schöpfung. Strenggläubige Juden warten bis heute auf diesen Messias und seinen Tag.

Vor knapp 2000 Jahren allerdings gab es eine kleine Gruppe von Juden, die bezeugten, ihnen sei etwas widerfahren, das sie felsenfest hat überzeugt werden lassen, dass die bestürzende Wahrheit Gottes – dass er uns schleppt und rettet um absolut jeden Preis – dass diese Wahrheit Gottes endlich erfahrbare, mit Sinnen zu greifende Wirklichkeit geworden ist mitten in der Geschichte. Das sind die Christinnen und Christen. Was bewegt sie zu ihrem Glauben? Was drängt sie, die Erfüllung der unausdenkbaren Hoffnung des Alten Testaments zu verkünden? Davon soll unser nächster und letzter Gang handeln.

4. Noch einmal anfangen dürfen *(NT pass.)*

In drei Angängen haben wir zu hören versucht, was das Alte Testament zu sagen hat über Gott und die Welt und uns selbst. Die Urgeschichte, der Exodus mit Bundesschluss und Bundesbruch, das Ringen Gottes in den Propheten um das Gelingen seines Weltabenteuers, schließlich das Hoffnungsbild des geheimnisvollen Gottesknechts, mit dem Gott noch einmal – auf seine Kosten sozusagen – einen Neuanfang stiftet. Gerade wie bei zwei Menschen, zwischen denen Böses vorgefallen ist: solange der eine beschuldigt und der andere sich rechtfertigt, solange

der eine urteilt – obwohl dies zurecht – und der andere verurteilt wird, solange bleibt das Zerwürfnis der Schuld in Geltung. Erst in dem Augenblick, da der eine dem anderen absolut vergibt, auf die Durchsetzung seiner Rechte verzichtet ohne Zweck und Vorteil für sich, erst in diesem Moment eröffnet sich beiden wieder die Möglichkeit, über die Barriere geschehener Schuld hinweg neu zueinander zu finden.
Und genau so nur – das ahnen die Propheten zutiefst – kann es sein zwischen Gott und Mensch. Wird diese Ahnung sich erfüllen? Die Propheten hoffen es. Das auserwählte Volk lebt mit dieser Hoffnung unter vielgestaltigen Gesichtern bis heute. Und einige Frauen und Männer aus diesem Volk haben in grundstürzenden Erfahrungen ihres Lebens vor knapp 2000 Jahren die unumstößliche Gewissheit gewonnen, dass einer aus ihrem Volk, ein Jude, den Dienst und das Geschick des Gottesknechts so ganz und unbedingt übernommen hat, dass in ihm jene neue, endgültige Rettung der Geschöpfe aus der Verfahrenheit ihrer Freiheitsgeschichte wieder heraus in Gottes Geborgenheit bereits sichtbar, mit Händen zu greifen begonnen hat – in Jesus von Nazaret. Auf den Schultern dieser jüdischen Frauen und Männer stehen wir als Christinnen und Christen. Welchen Grund hatte diese ihre Gewissheit? Und: Geben sie, jene Mütter und Väter im Glauben, uns mit ihrer Gewissheit Grund genug, auch so zu leben?

— *Den Gottesknecht nochmals lesen* —

Keine Frage natürlich, dass diese Gewissheit, Jesus von Nazaret sei der von den Propheten visionär geschaute leidende Gottesknecht, ihren unerschütterlichen Halt für die Jünger in dem Ereignis besaß, mit dem das irdische Leben dieses Jesus zuende kam: dass ausgerechnet der, der in seinen Predigten Gott spürbar vergegenwärtigte wie kein anderer zuvor und an dessen bloßem Zugegensein anderen aufging, was Menschlichkeit ist –, dass ausgerechnet der aus offiziell politischen, in Wirklichkeit aber religiösen Gründen hingerichtet wird; und dass seine Anhänger dann, wider den Sog ihrer absoluten Niedergeschlagenheit, erleben, dass sich dieser Getötete auf eine radikal neue, nur unbeholfen in Worte zu fassende Weise ihnen als Lebendiger bezeugt – das alles konnte ja gar nicht anders, als sie schlagartig an die Gottesknechtslieder des alten Jesaja denken zu lassen, den Geschlagenen und Bespuckten, der dann von Gott so groß und erhaben gemacht werden wird, dass die Völker staunen.

— Voresterlicher Brückenschlag —

Doch verdankt sich dieser Brückenschlag zwischen prophetischer Hoffnung und Geschick Jesu nicht nur der nachösterlichen Retrospektive. Er hatte sich schon viel früher angebahnt – nämlich zu Beginn des öffentlichen Auftretens Jesu. Und grundgelegt hat diesen Brückenschlag niemand anderer als er selbst. Gleich zweimal geschah das nach dem Zeugnis der Evangelisten: Einmal kurz nach seiner Taufe, als Jesus im Lauf seines Auftretens in Galiläa das erste Mal in der Synagoge seiner Heimatstadt Nazaret predigt:

»Als er aufstand, um aus der Schrift vorzulesen«, erzählt Lukas, *»reichte man ihm das Buch des Propheten Jesaja. Er schlug das Buch auf und fand die Stelle, wo es heißt: Der Geist des Herrn ruht auf mir; der Herr hat mich gesalbt; er hat mich gesandt, daß ich den Armen eine gute Nachricht bringe; daß ich den Gefangenen die Entlassung verkünde und den Blinden das Augenlicht ...« (Lk 4,18)*

Das ist eine Kombination von Jesajaversen, die alle in engster innerer Verbindung mit der Vision vom Gottesknecht stehen. – Und nach dem Matthäusevangelium antwortet Jesus den Jüngern des Täufers, der diese noch aus dem Gefängnis schickt, um fragen zu lassen, ob denn Jesus der erwartete Heilbringer sei, – diesen Boten antwortet Jesus:

»Geht und berichtet Johannes, was ihr hört und seht: Blinde sehen wieder und Lahme gehen; Aussätzige werden rein und Taube hören; Tote stehen auf und den Armen wird das Evangelium verkündet.« (Mt 11,4–5)

Also wieder eine Antwort in engster Anlehnung an Jesajaverse, die vom kommenden Retter künden. Schon sie spannen gleichsam den Horizont auf, unter dem später der gekreuzigte Auferstandene als leidender Gottesknecht erkannt werden kann. Sie passen aber auch haargenau zusammen mit dem, was uns die Evangelien über Jesu Herzensanliegen schlechthin und die praktische Wahrnehmung dieses Anliegens in seinem Handeln zu erzählen haben. Was Jesus gänzlich in Anspruch nahm, war in seinen Worten gesagt: den Anbruch des Reiches Gottes zu verkünden. Reich Gottes – so kann man vielleicht umschreiben, – Reich Gottes bricht dort an, wo ein Mensch anerkennt, dass Gott ein Gott ist, dem es voraussetzungslos um den Menschen geht – um dessen Leben und Heilsein. Gott so sehen heißt mithin zugleich: nicht mehr misstrauisch sein müssen, mir könnte etwas an Leben vorenthalten sein; heißt: nicht mehr Angst haben müssen um mich selbst; heißt: nicht mehr auf der Hut sein müssen vor den anderen im Argwohn, sie könnten mir durch ihr bloßes Dasein schon meine Lebensfülle mindern. Reich Gottes meint also das exakte Gegenbild des in Misstrauen, Angst und Gewalttätigkeit von Gott abgesonderten Menschen der Urgeschichte. Wo Gott unzweideutig wieder als Gott für die Menschen geglaubt wird, da schwindet das Misstrauen gegen ihn – und dort bricht dieses Gottesreich an. Diesen Gott zu verkünden und diese Gotteserfahrung in Menschen auszulösen, indem er sie in seine Lebensart hineinzieht, also das Gottesreich für sie buchstäblich zu verkörpern, einzufleischen, dafür verzehrte sich Jesus – getrieben vom Glück seiner eigenen, absolut unbeschädigten Gottesnähe.

— *Den Dornbuschgott beglaubigen* —

Diesen besorgten Dornbuschgott, der sich geradezu zum Lasttier seiner Geschöpfe macht, den hat Jesus bis zum Letzten verteidigt und beglaubigt. So gegenüber den Pharisäern, als seine Jünger am Sabbat Ähren pflückten, um ihren Hunger zu stillen. Natürlich ist der Sabbat gut. Jesus selbst hat ihn gehalten; er war ihm kostbar als der Tag, an dem er Gott feiern durfte. Aber undenkbar war für ihn, dass ein Gebot zur Ehre Gottes dem Menschen zu Last und Not gereichen könnte – eben weil es doch Gottes Wesen ausmacht, dem Menschen – jedem – Leben zu schenken und Leben zu gönnen. Und genauso haben wir die vielen Heilungen zu verstehen, die uns die Evangelien von Jesus berichten. Niemals um die Demonstration von Macht geht es da, sondern darum, dass Jesus die beschädigte Existenz eines Menschen wiederherstellt, um zu beglaubigen, dass und wie es Gott darum geht, dass unser Leben ganz und heil sei.

An manchen Stellen macht sich der, der so redet und handelt, selbst zum lebendigen Gleichnis dieses Gottes aus Fleisch und Blut, wenn er ausruft:

»Kommt alle zu mir, die ihr euch plagt und schwere Lasten zu tragen habt. Ich werde euch Ruhe verschaffen ... denn ich bin gütig und von Herzen demütig, so werdet ihr Ruhe finden für eure Seele.« (Mt 11,28–29)

Nicht: kommt zu mir! Sondern: Kommt alle zu mir! Kommt nicht nur, ihr Frommen und ihr Zufriedenen; kommt auch ihr, die ihr es in den Augen anderer zu nichts gebracht habt; kommt, ihr Bettler und Penner; kommt ihr Arbeitslosen und ihr Ausbeuter; kommt, ihr Säufer und ihr Süchtigen; kommt, ihr Huren und Ehebrecher; kommt ihr, die ihr Gott verloren habt und nicht mehr glauben könnt! Kommt zu mir, traut euch mir an – werdet meine Jünger, heißt es wörtlich bei Matthäus, – geht mit mir, dann findet ihr den Herzensfrieden, die Geborgenheit, die ihr verloren habt, weil ihr auf falschen Wegen suchtet.

— *Durchbruch zum Sohnes-Bekenntnis* —

Dies zu erfahren und in seiner ganzen Wahrheit zu erspüren, das verdanken wir Jesus. So hat er uns nahe gebracht, wer Gott ist, dadurch, wie er war. Und die Christen haben bald verstanden: Wer so wichtig ist für Gott und für sein Anliegen wie dieser Jesus, der kommt nicht von außen und nachträglich hinzu zu diesem Gott. Der gehört untrennbar zu ihm schon immer und für immer. Und so haben sie ihn in der Armut der Sprache Gottes Sohn genannt. Und sie haben auch zu ahnen begonnen: Wenn er der Sohn ist, gleichsam Gottes Liebstes, sein Augenstern, dann liebt uns Gott also so sehr, dass er dieses Liebste dafür dran gibt, ja dass er um unsertwillen nicht einmal mehr Gott sein wollte; deshalb ist er Mensch geworden, um Seite an Seite mit uns den Weg in die Freiheit, in die Geborgenheit zu gehen. Aber dann hat ja, was auf Jesus hineinbrach, Gott selbst erlitten und ausgehalten für uns. So ist es. Denn so heißt er: Ich-bin-da-für-euch. Damit hat er ernst gemacht.

— Jesus – Antitypos von Mose bis Adam zurück —

Und von da aus haben unsere Vorfahren – im Glauben rückblickend auf das, was ihnen widerfahren war – entdeckt, dass alles, was Jesus predigte und tat, eine Antwort war auf die uralte Frage vom Anfang und zugleich zur Vollendung brachte, was Gott in den Jahrtausenden der Heilsgeschichte immer neu zur Rettung des Menschen ins Werk gesetzt hatte. Und so beginnen die Verkünder in den ersten Gemeinden – besonders die Evangelisten, Jesu Predigt und Geschick nachzuerzählen, in Entsprechung zu den entscheidenden Wegmarken der Geschichte des auserwählten Volkes – bis dahin, dass sie die Jesusgeschichte als Gegenbild zum kolossalen Gemälde der Urgeschichte gestalten.

Deshalb erzählen die Evangelisten Tod und Auferstehung Jesu als neuen Exodus, beginnend mit dem als Paschamahl verstandenen Abendmahl – als Auszug aus dem letzten Grund aller Entfremdung und Gefangenschaft, aus der Absonderung von Gott in die Freiheit – unter Führung des neuen Mose, den Jesaja angekündigt hat. Als Auszug aus dem Dunkel ins Licht – wie zu Beginn der Osternacht –, durch die vernichtenden Fluten des Wassers hindurch auf das Ufer des neuen Landes.

Sie verstehen auf einmal, dass Jesus in den Versuchungen nach seiner Taufe – nach dem Durchgang durch die Wasser des Jordan – das durchmacht, was Israel einst nach dem Durchzug durch das Schilfmeer in der Wüste erlebte. Da hat das Volk gemurrt gegen Gott, weil es meinte, nicht genug Brot zu haben; da hat es ihn auf die Probe gestellt, weil es Beweise wollte für seine Zuverlässigkeit; hat es sich von ihm abgewandt, indem es einen anderen Gott anbetete, das Sinnbild der eigenen Macht und Stärke. Deshalb fordert der Versucher Jesus auf, er solle in seinem Hunger Steine zu Brot werden lassen; solle sich herabstürzen von der Tempelzinne, um zu zeigen, wie viel er Gott wert ist; soll ihn, den Versucher, anbeten, um alle Reiche der Welt zu gewinnen. Jesus wiederholt die Versuchungen Israels, weil sie die Urversuchungen jedes Menschen sind: das Haben-, Herrschen- und Geltenwollen, das was einen von seinem Gott wegzubringen vermag. Wie Israel und wie wir erleidet Jesus diese Attacke der Triebe. Aber anders als Israel besteht er sie in der Kraft seines Gottvertrauens, damit wir sie mit ihm zu bestehen lernen.

Die Bergpredigt hat uns Matthäus aus verschiedenen Rufen und Worten Jesu gemalt als Zielbild, in dem seine Vollendung und zugleich auch seine letzte Begründung findet, was zwischen Gott und seinem Volk mit der Übergabe der 10 Gebote geschah. Wie einst Mose, so macht jetzt der neue Mose, Jesus, vom Berg – dem Sinnbild der Gottesnähe – herab den Umriss geborgenen Lebens kund. Was mit den 10 Geboten, den Elementarregeln des Menschseins beabsichtigt war, das wird jetzt bis zum Grund durchsichtig in dem Portrait erlösten Daseins, das die Seligpreisungen und die Deutung der alten Gebote durch Jesus entwerfen. Wo einer Gott traut, da kann er ruhig arm sein und muss Trauer nicht verdrängen. Er braucht nicht sich selbst mit Gewalt durchsetzen und kann barmherzig sein, weil ihn der in Gott gefundene Herzensfriede befreit von allem Zwang, die Grenzen des Lebens zu verleugnen, gewalttätig seine Ansprüche durchzudrücken. Ist er doch im Vorhinein zu allem, was er je unternimmt, gehalten und getragen von seinem Gott.

Und um uns die Vollendung des Osterereignisses nahezubringen, die Sendung des Heiligen Geistes an Pfingsten, die Begeisterung für die Lebensart Jesu, da schlagen die Verkünder des Neuen Testaments einen kühnen Bogen zurück bis in die Urgeschichte der Genesis, weil sie verstehen, dass das Ende der Jesusgeschichten Gottes erlösende Antwort darstellt auf das katastrophale Ende der Urgeschichte mit dem Turmbau von Babel. – Total überfordert von dem Versuch, mithilfe ihres Werkes sich zu sichern und sich ihrer selbst zu versichern, hatten sich die Menschen damals zerstritten und zerstreut, nicht einmal einer des anderen Wort verstanden sie. Doch jetzt, im Geist Jesu – beschenkt mit der Lebensmacht Gottes im Sinnbild der Feuerzungen – geschieht das genaue Gegenteil von damals. Sie finden wieder zusammen. Wenn einer redet, so ist es, als könnten ihn alle in ihrer Sprache reden hören. Sie finden zueinander und verstehen sich.

Indem Menschen auf das Kreuz schauen und sich dem Gekreuzigten anvertrauen, springt sein Geist auf sie über. Sie werden Jesusgeschwister und bezeugen in ihrem gelebten Leben, dass Gott das Verhängnis über dem Menschsein zerbrochen hat. Denn er hat auf seine Kosten einen Schlussstrich gezogen unter den Wirrwarr und den Streit und die Angst voreinander. Und das Neue, das jetzt beginnt, ist die

Gemeinschaft derer, die an Christus glauben und keine Angst mehr haben, weil sie durch ihn Gott wieder trauen. Das wäre, das ist die Kirche – zeichenhafter Anfang einer Gemeinschaft von Menschen, die untereinander versöhnt sind und Versöhnung zu allen tragen, weil sie selbst sich mit Gott wieder haben versöhnen lassen.

Mit Paulus tun wir schließlich den letzten Schritt. Wenn in der Dramatik des Geschicks Jesu offenbar wird, wer Gott ist – auf eine Weise, die allen, die auf den Gekreuzigten schauen, zu Herzen geht so, dass sie ergriffen werden und zurückfinden zu Gott, dann ist dieser Jesus nicht weniger als das Gegenbild, der Antityp zu Adam. Dann ist er der neue Adam – Mensch, der endlich so ist, wie Gott ihn am Anfang gemeint hat: Sohn ist er, dazu gesandt, uns alle zu Töchtern und Söhnen, zu Kindern Gottes zu verwandeln durch die Begeisterung für ihn. So schließt der Kreis unseres Ganges durch die ganze Bibel.

— *Neue Wortwerdung* —

Übrigens macht schon das Neue Testament selbst auf dieses Ineinander von Anfang und Ende der Bibel eigens aufmerksam, indem es immer wieder betont, Jesu Geschick und besonders sein Ende sei »gemäß der Schrift« geschehen. Zugleich ist das auch ein Wink dafür, dass nun der Mensch Gewordene, gleichsam durchglüht von Ostern, wieder Wort zu werden beginnt: Sein Kommen ins Fleisch wird durch die Predigt mit der Schrift verwebt, in Sprache verwandelt und so vergegenwärtigt in Raum und Zeit. Darum auch ist im letzten Stück des Neuen Testaments, der Offenbarung des Johannes, wo der Ostersieg Christi in Hoffnungsbildern durch alle Bedrängnis hindurch sozusagen hinausgedacht wird bis ans Ende von Welt und Geschichte, mehr als irgendwo sonst in der Bibel von »Brief« und »Buch« und »Schriftrolle«, von »schreiben« und »lesen« die Rede: Das alles sind die Mittel, also buchstäblich die Medien, die dafür sorgen, dass die Kette der Geschichten und ihrer Erzähler nicht abreißt, sondern vielmehr wir selbst in sie verstrickt werden bis dahin, dass Erzählung und Erzähltes, Wort und Wirklichkeit nicht mehr geschieden werden können.

— *Frömmigkeit des Wiederkäuens* —

Alles andere als ein Zufall ist, dass eben dieses Sich-Verstricken gleich am Beginn des großen gemeinsamen Gebetbuchs von Juden und Christen, den Psalmen, in den allerersten Versen von Ps 1 als Grundhaltung des glaubenden Menschen begegnet:

»Selig der Mann, der nicht folgt dem Rat der Frevler,
der nicht geht auf dem Sünderweg
noch sitzt im Kreis der Spötter,
sondern der Freude hat an der Weisung des Herrn,
über seiner Weisung murmelt bei Tag und Nacht.
Er gleicht einem Baum,
gepflanzt am Rand der Wasser,
der Früchte trägt zur rechten Zeit
und dessen Blätter nicht welken.« (Ps 1,1–3)

Das »Murmeln über der Weisung des Herrn« meint natürlich nichts anderes als das halblaute Lesen der Bibel, gleichsam ein Wiederkäuen des Wortes, wie die Brüder des Hl. Benedikt, ein Luther und ein Nietzsche dafür sagen, ein Verweilen beim Gotteswort, bis es uns in Fleisch und Blut übergegangen ist. Mit unserem Gang durch die ganze Bibel haben wir einen Anfang dazu gemacht.

ZWEITES KAPITEL

Das Glaubensbekenntnis durchmessen

Vilma Sturm, langjährige Redakteurin der FAZ, legte im Alter ein kleines Buch vor, in dem sie nochmals Rückschau hielt, auf alles, was ihr widerfuhr und wichtig war. »Barfuß auf Asphalt. Ein unordentlicher Lebenslauf« heißt das Selbstportrait. Auf den Schlussseiten dort schrieb sie unter anderem:

»Ich befinde mich mitten im Prozeß einer Ablösung, die an mir geschieht, ohne daß ich es will. Ich gleite und gleite immer weiter fort, irgendwohin ins Leere, wo niemand mehr ist, auch kein Echo, wenn ich versuche, zu rufen. Kaum sind noch die Gestade sicher, von denen ich kam; und die Worte, die Namen, die ich einmal hatte, um das Heilige zu benennen, haben sich in Nebel aufgelöst. Die Worte in der Kirche sind meine Worte nicht mehr … Schon der erste Satz des Vaterunsers, des Credos, lähmt meine Zunge. Ich sollte Vater nennen, dieses schauerliche Geheimnis hinter dem Lauf der Welt? … Er hat sich jeglichem Begriff, jeglichem Wort, jeglicher Anrede entzogen. Alleräußerstenfalls kann ich sagen: ich hoffe, daß er ist – nichts weiter. Ich hoffe, daß er ist, daß er da sein wird in der Stunde meines Todes und mich bei sich sein lassen wird im Nie und Nirgendwo, in dem er wohnt. Gleichzeitig zittere ich davor, daß es anders sein, daß mir nichts bleiben könnte als Sarg und Grab und Verwesung.«[1]

Sind das Worte von weit her? Oder kennen Sie es auch, manchmal wenigstens, dieses bohrende Bangen hinter allem, was sonst so ist? Und dass einem die Worte in der Kirche beim Nachsprechen im Mund zerfallen wie ein modriger Pilz? »Heimatlose Katholikin« hat ihr Freund Heinrich Böll Vilma Sturm einmal genannt. Für wie viele andere mag das auch gelten, Jüngere, aber genauso Ältere, die nie im Leben daran dachten und denken, den Glauben über Bord zu werfen! Und denen das Beten trotzdem zur Last, die großen Fragen nach Sinn und Grund zur Qual geworden sind, geschürt vielleicht von einem Leid, dem eigenen oder dem eines anderen, das ihnen als tägliche Provokation im Fleische steckt. Und dann in eine solche echolose Leere hinein das Credo sprechen – das »Amen, ich glaube«! Wem das leicht fällt, der danke seinem Gott! Wer sich damit plagt in nüchterner Treue, der hat ein Anrecht auf Zuspruch seitens derer, die ihm oder ihr als Boten des Glaubens gesandt sind. Wer's nicht mehr kann, dem sei gesagt, dass auch jedes Wort der Predigenden aus dem Schweigen kommt, manchmal mit Not von dort errungen, und wieder ins Schweigen verhallt. Trotzdem will es gesagt sein, dieses Wort, von dem der Glaube kommt, wenn es gehört wird. In diesem Sinne möchte ich versuchen, die Hauptartikel des Glaubensbekenntnisses so nachzusprechen, dass sie Erfahrungen wie denen einer Vilma Sturm und vieler anderer vielleicht standhalten, ihnen zumindest nicht unredlich dünken.

1. Vater, Schöpfer – und allmächtig auch noch?

— Anfang mit Hypotheken —

Gleich der Anfang des Credo aber will einem bei diesem Unterfangen wie eine Zentnerlast auf die Seele fallen: Ich glaube an Gott, den Vater, den allmächtigen, den Schöpfer des Himmels und der Erde. – Vater? Schöpfer? Und allmächtig auch noch? Lieber Gott! Aber getrost, sagen Sie vielleicht. Haben wir denn nicht schon längst gelernt, geschlechtergerecht zu sprechen und unserer Glaubensrede die Männerfixiertheit auszutreiben; gelernt, das Vater- und Mutterunser zu beten, Hirten und Hirtinnen zum Betlehemer Stall eilen zu lassen, Jüngerinnen und Jünger um Jesus zu scharen? Die evangelische »Bibel in gerechter Sprache« von 2006 lässt vor lauter Political Correctness auch Zöllnerinnen, gar neben den alttestamentlichen Königen auch noch Königinnen auftreten. Nur: dass das geschichtlich purer Unsinn ist und eine unaufgeklärte Vergeschlechtlichung des Gottesbildes erzeugt, wie es sie in den gesamten Jahrtausenden der biblischen Tradition noch nicht gegeben hat. Also doch lieber: Ich glaube an Gott, den Vater?

— *Spezialisten für Gottesnamen* —

Vielleicht sollten wir doch besser ein wenig bei einigen alten Fachleuten in Sachen Gottesname in die Schule gehen. Der Erste, der sich dafür empfiehlt, wäre wohl Dionysios Areopagita, einen Autor, von dem wir nicht mehr wissen, als dass er als Theologe im Syrien des 5. Jahrhunderts wirkte. In seinem Buch »Über die göttlichen Namen« erläutert Dionysios, dass gewiss die symbolische Theologie mit ihren sinnlichen und geistigen Verhüllungen die dem Menschen zu Lebzeiten angemessene Form von Gottrede sei; doch könne er sich am Leitfaden dieser Symbole zur einfachen und einförmigen Wahrheit dieser Bilder vorarbeiten, indem er ihre positiven Aussagen sozusagen nochmals durchstreiche. Auch für die aus der Offenbarung – d.h. aus der Bibel – stammenden Gottesnamen gelte das. Er feiert Gott geradezu mit Kaskaden biblischer Prädikate. Aber zugleich spricht er ihm diese Prädikate als wesentliche radikal ab, weil sie alle nur analog auf Gott verweisen können, sofern Gott als der eine Träger ihrer aller – wenn nicht Widersprüche entstehen sollen – nur überseiend sein kann. Denn wie anders wäre möglich, dass Gott gleichzeitig

»... in den Vernunftwesen ist, ferner in den Seelen, in den Körpern, im Himmel und auf der Erde, zu gleicher Zeit ebenderselbe in eben demselben, innerweltlich, weltliche Maßstäbe umfassend und übersteigend, jenseits von Himmel und Sein ... und doch nichts von dem, was ist,«[2]

wie Dionysios an einer Stelle des Buches schreibt. Negative Theologie begegnet so weder als Gegensatz zur noch als Ergänzung der positiven Theologie, sondern als deren innere Wahrheit. Nur im Wissen, dass jede positive Gottrede unzureichend ist, dürfen von Gott positiv Eigenschaften ausgesagt werden – ist Dionysios überzeugt.

Jahrhunderte später wurde genau diese Einsicht Gegenstand einer Konzilsdefinition. In Reaktion auf problematische Ansichten in der damaligen Trinitätslehre verabschiedete das Vierte Laterankonzil unter anderem den Satz:

»... zwischen dem Schöpfer und dem Geschöpf kann man keine so große Ähnlichkeit feststellen, daß zwischen ihnen keine noch größere Unähnlichkeit festzustellen wäre.«[3]

Und natürlich gilt das auch für die Vater-Anrede Gottes. Nikolaus von Kues hat das in seinem Werk »De docta ignorantia« aus dem Jahr 1440 nochmals zugespitzt und geschrieben:

»Es ist ja einleuchtend, daß kein Name eigentlich dem Größten angemessen sein kann, da es das schlechthin Größte ist, zu dem nichts in Gegensatz tritt. Alle Namen sind nämlich aufgrund einer gewissen Besonderheit in der verstandesmäßigen Erfassung den Dingen zugelegt, auf der die Unterscheidung der einen vom anderen beruht. Wo jedoch alles eines ist, da kann es keinen besonderen Namen geben ... Da Gott die Gesamtheit der Dinge ist, so gibt es keinen ihm eigenen Namen, müsste doch Gott sonst mit jeglichem Namen benannt werden oder alles mit seinem Namen. Er umgreift ja in seiner Einfachheit die Gesamtheit aller Dinge. Gemäß seinem eigentlichen Namen – der für uns als unaussprechbar gilt und das Tetragramm ist ... – müsste man ihn deuten als ›Einer und Alles‹ oder ›Alles in Eins‹ was noch besser ist ...«[4]

— *Biblische Wurzeln* —

Was ist es aber dann um den ersten Satz des christlichen Credo, wenn man diese Stimmen von Dionys bis zum Cusaner ernst nimmt? An dem Punkt hilft ein Blick auf ihre biblischen Wurzeln weiter. Denn dort zeigt sich: Gott als »Abba«, lieber Vater anzureden, ist keine Erfindung Jesu, mit der er dem Wort und der Sache nach etwas unerhört Neues in die Welt gesetzt hätte. Die Vater-Anrede gibt es sowohl im Alten Testament, wie Sir 51,10 belegt, als auch im außerbiblischen frühjüdischen Schrifttum. Unbestreitbar dagegen ist, dass diese Anrede in Jesu Gottesanrede eine singuläre Position besetzt und darum in den Jesus-Portraits der Evangelien entsprechendes Gewicht erhält. Was aber heißt das? Es heißt, dass Jesus diese Gottesanrede für das Mitteilenwollen seiner Gotteserfahrung im Licht seines Glaubens wie einen wunderbaren Fund empfunden haben muss. Er konnte das, was die Wirklichkeit des unbegreiflichen Gottes für sein und in seinem Leben bedeutete, nicht besser versprachlichen als mit diesem »Abba« – was im Übrigen ein keineswegs unmissverständliches Unterfangen war: Bis heute gibt es Stimmen, die diese Gottesanrede – deutsch an sich mit »Papa« wiederzugeben – als Ausdruck von Infantilität desavouieren. Dieses Risiko der Abba-Rede, das Jesus eingeht, erklärt sich am stimmigsten aus der – menschlich gesprochen – Hingerissenheit dessen, der etwas für ihn einmalig Beglückendes gefunden hat. Dem entspricht im Übrigen, dass dieser Überschwang beglückenden Findens auch genau dort aufklingt, wo wir vermutlich am nächsten an die Originalstimme des Predigers aus Nazaret herankommen, z.B. in den Himmelreich-Gleichnissen vom Schatz im Acker und vom Kaufmann, der – verrückt genug – für die eine wunderschöne Perle alles drangibt, was er besitzt. Diese tiefe emotionale Wurzel, ein Geborgen- und Verankertsein in einem unerschütterlich Verlässlichen, das die Seele beglückt – das will immer mit aufgerufen sein, wenn wir beten »Ich glaube an Gott, den Vater« – das ist nicht ein Lehrsatz, sondern ein Lobpreis.

Über andere Gottesanreden ist damit gar nichts gesagt – und im Kurzpontifikat Johannes Paul I. ist ja auch einer größeren kirchlichen Öffentlichkeit bekannt geworden, dass mit Blick auf Jes 66,13 biblisch gesehen die Anrede »Mutter« alles andere als abwegig ist. Dass die Gottesanrede »Vater« gleichwohl zum unverzichtbaren Bestand der christlichen Gottesanreden gehört, tut das in keiner Weise Abbruch – und auch nicht, dass ihr dabei jesuanisch ein singulärer Rang eignet. Dass man christlich wegen Jesus nicht ohne die Anrede »Vater« von Gott sprechen kann, impliziert ja in keiner Weise, dass christliche Gottesrede zentriert auf diesen oder gar allein mit diesem Namen zu erfolgen habe. Im Gegenteil legte sich – übrigens gegen den Trend der deutschen Übersetzung des lateinischen Messbuches – eher, ähnlich der Sprache von Liebenden, ein sparsamer Gebrauch nahe, um die ihr innewohnende Dimension des beglückenden Fundes nicht unnötigem

Verschleiß auszusetzen. Auch der inflationäre Gebrauch eines Liebeswortes vermittelt nicht dessen Unbedingtheit, sondern höhlt es aus.

»Wer nicht zu schweigen gelernt hat, darf eigentlich nicht von Gott sprechen«[5], schrieb Bischof Kamphaus einmal. Am meisten gilt das von den Namen Gottes, auch der Vater-Anrede.

— *Das Kreuz mit der Schöpfung* —

Engstens verbindet das Credo mit dieser Anrede das Bekenntnis zum Schöpfersein dieses Gottes. Im Kern gilt für es das Gleiche wie für den Vater-Namen. Schon biblisch dient die Rede von der Schöpfung nicht einer Erklärung, wie die Welt entstanden ist. Das tut sie schon deswegen nicht, weil das Wort für »Schöpfer« und »schaffen« – hebräisch: bara – nur in diesem einzigen Zusammenhang vorkommt, in dem es darum geht, dass es außer Gott auch noch ein Universum gibt. Wie dieser Zusammenhang zu fassen ist, darüber besagt das Wort überhaupt nichts – und wir haben auch keine näherungsweise Vorstellung von anderswoher, die uns gleichsam als Modell dafür dienen könnte, was Schöpfung meint. »Ich glaube an den Schöpfer des Himmels und der Erde« ist darum so etwas wie eine Kurzformel für die Überzeugung, dass alles, was ist, aus einem es ermöglichenden und tragenden Grund hervorgeht, einem Grund, der seinerseits nicht nochmals eines weiteren Grundes bedarf und dem, was es gibt, unverfüglich ist. Wie das geschieht und gedacht werden muss, steht auf einem ganz anderen Blatt: die biblische Rede von der Schöpfung ist – wiederum ähnlich der Vater-Anrede – Lobpreis, Hymnus auf das Geschenk des Lebens, Ermutigung auch, dass nichts, was ist und geschieht, jenseits der Wirklichkeit jenes Grundes geschieht, den wir unbeholfen Gott nennen – so jedenfalls, als Trostwort, ist der Schöpfungsgesang auf der ersten Seite der Bibel einst in der Bedrängnis des babylonischen Exils entstanden. Schon diese wenigen Beobachtungen der alttestamentlichen Überlieferung entziehen der neuerdings auch zu uns aus den USA herüber schwappenden Intelligent-Design-Debatte jeglichen Boden. Im Gegenteil: Wer wie deren Vertreter Gott zum Planer und Welttechniker erklärt, dem man sozusagen durchs Okular seiner Werke über die Schulter schauen kann, degradiert Gott zum Uhrmacher. Unvergleich größer denkt von ihm, wer das, was die Wissenschaft in der Natur Entwicklung und Zufall nennt, anerkennt, weil damit über jenen Grund, aus dem alles hervorgeht, mitgesagt ist, dass er so sein muss, dass er sich auch noch diese Freiheit alles Wirklichen, seine Eigengesetzlichkeit leisten kann. Und wie selbstmächtig, logisch und in sich transparent muss dieser Grund in sich selber sein, wenn das, was aus ihm hervorgeht über jene Komplexität von Freiheit und logischer Luzidität verfügt, die wir an den Entdeckungen der Wissenschaften so bewundern. Könnte das nicht auch heißen, dass wir nicht – verführt von unserer Alltagssprache – eine Kluft aufreißen sollten: hier Gott und da die Welt, die er macht, so als ob es neben Gott, wenn er wirklich der Unendliche, der Absolute ist, überhaupt noch etwas anderes geben könnte! Sondern dass wir alles, was ist, viel eher einbegriffen denken sollten in den Einen, den wir Gott nennen, so dass alles in ihm ist und er in allem ist dadurch, dass er es freilässt aus sich in seine Eigenständigkeit?

Nicht von ungefähr hat ein scharfsinniger Denker wie Johann Gottlieb Fichte den Schöpfungsgedanken als den *»absoluten Grundirrthum aller falschen Metaphysik und Religionslehre«*[6] gebrandmarkt *» – denn eine Schöpfung lässt sich gar nicht ordentlich denken – das was man wirklich denken heisst – und es hat noch nie irgend ein Mensch sie also gedacht.«*[7]

Und deshalb sieht er auch den Johannesprolog, jenes »Im Anfang war das Wort«, den Anfang der Genesis, das »Im Anfang schuf …«, korrigieren:

»… im directen Widerspruche, und anhebend mit demselben Worte, und statt des zweiten falschen an derselben Stelle das rechte setzend, um den Widerspruch herauszuheben, – nein, sagt Johannes: im Anfange … d.h. ursprünglich und vor aller Zeit, schuf Gott nicht, und es bedurfte keiner Schöpfung, – sondern es – war schon; es war das Wort – und durch dieses erst sind alle Dinge gemacht.«[8]

Mit diesem Hinweis geht es mir nicht um eine Abweisung des Schöpfungsgedankens, sondern um eine doppelte Erinnerung: zum einen daran, dass wir uns davor hüten, falsche Konflikte anzuzetteln, zumal denjenigen, den Schöpfungsglauben gegen die Einsichten der Lebenswissenschaften in die Entwicklung der Natur auszuspielen. Und zum anderen will vor Augen gebracht sein, dass wir das Potenzial der Sinnerschließung, das in Gedanken wie dem des In-Gott-Seins alles Wirklichen bereit liegt, nicht durch Klischees wie etwa den beliebten Pantheismusvorwurf versperren. Natürlich bleibt sinnvoll, theologisch von »Schöpfung« zu sprechen, wenn wir in unserer endlichen Sprache den Unterschied von Gott und Welt markieren wollen. Aber wir müssen das tun in dem Wissen, dass eben diese Differenz nur im Horizont einer ihr nochmals vorausliegenden Einheit von allem, einer All-Einheit von Absolutem und Endlichem überhaupt gedacht werden kann. Auch die Rede vom Erschaffen ist – ähnlich der Vater-Anrede – ein Hymnus auf die verschwenderische Überfülle des Absoluten, das sich verschenkt und dessen Geschenke alle die Signatur ihres Ursprungs tragen.

— *Noch ein Kreuz: Allmacht* —

Genau hier aber stellt sich wie von selbst auch die Frage nach dem Wort, das im ersten Credo-Satz zwischen Vater und Schöpfer steht: der Allmächtige. Kann denn der Hymnus auf den treuen und verlässlichen Urgrund von allem, der alles in gönnender Güte freigibt, stimmen angesichts des Bösen und des Leids in der Welt? Ist Gott wirklich gut und allmächtig, wenn er eine Welt ins Dasein ruft, in der Kinder mit offenem Rückenmark geboren werden, Tsunamis in Minuten sechsstellige Opferzahlen mit sich reißen, Menschen auf der Höhe ihrer Schaffenskraft ohne Unterschied der Krebs zerfrisst? »Fels des Atheismus« hat Georg Büchner trefflich das Leid genannt. Generationen von Theologen haben sich darüber das Hirn zermartert, um Gott so zu denken, dass er wohl in der Geschichte handelt, ohne ihm die ganze Qual der Natur als Schwäche oder gar Bosheit anrechnen zu müssen. Respektabel ist manches an diesen Unternehmen. Überzeugend war bis heute keines – mit Ausnahme desjenigen, das selbst der so kritische Immanuel Kant eine »authentische Theodizee« genannt hat: nämlich die biblische Antwort des Ijob-Buches. Sie besteht darin, dass der Protagonist, der leidgeprüfte Ijob am Ende, da er anhebt, Gott zur Rechenschaft über all sein Leid zu ziehen, auf einmal vom Fragenden zum Befragten wird angesichts der Wunder des Universums und seiner Ordnung. So wird ihm behutsam die Seele geweitet für den Gedanken: Wenn alles von den Sternen am Himmel bis zum letzten Staubkorn hinab von Gott gewollt und in seiner Hand geborgen ist, darf ich dann nicht doch darauf setzen, dass das auch für mein Leben gilt, auch dort noch, wo ich seinen Gang nicht mehr verstehe, sondern nur noch unter Protest ertrage?

In die Hand der eingangs erwähnten Vilma Sturm kamen eines Tages Notizen einer deutschen Schwester aus einem Ursulinenkoster, mit bürgerlichem Namen Petra Mönnigmann, die nach einem Indienbesuch ihre Ordensgemeinschaft verließ und einen eigenen Orden gründete, die »Dienerinnen der Armut«. Mit 52 Jahren verunglückte sie tödlich. In ihrem Zimmer fanden sich Zettel, auf denen sie über sich selbst in dritter Person geschrieben hatte. Auf einem der Blätter stand:

»Als sie jung war, versuchte sie, ihn zu verstehen und zufriedenzustellen, und beides mißlang ihr völlig. Er erschien ihr von Grund auf ungerecht: Er verlangte, »gut« genannt zu werden und legte zugleich den Menschen grausame Schmerzen und Ängste auf; er gab Anordnungen und gestaltete Menschen so, daß sie sündigen mußten; er gewährte keine Freiheit, keine Wahl und keine Möglichkeit zu entkommen.

An ihn zu denken, erfüllte sie oft mit Schrecken, bis sie es endlich lernte, sich dem Unbekannten und Unerkennbaren zu unterwerfen. Später nahm sie dann mit großer Verwunderung wahr, daß sie Gott liebte, … ohne auch nur in irgendeinem Punkt über ihn Gewißheit zu haben …

Tief im Herzen wußte sie mit absoluter Gewißheit, daß der unbekannte und unerkennbare und geliebte Gott sie ständig führte, aber nie verschwand ihre tödliche Furcht vor den Dingen, die dieser Gott den Menschen antut; sie gestand nur die Möglichkeit zu, daß diese Grausamkeiten sich irgendwie doch mit seiner Liebe vertrugen, und sie sah mit ungeduldiger Erwartung dem Tag ihres Todes entgegen, wenn Gott sich selbst und seine Wege offenbart, und wenn alle Ungewißheit, alle Furcht und alles Leid vorüber sind.«[9]

— Denkexperiment —

Theodizee aus Ijob-Logik. Und wenn wirklich unser Nichtbegreifen, unsere Ohnmacht vor der Theodizeefrage der Enge unserer Gedanken und Bilder geschuldet wäre, auch der Enge des Bildes von einem

Gott, der in die Welt eingreift und unsere Geschichte macht? Und wenn wir stattdessen zu denken wagten, dass Gottes größte Machttat darin besteht, auf sein Mächtigsein zu verzichten, weil er das gar nicht braucht, um Gott zu sein. Und dass er sich darum aber, weil alles in ihm ist, auch von dem, was wir Leid nennen, selbst zuinnerst treffen, ja verändern lässt, so dass es im Ende doch ein Moment im lichten Innen seiner Wirklichkeit würde?

Nur ein Denkexperiment das, gewiss. Irritierend ist nur, dass ihm genau das entspricht, was die frühesten Zeugnisse und Deutungen der Predigt und des Geschicks des Jesus von Nazaret aus dem Mund ganz einfacher Fischer auf Punkt und Komma wiedergeben. In ihnen begegnet dieser Jesus als Kommentar in Menschengestalt, der nichts anderes tut, als unser übliches Reden von Gott als Vater, Schöpfer und Allmächtigem so durchzustreichen, dass durch diese Korrektur gleichsam wie der Lichtrand einer dunklen Wolke das je Größere Gottes aufleuchtet und so unserem ersten Credo-Satz seine eigentliche Bedeutung gibt. Deshalb handelt der zweite Artikel des Glaubensbekenntnisses genau von diesem Kommentar, der Jesus heißt. Er soll uns im nächsten Schritte beschäftigen.

2. Jesus aus Nazaret, der Christus Gottes

— *Gospel Pattern* —

Wir denken über unser Glaubensbekenntnis nach. Jedes Mal, wenn wir es sprechen, vergegenwärtigen wir den gemeinsamen Grund auf dem wir stehen. Trotzdem ist es nicht selbstverständlich, ist es nie gewesen. Was in ihm eingefaltet ist, bedarf der Auslegung. Dieser Prozess beginnt schon im Wortlaut des Credo selbst. Am unmittelbarsten kann man das an seinem sogenannten zweiten Artikel ablesen:

»... und an Jesus Christus, seinen eingeborenen Sohn, unsern Herrn, empfangen durch den Heiligen Geist, geboren von der Jungfrau Maria, gelitten unter Pontius Pilatus, gekreuzigt, gestorben und begraben, hi-

nabgestiegen in das Reich des Todes, am dritten Tage auferstanden von den Toten, aufgefahren in den Himmel; er sitzt zur Rechten Gottes, des allmächtigen Vaters; von dort wird er kommen, zu richten die Lebenden und die Toten.«

Das Bekenntnis selbst besteht eigentlich nur aus den ersten zwei Worten »Jesus Christus«, der Rest ist bereits Auslegung. Nimmt man es sprachlich genau, dann müsste es heißen: Ich glaube an Jesus den Christus. Denn dieses »Christus« ist kein Eigenname wie Jesus, sondern ein Titel, der besagt, was dieser Jesus für Gott ist: Sein Christus, zu deutsch: sein Gesalbter – das ist alttestamentliche Sprache und meint in etwa bevollmächtigter Bote, Brückenbauer zum Menschen, der die Dinge zum Guten wendet. Die Exegese nennt diese Kurzformel »Jesus Christus« »gospel pattern«, Grundmodell oder Strickmuster des Evangeliums. Darin ist alles eingetragen, was es über diesen Jesus von seiner Geburt bis zum Tod und allem danach an Wesentlichem zu sagen gibt. Geborenen, gelernten Christen wie den meisten von uns dünkt das, was da erinnert wird, sehr geläufig. Den meisten ist auch klar, dass es sich bei den Evangelien nicht um historische Berichte, ja nicht einmal um Biographien Jesu handelt, sondern um untereinander sehr verschiedene theologische Portraits, die ihre Hörer- und Leserschaft in ein Meditieren, ein geistliches Nachgehen ihres jeweiligen Christusbildes verstricken möchten. Aber damit ist das wirkliche Problem noch gar nicht berührt. Es steckt in der Frage, wie denn jemand überhaupt dazu kommt, diesen Zimmermann aus dem galiläischen Nazaret als den Christus Gottes zu titulieren. Das legt sich nicht von selber nahe, beileibe nicht. Wir haben nur sehr erfolgreich verdrängt, dass es seit dem zweiten Jahrhundert Stimmen gibt, die mit Berufung auf die Kunde der Evangelien zu ganz anderen Sichten kamen und kommen: So nannte damals der große Neuplatoniker Kelsos Jesus wegen seines schmählichen Schicksals und seines Erfolges bei den kleinen Leuten einen idiotischen Charakter. Im Mittelalter wurde er in einer anonymen Schrift zusammen mit Mose und Mohammed zu den drei größten Betrügern der Weltgeschichte gerechnet. Der deutsche Jude Oscar Levy portraitiert ihn in einem Buch aus dem Jahr 1940 als einen eher minderbemittelten Revolutionsprediger, ein »zweifelhaftes Exemplar Israels«, das hinter seinem Liebesgerede in

Wahrheit den Hass schürt, als Panegyriker der Armut den Pöbel hinter sich sammelt und ansonsten – etwa bei Einladungen – durch schlechte Manieren auffällt, wenn er etwa gegen die Tischsitten im Haus seiner pharisäischen Gastgeber verstößt. Die Liste solcher Jesus-Bilder ließe sich bis in die Gegenwart verlängern. Welche Sicht auf ihn hat aber nun recht? Diese oder die ganz andere der Christinnen und Christen, die sich im Credo Ausdruck verschafft?

— *Probe aufs Exempel* —

Wie wenig man es sich bei der Antwort auf diese Frage einfach machen kann, mag spontan folgendes kleine Experiment erhellen: Ich zitiere Ihnen wenige Sätze aus einer Personbeschreibung, die sich einmal in der Beilage einer großen Tageszeitung fand. Und Sie raten, wer gemeint sein könnte. Also, Zitat:

»Er vertritt ein fragwürdiges Frauenbild, fährt in gepanzerten Schlitten durch die Gegend, trägt gern dicke Ringe, und wenn er seinen Mund aufmacht, sind Hunderttausende begeistert.«

Von wem ist die Rede? 99 von 100 würden doch spontan sagen: Von einem Pop-Star, einem Rapper wie Diddy, 50 Cent oder Doherty oder wie die alle heißen, die sonst alle paar Wochen mit einer Skandalmeldung in der Presse auftauchen. Aber nix Popstar! Papst Benedikt XVI. war in dem Zitat gemeint. Und nichts, was darin stand, ist – von außen gesehen – falsch: Fragwürdiges Frauenbild, da ist sich die Mehrheit der Zeitgenossen bis weit ins Innerkirchliche einig. Das Fahrzeug, mit dem er unterwegs ist, ist in der Tat gepanzert, den Fischerring, den er trägt, kann man nicht übersehen. Und dass Hunderttausende ihm zujubeln, haben wir bereits im eigenen Land erlebt. Alles korrekt. Und trotzdem hat dieses Bild nichts mit dem zu tun, was gläubige Katholiken, ja selbst viele außerhalb unserer Kirche, die auf anderem Weg unterwegs sind, vom Papst denken. So ähnlich ist es mit dem Jesusbild. Die einen reizen die Evangelien zu einer pamphletischen Reaktion, die anderen motivieren sie zum Glaubensbekenntnis. Wie kommt es zu diesem? Beginnen wir mit dem, was unstrittig ist:

— *Jesus-Biogramm* —

Etwa 30 Jahre absolut unauffällig gelebt, tritt Jesus auf einmal öffentlich hervor, ist ganz unüblich für seine Zeit nicht verheiratet, hält Reden, die ganze Volksscharen faszinieren, tut aufsehenerregende Dinge, gerät schnell in Konflikt mit den religiösen Autoritäten seines Volkes, durch diese ebenso mit der römischen Besatzungsmacht und stirbt bald darauf auf die schändlichste Weise, die sich die damalige Zeit vorstellen konnte. So befremdlich war Jesus keineswegs nur für Außenstehende. Die frühen Christen selber, sogar und gerade die Zeitgenossen und Augenzeugen dieses Jesus, finden nicht weniger schwer, in Worte zu fassen, wer er ist und warum sich ausgerechnet auf ihn die gesammelte Kraft ihrer Gottessuche richtet. Das Ringen drückt sich besonders in den Titeln aus, die Jesus verliehen werden: »Sohn Gottes« wird er genannt, »Messias« oder »Christus« und »Menschensohn«, an einigen Stellen der Überlieferung auch »Weisheit Gottes«. Diese Vielfalt begegnet in den urchristlichen Schriften nicht aus Gründen der Abwechslung, sondern aus Verlegenheit, denn keiner der aus dem Alten Testament vertrauten Namen passt wirklich ganz, um auszudrücken, als was Jesus seinen Zeitgenossen erschien: »Sohn Gottes« nannten sie ihn, weil sein Reden und Tun im Bann einer ganz außerordentlichen Beziehung zwischen ihm und Gott geschah, aber Söhne Gottes hießen alttestamentlich aus gleichem Grund das Volk Israel als Ganzes, ein verfolgter Gerechter und auch der König von Israel. Auch »Menschensohn« passt irgendwie: Dieser ist der ersehnte Retter, der von Gott kommt und Gericht hält, also bis zum Grunde offenbar macht, wie es steht zwischen Gott und Mensch. Aber Jesus ist Menschensohn gerade durch sein Menschsein und eben dadurch ganz anders als die im Grunde überirdische Gestalt des alttestamentlich erwarteten Menschensohnes. »Messias«, »Gesalbter« passt ebenfalls: Mit heiligem Geist begabt, ganz in Gott verwurzelt, selber rein von Sünde, beschreibt diese Gestalt die Tradition, und dass er die Feinde des Volkes Gottes besiegen wird. Aber zugleich bricht in diesem Fall nahezu alles auseinander: Nicht nur diese nationalpolitische Seite fehlt an Jesus ganz; viel dramatischer noch endet er statt als Sieger in Leid und Tod. So erfassen auch diese Titel nicht, was es um diesen Jesus ist.

Was aber liegt dann näher, als jenseits der Titel auf das zu schauen, was er sagt und tut, um dessen inne zu werden, wer er ist? Doch auch dieser Weg endet, kaum, dass er ins Auge gefasst ist. Denn Jesus selbst entwertet ihn mit einem Wort, das gewöhnlichem Hören höchst rätselhaft klingen mag, doch unter dem Vorzeichen der Frage, wer er denn sei, eine höchst aufregende Antwort gibt: Mehrmals wird er aufgefordert, die Autorität seiner Worte und Taten durch wunderbare Zeichen zu beglaubigen. Und einmal antwortet er darauf:

»Diese Generation ist böse. Sie fordert ein Zeichen; aber es wird ihr kein anderes gegeben werden als das Zeichen des Jona … Hier aber ist einer, der mehr ist als Jona.« (Lk 11,29–30.32)

Dieses Zeichen des Jona[10] besteht gerade darin, kein spektakuläres Wunderzeichen zu sein, sondern dass da ein Mensch, dieser Prophet Jona, schlicht so auftritt, wie er ist – dass also sein bloßes Da-Sein und So-Sein die Kraft hat, die ganze Stadt, in die er gesandt ist, bis hinauf zum König ins Herz zu treffen und zu bekehren. Wenn Jesus auf die Frage nach seiner Autorität antwortet »Kein anderes Zeichen als das des Jona«, dann wischt er damit all die Zeichen, die er dem Zeugnis der Evangelien gemäß ja gewirkt hat, für die Frage nach seinem Wesen, nach dem Gewicht seiner Botschaft, beiseite: die Heilungen und Dämonenaustreibungen, die Brotvermehrungen, die Sturmstillung und das Weinwunder von Kana. Nichts davon – soll das heißen – gibt bis zum Grund Aufschluss, wer er denn sei. Aufschluss gibt einzig und allein die Weise, wie er einer von uns ist. Und wenn er auf die Zeichenforderung der Leute abschließend sagt: »Hier ist einer, der mehr ist als Jona«, dann meint er damit: Hier ist einer, der noch unspektakulärer als jene Prophetengestalt auftritt. Seine Unscheinbarkeit ist es, mit der er Jona übertrifft.

— *Die Botschaft der Passion* —

Wenn das wahr ist, wenn nicht die religiösen Namen und Titel uns sagen, wer Jesus ist, auf dass wir begründen könnten, warum wir ihn als den Herrn bekennen; und wenn uns genauso wenig sein öffentliches

Wirken im Reden und Tun weiterhilft, was bleibt dann noch, da ja die Evangelien nichts anderes tun als auszumalen, was er gepredigt und gewirkt hat? Die Antwort ist so einfach und will uns doch so schwer in den Sinn: Es bleibt genau jener Teil seines Lebens, da Jesus nichts mehr gepredigt und nicht mehr gehandelt hat, weil er buchstäblich nichts mehr tun konnte: es bleiben die Tage seiner Passion und seines Sterbens. Da nun und erst da begegnen wir dem Geheimnis dieses Jesus unverhüllt. Und nur von daher dann, von der Passion und vom Kreuzestod her, vermag uns aufzugehen, warum die Geschichten des Mannes aus Nazaret das Evangelium Gottes, gute Nachricht von Gott, für uns sind. Alles von ihm Überlieferte muss im Licht der Leidensgeschichte als dem Wurzelgrund des Evangeliums betrachtet werden. Die Passion ist der Anfang des Evangeliums.

Eben dies macht gerade das älteste Evangelium, das aus der Feder des Hl. Markus, auf verblüffend direkte Weise offenbar. Markus erzählt das Leben Jesu, angefangen von der Taufe im Jordan, sein Auftreten im heimatlichen Galiläa, die Heilungen, die Konflikte mit den Pharisäern und Sadduzäern – all das erzählt Markus in atemberaubender Geschwindigkeit. 42mal kommt bei ihm das Wort »euthys« vor: »sogleich«. Jesus tat das und das und sogleich ging er dort und dorthin und sogleich sprach er und sogleich... und sogleich. Markus reißt uns gewissermaßen von Szene zu Szene, bis wir vor der Passionsgeschichte stehen. Da erzählt er auf einmal in Zeitlupe Begebnis für Begebnis, so dass man in dieser geradezu unheimlichen Ruhe, die in schärfstem Kontrast zur Dramatik des Erzählten steht, den Schlag der Stunden zu vernehmen meint. So kommt nur zum Ausdruck, dass wir hier in der Passion ins Innerste des Lebens Jesu treten.

Damit stehen wir natürlich vor der Frage: Wie um alles in der Welt kann denn das ohnmächtige, ja schändliche Sterben das Wichtigste im Leben desjenigen Menschen sein, den wir Christen als diesen Grund und die bleibende Mitte unseres Glaubens, also unserer Gottverbundenheit bekennen? Dass es so ist, dass Jesu Sterben am Kreuz unserem Glauben Grund, also Gewissheit gibt –, auch das sagt uns das Markusevangelium auf dramatische Weise: Sämtliche Bekenntnisse zu Jesus, die ihn den »Messias« oder auch »Gottes Sohn« nennen – diejenigen aus dem Mund geheilter Besessener und nicht anders das des Petrus –, alle diese Bekenntnisse weist Jesus zurück: Den Geheilten verbietet er, von ihm zu erzählen; und den Petrus heißt er im Zusammenhang mit und trotz seines Bekenntnisses einen »Satan«, weil er nichts davon wissen will, dass Jesus, der Messias, werde leiden und sterben müssen. Das bedeutet: Jesus darf nicht Messias oder Gottessohn oder Herr genannt werden ohne das Kreuz. Völlig folgerichtig wird darum das einzige Christusbekenntnis des Markusevangeliums, das nicht zurückgewiesen wird, in dem Augenblick gesprochen, in dem Jesus laut aufschreiend stirbt: Wahrhaftig, dieser Mensch war Gottes Sohn. Der heidnische Hauptmann – ausgerechnet –, der auf Golgota dem Kreuz gegenübersteht, sagt das.

Christ, Christin kann nur und nur werden, wer dieses Bekenntnis des römischen Hauptmanns nicht nachplappert, sondern als eigenes Bekenntnis mitspricht, und das heißt: diesem Bekenntnis aus eigenem Blick auf den Gekreuzigten zustimmt. Damit aber sind wir unausweichlich direkt vor die Frage gezwungen: Warum geben gerade und nur das Leiden und das Kreuz Jesu uns Grund, ihn als den Herrn zu bekennen? Die Antwort darauf gewinnen wir, wenn wir uns vergegenwärtigen, wer da warum und wie am Kreuz ums Leben kommt. Wer: Es stirbt ein Mensch, der sein Leben gänzlich einer einzigen Aufgabe gewidmet hatte: das Reich Gottes als unmittelbar nahe zu verkünden, als so nahe, dass es in ihm selber anzubrechen beginnt. »Autobasileia«, Reich Gottes in Person, nennt Origenes, der größte Theologe der alten Kirche, Jesus treffend. Was bedeutet Reich Gottes? Reich Gottes bricht dort an, wo die Welt absolut wieder so wird, wie Gott sie im Anfang gemeint hat. Wo ein jedes, allem voran der Mensch, ganz es selbst ist, in Übereinstimmung mit seinem Wesen. Gerade so, wie es die ersten Seiten der Bibel nahezu sinnlich in der Schöpfungsgeschichte beschreiben: Der Mensch vor seinem Gott, Seite an Seite mit einem geliebten Du, geborgen in dem, was dieser gönnende Geber ihm schenkt. Und dieser Güte gewiss auch im Wissen um die eigene Vergänglichkeit. Wo eben dieses Vertrauen nicht mehr gewagt wird, reißt das Misstrauen gegen Gott jenen Abgrund zwischen beiden, aus dem die Sünde und ihre gnadenlosen Folgen emporschießen. Die Folgen, die letztlich darin bestehen, dass der Mensch getrennt von seinem Gott sein Ende nur noch als entsetzlichen Absturz ins Nichts erfahren kann. Reich Gottes ist genau das Gegenbild eben dazu: Oben und Unten, das Ewige und das Vergängliche klingen wieder zusammen in einer Harmonie aus Gottes Güte und menschlichem Vertrauen in sie.

Wenn dieses Gottesreich mit Jesus wirklich unmittelbar nahe gekommen ist, wird das aber nicht nur in seinen Worten und seinem Wirken ahnbar, sondern unübersehbar offenkundig werden im Ereignis seines Todes, weil das die absolute Stunde der Wahrheit für jeden Gottesreichboten ist. Dies umso mehr, weil die Ursache seines besonderen, d.h. gewaltsamen Todes mit eben dieser Botschaft vom anbrechenden Gottesreich zusammenhängt, nein, genauer noch: Weil diese Botschaft, wie er sie predigt und lebt, Ursache seiner Ermordung ist. Denn seine Art und Weise, vom Zueinander zwischen Gott und Mensch zu sprechen, führte ihn von seiner Antrittspredigt in Nazaret an in einen sich unaufhörlich verschärfenden Konflikt mit denjenigen seiner Glaubensgenossen, die von Amts wegen über dieses Verhältnis zu sprechen und es zu schützen hätten, aber eben das nicht tun. Diese Kritik Jesu gipfelte in der Tempelreinigung, eben dort, wo die Verdrehung des Kostbarsten im Menschen, seiner vertrauensvollen Hingabe in Berechenbares, für ihn ihren nicht mehr zu überbietenden Gipfelpunkt gefunden hatte. Aus dem Prozess Jesu wissen wir, dass der entscheidende Anklagepunkt vor dem jüdischen Gericht auf Tempelfrevel lautete und dann vom römischen Gericht des Pilatus, bei der damaligen engsten Verknüpfung von Religion und Politik kein Wunder, als Gefährdung der staatlichen Ordnung Anlass zum Todesurteil gab. So wurde Jesus wegen des Gottesreiches, wie er es verkündete und lebte, hingerichtet.

— *Sprechendes Scheitern* —

Jesus scheitert also mit seinem Anliegen. Das Todesurteil war für ihn keine Überraschung, er hat es kommen sehen. Aber – und an diesem Punkt fängt die eigentliche Mitte seines Lebens an aufzubrechen –, er hat dennoch seine Zuversicht, dass das Gottesreich unmittelbar nahegekommen und schon im Anbrechen ist, nicht aufgegeben. *»Amen, ich sage euch: Ich werde nicht mehr von der Frucht des Weinstocks trinken bis zu dem Tag, an dem ich von neuem davon trinke im*

Reich Gottes« (Mk 14,25) Das sind seine letzten Worte im Abendmahlssaal. Das meint: Jesus hat selbst seinen Tod für das Reich Gottes zugehörig geglaubt zu der Aufgabe, dieses Reich zu verkünden und ihm zum Durchbruch zu verhelfen. Als sich endgültig alles als vergeblich erweist, was er redet, was er tut, was er lebt, da wagt er zu glauben, dass der Gott, für dessen Reich er sich verzehrte, seine durch nichts und niemand zu besiegende Güte dadurch erweisen werde, dass er Jesu gewaltsames Sterben paradox genug zum Segen werden lassen wird. Zum Segen: d.h. zum wirklichen Anfang des Gottesreiches.

Nach außen sichtbar wird das dadurch, dass Jesus auch am Kreuz nicht verzweifelt. Sein letzter Schrei: »Eloi, eloi, lema sabachtani«, ist ein Gebetsruf: »Mein Gott, mein Gott, warum hast du mich verlassen«. So fängt der Psalm 22 an, ein Gebet, das die bittere Not einer Seele herausschreit, aber zugleich das Hören-Können, also die Erreichbarkeit und Gegenwart dessen voraussetzt, dessen Abwesenheit es beklagt. Viele alte Theologen haben behauptet, das Leiden und Sterben Jesu sei unvorstellbar schlimmer gewesen als das, was je Menschen an Leid und Sterben erlebten. Das ist keine fromme Übertreibung, denn: Wenn Jesus Gottes Reich in Person war, ein Dasein, so absolut mit Gott und darum mit sich versöhnt, dass nichts Störendes darin mehr Platz fand; wenn er so sehr mit Gott verbunden war, dass die ersten Christen nicht anders konnten, als ihn den »Sohn« schlechthin zu nennen, dann muss es entsetzlich gewesen sein, mit Gewalt aus einem so geglückten Leben gerissen zu werden. Die ungeheuerste Tat Jesu für das Reich Gottes besteht darum genau darin, auch im Augenblick tiefster Verfinsterung das Gottesreich nicht preiszugeben, also Gott einerseits und den Tod andererseits nicht gegeneinander zu setzen, sondern unbeirrt zusammenzuhalten in der Zuversicht, dass auch das Ende – und sei es so schlimm wie das seine – ihn nicht der Hand des Gottes entreißt, den er zu Lebzeiten voll Zuneigung »Abba«, lieber Vater, genannt hat. Und genau dadurch, dass er das tut – besser: ohnmächtig aushält –, ereignet sich das Reich Gottes eben von dem her, was man den letzten Punkt seiner Bewährung nennen kann: vom Ende des Daseins Jesu her.

— *Österlicher Lichtrand* —

Wenn der, der während seiner Lebtage aus seiner Gottverbundenheit heraus gut machte, was verwundet war, wenn der nicht einmal in seiner über jedes menschliche Maß hinaus schlimmen Sterbestunde aufhört, an Gott festzuhalten, dann hat der, der auf ihn schaut, Grund genug, vor dem eigenen Sterben einmal nicht mehr Angst haben, weil nicht mehr misstrauen zu müssen, deswegen vergänglich zu sein, weil Gott ihm Leben vorenthalte. Im Blick auf Jesus einverstanden werden damit, dass die Einmaligkeit, die nicht aufzuwiegende Bedeutung, die jedem Menschen eignet, untrennbar zusammengehört mit seiner Vergänglichkeit, dass ich nicht mehr wiege als ein Staubkorn in der Unermesslichkeit des Kosmos und dass es trotzdem gut ist mit mir, so wie es ist, das heißt: Ich fange selber an, einzutreten in das Reich Gottes, für das Jesus mit eigenem Leib und Leben steht. Und wenn ich dessen gedenke, dass Gottes Güte, der ich mit diesem Einverständnis traue, sich allem anderen vorweg als seine Treue, seine Verlässlichkeit offenbart, dann darf ich auch gewiss sein, dass meine Vergänglichkeit niemals die andere Seite meiner selbst, meine Einmaligkeit, in einem Chaos-Rachen verschlingen wird, sondern dass ich als ich selbst in meiner unvertretbaren Besonderheit in Gott so gewiss erhalten bleiben werde, wie ich irdisch vergänglich bin.

So beginnt mitten in der tiefsten Nacht des Kreuzes die österliche Hoffnung zu leuchten. Darum ist das Kreuz der Beginn der frohen Botschaft. Alles, was uns die Evangelien von Jesu Leben vor der Passion erzählen, ist die Geschichte und Vertiefung seines eigenen Gottvertrauens, das er bezeugt. Alles, was die Evangelien nach der Passion erzählen, die Ostergeschichten bis hin zum Bekenntnis der Wiederkunft des Herrn, ist Ausfaltung jenes Geheimnisses, das im Kreuz aufzugehen beginnt. Und die abschließende Rede vom Gericht bestätigt, dass mit diesem Vertrauen im Leben und Sterben der Maßstab aufgerichtet ist für das, was einmal bleibt von dem, was wir getan und gelassen haben.

Auf das, was bis dahin – also zwischen jenem Ende und heute – geschieht, im Jetzt unseres Lebens, darauf ist der dritte Artikel des Credo bezogen. Er wird uns als Nächstes beschäftigen.

3. Was der Geist tut und wozu die Kirche gut ist

— *Geist – aber anders* —

Im ersten Schritt haben wir dem Bekenntnis zu Gott, dem Vater, nachgedacht, im zweiten Schritt dem Bekenntnis zu Jesus als dem Christus Gottes, das im Sohnesnamen gipfelt. Darum muss es nun im dritten Gang, so könnte man erwarten, doch um den Hl. Geist gehen – und das tut es auch. Nur nicht so, dass wir jetzt einfach dogmatisch von der dritten der göttlichen Personen sprechen, sondern so, wie es dem Heiligen Geist, von dem man nach Jesu Wort nicht weiß, woher er kommt und wohin er geht, sondern nur das Brausen hört, einzig entspricht: Wir werden ihm nachspüren dort, wo seine Wirkung die erste und tiefste Spur zieht in der Welt. Das Credo sagt uns in einem einzigen Atemzug, wo das geschieht: *»Ich glaube an den Heiligen Geist, die heilige katholische Kirche, Gemeinschaft der Heiligen, Vergebung der Sünden...«*

Das alles, der Geist, die Kirche, die Heiligen, die Sündenvergebung gehören engstens zusammen, sind im Grund untrennbar eins: Der Geist schafft die Kirche als die Gemeinschaft der Heiligen – und das sind die, denen die Sünden vergeben sind. Das ist es, worauf der Geist zielt: die Vergebung – treffend ins Bild gesetzt in der johanneischen Ostergeschichte von der ersten Begegnung des Auferstandenen mit seinen Jüngern: Er haucht sie an und sendet sie als Urkirche aus zum Sündenvergeben. Das ist der erste, der elementare Auftrag der Kirche und so die erste, nachösterliche und darum christliche Spur des Geistes in der Welt. Der ganze Rest – das Heilig- und das Katholisch-Sein, katholisch im Sinn von weltumspannend – ergibt sich von selbst, wenn das Geistgeschöpf Kirche tut, wozu es da ist. Nur, was ist es um jene erste Spur – was meint das: Vergebung der Sünden?

— *Schuld und Strafe* —

Es war einmal eine junge Mutter zu der Zeit, als man noch nach der Regel handelte: Wer seine Kinder liebt, der züchtigt sie. Im Grunde glaubte die Frau schon nicht mehr daran. Aber eines Tages stellt ihr kleiner Sohn etwas an, wofür er ihrer Meinung nach eine Tracht Prügel verdient hatte, – die erste in seinem Leben. Modern, wie die Frau gleichzeitig war, befahl sie ihrem Kind, in den Garten zu gehen und selber einen Stock zu suchen, den es ihr bringen sollte. Der kleine Junge ging und blieb lange. Schließlich kam er weinend zurück und sagte: Ich habe keinen Stock finden können, aber hier hast du einen Stein, den wirf nach mir. Damit kannst du mir genauso weh tun. Da fing auch die Mutter zu weinen an. Und sie legte den Stein auf ein Regal in der Küche. Dort blieb er liegen als ständige Mahnung.

Astrid Lindgren – von ihr stammt die kleine Erzählung – hat da mit wenigen Worten eine aufwühlende Wahrheit offen gelegt: die Wahrheit, dass sich die Schuld eines Menschen mit Strafe nie und nimmer aufheben, geschweige denn gutmachen lässt. Denn Strafe bedeutet ja nie anderes als die Verdoppelung von Schande und Schmerz. Der kleine Bub in der Geschichte hat genau das erkannt auf eine Weise, die einen trifft: Wehtun kann ihm die Mutter – und das ist ja in seinen Augen ihr Ziel –, wehtun kann sie ihm mit dem Stein genauso gut wie mit dem Stock, und zugleich macht das deutlich, wie sinnlos das Strafen doch ist. Zu treffen vermag uns das deshalb so, weil der sogenannte gesunde Menschenverstand sich mit allen Mittel sträubt gegen diese Wahrheit. Denn nennen wir nicht blind und naiv, wer so denkt und das dann auch noch laut sagt?

— *Skandalöses »Umsonst«* —

Im Evangelium gibt es eine Geschichte, die ganz ähnlich redet. Die frühen Christen haben sich mit ihr unheimlich schwer getan. So sehr, dass in den Jahrzehnten nach Jesu Tod, als die Evangelien ihre endgültige Fassung erhielten, keiner der Evangelisten diese Geschichte haben wollte. Am Ende hat man sie dann dem Johannes zwischen zwei Kapiteln versteckt untergeschoben. Noch heute steht sie dort in eckigen Klammern. Die Geschichte wegzulassen, wagte man auch nicht, trägt sie doch zu deutlich die persönliche Handschrift Jesu.

Es war in der letzten Woche vor Palmsonntag, an einem jener Tage, da Jesus im Jerusalemer Tempel lehrte. Da schleppten die Schriftgelehrten und Pharisäer eine Frau vor ihn, die man beim Ehebruch ertappt hatte – ein Vergehen, das nach dem Gesetz die Todesstrafe nach sich zog. Die Rechtslage ist klar – die Frau leugnet nicht. Dennoch haben die Männer die schuldige Frau nicht grundlos zu Jesus gebracht. Denn mit ihrer Frage: Nun, was sagst du?, haben sie Jesus einen Fallstrick gespannt, einen todsicheren, wie sie meinen. Sie erwarten, dass er sich verheddern wird in dieser heiklen Angelegenheit. Denn: Verweist er auf das Gesetz und die von ihm vorgesehene Todesstrafe, da könnten sie ihm barbarische Strenge vorwerfen. Man hat nämlich zur Zeit Jesu heftig diskutiert, ob denn die Todesstrafe bei Ehebruch nicht doch zu hart sei. Jedenfalls: Wäre er dafür, dann hätten sie guten Grund zu fragen, wo denn auf einmal seine Menschlichkeit geblieben sei, die er doch sonst überall praktiziere und verkündige. Wenn er sich aber gegen die gesetzliche Strafe ausspräche, dann könnten sie ihm Laxheit vorwerfen und ihm geradewegs ins Gesicht sagen, dass es wohl mit seiner Frömmigkeit ganz schön hapern muss, weil er Gott doch nicht gar so ernst nimmt, wenn er ein solches Vergehen so herunterspielt. Was immer er antworten würde, er tappt in eine Falle. Und die wird ihnen ein kleines Stückchen weiterhelfen in dem Versuch, ihm das Handwerk zu legen.

Und was tut Jesus? Er bückt sich und schreibt in den Sand. Das tut er nicht, um Verlegenheit zu überspielen, und nicht, um sich vor einer Antwort zu drücken. Seine wortlose Geste gibt vielmehr eine Antwort, wie sie schärfer und eindeutiger nicht ausfallen könnte – allerdings eine Antwort, wie sie die Schriftgelehrten auch nicht erwartet hatten. Indem Jesus nämlich in den Sand schreibt, setzt er ein altes prophetisches Zeichen. Ein Zeichen, das jeden, der des Alten Testaments kundig war, treffen musste wie der Blitz. An einer Stelle im Buch des Propheten Jeremia heißt es nämlich: Alle, die dich verlassen Herr, werden zuschanden, die sich von dir abwenden, werden in den Staub geschrieben (Jer 17,13). In den Staub geschrieben – so viel ist wert in Gottes Augen, was da vor Jesu Augen geschieht. Keiner, kein einziger kann da vor Gott bestehen mit dem, was er ist und was er tut. Nicht nur die Frau nicht. Auch die anderen nicht, die ihre Verurteilung suchen. Auch das ist so wertlos wie ein paar in den Sand gekritzelte Worte, die schon ein leichter Windstoß für immer wegwischt. Und warum das? Da die Schriftgelehrten hartnäckig weiterfragen, als ob sie nicht verstanden hätten, spricht Jesus in ungeminderter Wucht aus, was seine Geste gesagt hatte: Wer von euch ohne Sünde ist, der werfe als erster den Stein auf sie. – Das dringt bis ins Mark.

Bei einer Steinigung musste der Zeuge der Untat den ersten Stein auf den Täter werfen. Damit übernahm er die volle Verantwortung für die Hinrichtung. Jesu schneidendes Wort freilich lässt keinen Zweifel, dass solche Verantwortung überhaupt nur übernehmen könnte, wer sich selbst frei wüsste von jeglicher Schuld und Sünde – also keiner. Und das hat getroffen. Darum geht einer nach dem anderen fort, die Ältesten zuerst, jene also, die die meiste Lebenserfahrung mitbringen. Sie wissen untrüglich, dass kein Einziger beanspruchen darf, ohne jedes Schuldigwerden sein bisheriges Leben gelebt zu haben. Und sie gehen weg, weil sie – vielleicht gegen erbitterte Widerstände in ihrem eigenen Innern – genauso untrüglich spüren, dass eben deswegen kein Mensch das Recht hat, über einen anderen ein moralisches Urteil zu fällen und Strafe zu verhängen. Die Schriftgelehrten verstehen das. Manchmal wäre es schon ungeheuer viel, wenn Christen untereinander wenigstens bis zur Einsicht der alten Pharisäer sich durchzuringen vermöchten.

Allein Jesus und die Frau sind jetzt noch übrig. Sie steht ihm gegenüber, wie sie ist: in ihrer Menschlichkeit und mit ihrer Schuld. Jesus holt sie heraus aus ihrer Verlegenheit, indem er die Schuldfrage erst gar nicht stellt, sondern: Hat dich keiner verurteilt? – Keiner, Herr, sie darauf, ganz erleichtert. Und er: Auch ich verurteile dich nicht. Geh und sündige von jetzt an nicht mehr! Da haben sie in zwei Sätzen zusammengefasst, warum die Frohe Botschaft Frohe Botschaft heißt. Jesus geht auf die Ehebrecherin zu, nimmt sie vollmächtig in die Gottesgemeinschaft auf – so wie sie jetzt ist, ohne vorausgehendes Urteil. Und er vertraut darauf, dass solche Sündenvergebung sie im Innersten trifft, gleichsam bestürzt und zur Umkehr bewegen wird. Diese voraussetzungslose Vergebung ruft die Umkehr hervor. Umkehr geschieht also nicht als Bedingung, sondern als Folge der Vergebung. Jesus hat der Frau bedingungslos einen neuen Anfang geschenkt, weil er mit brennendem Herzen weiß, wie bedingungslos Gott selber für den Menschen ist. Natürlich heißt Jesus die Tat der Frau nicht gut. Aber: er tut, was einzig und allein menschliche Schuld überhaupt jenseits aller Entschuldigungsmechanismen wirklich lösen kann: Er befreit die Frau aus ihrer Verstrickung umsonst, gratis – aus Gnade also, weil Gott Gott ist für uns. Mit Aburteilen und Bestrafen wird nämlich nichts gelöst. Das hätte die Frau nur endgültig eingesperrt in ihre Schuld. Jesus hat sie befreit daraus. So ist Gott. Das meinen wir, wenn wir unseren Glauben an die Sündenvergebung bekennen.

— *Ringen mit der jesuanischen Zuvorkommenheit* —

Die Geschichte von Jesus und der Ehebrecherin rührt einen an, wenn man ihr nachsinnt – und ist zugleich das Gegenteil eines Rührstücks. Eine Zumutung ist sie geblieben bis heute. Wir können uns doch ein menschliches Zusammenleben in der Gesellschaft und nicht einmal in der Kirche gar nicht vorstellen ohne Regulierungen durch Urteil und Strafe. Und wer verzichtet denn auch nur im kleinen Umkreis seines Werktagslebens auf das Beurteilen anderer – wo das doch so viel Befriedigung verschaffen kann über die eigene moralische Qualität. Wo sollen wir da noch hin mit dem heutigen Evangelium? Damit haben die Christen von allem Anfang an ringen müssen. Denn es setzt ja ungeheuer viel Hoffnung auf die geistliche Feinfühligkeit eines Menschen voraus, wenn ich ihm Schuld bedingungslos vergebe im Vertrauen, dass gerade der Akt dieser Vergebung ihn zuinnerst verändern wird zum Guten hin. Und außerdem haben die Christen von Anfang an auch erlebt, wie verletzlich Jesu Botschaft notwendig bleibt: denn oft genug haben Menschen schnell begonnen, das Geschenk der Vergebung von vornherein in ihre Pläne einzukalkulieren: diese oder jene Sünde kann ich mir schon leisten, sie wird mir ja wieder verziehen. Das macht ja bis heute unsere Not mit dem Ernstnehmen des Evangeliums von der Vergebung aus.

Die alten Kirchenordnungen aus der Zeit des Neuen Testaments und kurz danach sind ganz geprägt vom Ringen mit dieser Not. Aber dennoch hat in ihnen allen die Barmherzigkeit das erste Wort behalten – und das letzte nach allen Ge- und Verboten. Je mehr sich aber dann die Kirche über lange Jahrhunderte hin als Heilsanstalt und Apparat verstand, je mehr die Glut des Anfangs abkühlte, desto weniger konnte sich Jesu Botschaft von der bedingungslosen Vergebung vernehmlich machen. Darum hat das Urteilen und Aburteilen eine so große Rolle spielen können in der Kirche – gerade in Sachen Ehe und in Sachen Rechtgläubigkeit tut es das ja bis heute.

Ohne Zweifel ist diese Geschichte von Jesus und der Ehebrecherin der bleibende Stachel im Fleisch der Kirche, der sie nie vergessen lässt, dass Gott anders mit Schuld umgeht als Menschen. Und es ist der bleibende Stachel im Fleisch jedes einzelnen Christen, denn: wer die Geschichte von der Ehebrecherin hört, der wird herausgefordert: Ob er lieber auf Urteil und Strafe setzt, weil doch Ordnung sein muss. Oder ob er Gott zutraut, wirklich noch Neues zu schaffen, indem er ein Herz verwandelt, etwa dadurch, dass ein Mensch einem anderen um Gottes willen vergibt ohne Bedingungen. Jede unserer Stellungnahmen zu diesem Stück Evangelium hängt davon ab, wie viel Lebensmacht wir unserem eigenen Glauben zutrauen, wie eng wir das Credo des Sonntags mit den gelebten Werktagen zu verschränken wagen. Je mehr, desto weniger Steine würden fliegen.

Diese johanneische Einsicht in die Ohnmacht der Strafe ist der Perspektive eingeschrieben, die die systematische Theologie »Christologie von unten« nennt, also dem Blickwinkel jener bis zum Grunde gehenden Solidarität Jesu mit allem Menschlichen, an der gerade kraft ihrer Bedingungslosigkeit das Wunderbare Gottes aufleuchtet. Bei Paulus gibt es so etwas wie ein Gegenstück zu dieser johanneischen Sehweise des Rätsels der Schuld und des Wunders der Vergebung – ein Gegenstück, das sozusagen aus der Perspektive einer »Christologie von oben« formuliert ist, also in der Perspektive nicht dessen, was beim Menschen geschieht, wenn ihm Vergebung zuteil wird, sondern dessen, was Gott eigentlich dabei tut.

— *Paulinisches Echo* —

Diese paulinische Perspektive findet sich im Zweiten Korintherbrief, Kapitel 5 Vers 20. Da schreibt der Apostel seiner Sorgenkindgemeinde, nachdem er sie wieder einmal auf ungute Zustände in ihr hat hinweisen müssen: Wir bitten an Christi statt: Lasst euch mit Gott versöhnen! Das mag im ersten Augenblick so klingen, als ob wegen der Initiative Gottes, seiner offenkundig bedingungslosen Versöhnungsbereitschaft die Sünde gar nicht so schlimm wäre – wenn sie mir ja sowieso vergeben, die Versöhnung buchstäblich angetragen wird. So als ob das Vergeben sozusagen Gottes Geschäft sei, wie

Heinrich Heine einmal spöttelte. Das Gegenteil ist der Fall: Gottes unverzügliche Bereitschaft zur Vergebung macht vielmehr offenkundig, welches Gewicht die Sünde hat – für ihn und für uns: Für ihn, dass sie ihn nicht gleichgültig lässt, sondern unmittelbar berührt, ja trifft. So trifft, dass er ohne Zögern handelt. Und das geschieht einzig wegen des lastenden Gewichts, das die Sünde für uns hat: Wir können unter ihr nicht leben. Sie brennt auf der Seele, schnürt die Kehle zu. Und wo wir sie verdrängen oder uns einrichten mit ihr, vergiftet sie das Leben Stück für Stück bis dahin, dass dieses Leben eines Tages nur noch Fassade ist und im Grund – wenn einer ehrlich ist – nicht mehr menschlich genannt zu werden verdient. Daher die kompromisslose Versöhnungsbereitschaft, dieses Zuvorkommen Gottes im buchstäblichen Sinn, das folgerichtig mit der Taufe Jesu im Jordan und dem Geschehnis der Versuchungen Jesu einsetzt: dass sich Gott in Jesus von sich aus bis in den Bannkreis der Sünde, in die Keller menschlicher Existenz begibt, um dieser von ihrem Grunde her aufzuhelfen. Er – so wird uns nahe gebracht – kennt aus erster Hand, worum es im Ringen zwischen Gott und Sünde geht. Das macht Jesu Autorität aus.

Von einem namentlich Unbekannten ist das Diktum überliefert, der Christ sei primär kein Gerechter, sondern ein Versöhnter. Der Unbekannte hat Recht gehabt. Vielleicht hätte er sogar das »primär« weglassen sollen. Denn wo ist einer der Menschen überhaupt gerecht? Der österreichische Dichter Robert Musil hat das in seinem Jahrhundertroman »Der Mann ohne Eigenschaften« so gesagt:

»Ich glaube, daß alle Vorschriften unserer Moral Zugeständnisse an eine Gesellschaft von Wilden sind ... Ein anderer Sinn schimmert dahinter. Ein Feuer, das sie umschmelzen sollte ... Die Moral, die uns überliefert wurde, ist so, als ob man uns auf ein schwankendes Seil hinausschickte, das über einen Abgrund gespannt ist ... und uns keinen anderen Rat mitgäbe als den: Halte dich recht steif! ... Ich glaube, man kann mir tausendmal aus geltenden Gründen beweisen, etwas sei gut oder schön, es wird mir gleichgültig bleiben, und ich werde mich einzig und allein nach dem Zeichen richten, ob mich seine Nähe steigen oder sinken macht. Ob ich davon zum Leben erweckt werde oder nicht.«[11]

Besser lässt sich kaum beschreiben, was Versöhnung wirkt, wenn sie angenommen wird – und dass in ihr etwas geschieht, was größer ist als Moral.

— Kirche und Vergebung —

Zugleich wird an diesem Paulusvers deutlich, woher eigentlich der enge Zusammenhang von Vergebung und Kirche kommt, den das Credo so bündig ausdrückt. Ich habe mir damals vor vielen Jahren 2 Kor 5,20 als Primizspruch gewählt, weil ich überzeugt war – und bin –, der Vers bringe das Maßgebende allen amtlichen Handelns in der Kirche und damit unmittelbar auch des priesterlichen Wirkens auf den Punkt – gesammelt im Bild des bittenden Christus, an dessen Stelle die in seinen Dienst Genommenen handeln, an seiner statt. Ich fand und finde das Wort auch persönlich orientierend. Denn auf der Hand liegt, dass nur Versöhnung bezeugen und versöhnend wirken kann, wer sich selbst mit Gott hat versöhnen lassen und darum auch halbwegs mit sich selbst versöhnt ist. Das entlastet von der meist so anstrengend gestellten Frage nach dem Wesen des Priesterseins und der kirchlichen Ämter, weil es klar macht, dass das Amtliche und das Persönliche nicht gegeneinander ausgespielt werden können.

Wer verkündigt, hat die Hörerschaft im Namen Jesu Christi zu bitten: Lasst euch mit Gott versöhnen! In dem, worum er oder sie zu bitten hat, steckt das Zentrum unseres ganzen Glaubens: Er oder sie hat nicht zu bitten, dass sie sich mit Gott versöhnen, sondern dass sie sich mit Gott versöhnen *lassen*. Also: Er, Gott, ist der Handelnde. Er wartet nicht ab, bis wir von uns aus Versöhnung suchen, gar zu Kreuze gekrochen kommen, weil es uns vielleicht dreckig geht. Genau andersherum: Gott ergreift die Initiative, um die Trennung, die wir zwischen ihm und uns geschaffen haben, wieder aufzuheben. Dazu verlangt er keine Vorleistung, damit wir ihm wieder unter die Augen treten dürfen. Selbst dort, wo der Mensch sich ganz und gar von Gott abgewandt in immer noch größere Ferne begibt, ist Gott schon unterwegs zu ihm. Um es drastisch und menschlich auszudrücken: Er läuft ihm nach. Im Augenblick unserer Verfehlung ist Gott schon zur Versöhnung bereit. Für uns geht es dann um ihr Annehmen.

Eben darum kann keine und keiner, die als Seelsorgende im Namen Jesu die Geschichten Jesu und die Geschichten über ihn weitererzählen, anderes tun, als Jesu Art, von Gott zu reden und zu handeln, ihrerseits wiederum zu beglaubigen. Darum kann er oder sie nicht befehlen, nicht aushandeln, nicht überreden, sondern nur bitten. Eine Bitte ist immer dringlich, aber sie stellt keine Bedingung und sie zwingt nicht. So spiegelt sie die Zuvorkommenheit dessen, in dessen Namen sie gesprochen wird. Dieser Bitte geht es um viel, ja um's Ganze. Darum gilt: Verkündigende bitten an Christi Statt: Lasst euch mit Gott versöhnen. Er wartet auf unser Ja. Und wir brauchen nichts mehr als sein Ja zu uns. Wer sich vergegenwärtigt, dass das Erste im Umkehren keine Forderung, sondern eine Bitte Gottes an uns ist, für den oder die werden Worte wie Umkehr, Reue, Vergebung einen neuen Klang bekommen. Ganz entscheidend ist dabei freilich, dass diese Bitte Gottes – Genitivus subiectivus – das Ohr ihrer Adressaten nicht als Fremdwort trifft, sondern als Wesen erreicht, die mit einer »potentia oboedientialis« begabt sind, wie der Barockscholastiker Francisco Suárez und in seinem Gefolge dann auch Karl Rahner zu formulieren pflegte – als Subjekte mit einem ihnen wesentlichen Hinhören-Können auf ein mögliches Angeredet-Werden durch Gott. Gottes Anrufung des Menschen ist für diesen kein unverständliches Fremdwort, weil Gott selbst sich mit seinem Wort ihm von Anfang an ins Herz gesprochen hat, wie Rahner in einer Predigt auf den Salzburger Hochschulwochen 1937 sagte. Rahner wörtlich:

»Noch bedarf zwar dieses von Gott selbst in unser Herz gesprochene Wort der Auslegung durch die äußere Glaubenspredigt, noch ist diese Offenbarung dunkel für uns, noch tönt dieses göttliche Wort, das in die letzten Tiefen unseres Wesens gesprochen wurde, nur leise und wie in fernem Widerhall in die Vordergründe unseres bewußten Lebens hinein. Und doch ist es schon jetzt gnadenvolle Wirklichkeit: wir sind Freunde Gottes, weil das Wort Gottes selbst in uns wohnt und uns schon alles gesagt hat, was es vom Vater vernahm.«[12]

Darum besteht das Bitten an Christi statt, das der Kirche und den in ihr Handelnden aufgetragen ist, im Kern aus einem Auslegen und d.h. auch Freilegen der im Menschen – gerade auch im schuldig gewordenen Menschen immer noch! – bestehenden Gottesgegenwart. Wer im Credo seinen Glauben an die vom Geist erbaute Kirche und die durch sie angebotene Vergebung bezeugt, darf gewiss sein, dass sogar noch sein Schuldbekenntnis Anlass zum Lobpreis Gottes werden wird. Nicht zufällig haben in der Alten Kirche beide – das Lob und das Sündenbekenntnis – denselben Namen »confessio« getragen. Und wer sich nicht einmal in seiner Verfehlung von Gott verlassen sehen muss, kann auch seinem letzten Tag und dem Ende von allem überhaupt getröstet entgegen sehen. Davon wird unser letzter Schritt handeln.

4. Ende, Hoffnung und Heimat

— *Die letzten Dinge* —

In drei Gängen haben wir bereits den größten Teil des christlichen Glaubensbekenntnisses durchmessen: den Glauben an den Vater, den Schöpfer, den Allmächtigen; den Glauben an Jesus, seinen Christus, der uns durch sein Leben und Geschick das Innerste Gottes erschließt; und den Glauben an den Heiligen Geist als Gottesgabe, der die Kirche schafft, dass sie durch das Wort der Verkündigung und ihr Wirken Menschen einlädt, sich mit Gott versöhnen zu lassen in der Vergebung der Sünden. Und der letzte Schritt nun hat nur wenige Worte zum Gegenstand – und muss doch gleichsam eine ganz eigene Welt durchmessen: *»Ich glaube … an die Auferstehung der Toten und das ewige Leben. Amen«* –

So schließt das apostolische Credo. Dieser Glaubensartikel hat – weiß Gott – nicht nur Unglaube, sondern auch so manchen Spott geerntet, so etwa auch im 17. Jahrhundert: Da suchte der Dichter Savinien Cyriano de Bergerac die Auferstehung der Toten mit einem Gedankenexperiment ad absurdum zu führen: Was wäre, fragte er, wenn ein Übeltäter als Kannibale einen Frommen verspeiste? Würde da nicht der Fromme dem Übeltäter anverwandelt und müsste dann nicht bei der Auferstehung, wenn die Erde den Toten wieder hergibt, der Leib des Auferstandenen – bestehend aus dem Frevler und dem Frommen –

Hölle und Paradies zugleich verdienen, denn als der eine müsse er verdammt werden, als der andere gerettet, so dass Gott ihn nicht ins Paradies, aber auch nicht in die Hölle stecken kann, ohne ungerecht zu sein.[13] – Wenn überhaupt etwas, dann wird durch solches Lächerlichmachen eines klar: dass Tod und ewiges Leben nie und nimmer heißen kann, dass wir halt danach irgendwie so ähnlich wie bisher weitermachen. Was aber dann?

— *Bleibende Bedrängnis* —

Zwar gehen wir heute mit diesen Fragen anders um, kühler wohl. Weniger bedrängend ist der Tod deswegen nicht geworden. Man braucht nur einmal Erich Frieds Achtzeiler mit dem Titel »Definiton« zu nehmen:

»Definition:
Ein Hund
der stirbt
und der weiß
daß er stirbt
wie ein Hund

und der sagen kann
daß er weiß
daß er stirbt
wie ein Hund
ist ein Mensch.«[14]

Diese paar Verse genügen dem Dichter, um den famosesten Ausweg vor dem Rätsel des Todes zu verbarrikadieren, den sich schon die antike Philosophie zurecht gelegt hatte: Ich meine natürlich das berühmte Sophisma des Epikur. Es lautet: *»So ist also der Tod ... für uns ein Nichts: Solange wir da sind, ist er nicht da, und wenn er da ist, sind wir nicht mehr.«*[15]

Was immer sonst sich zu diesem Diktum sagen ließe: Seinen Schwachpunkt hat es darin, dass es meint, den Tod und das Ich des Sterbenden trennen zu können. Genau diese Trennung aber hat Fried als unmöglich erkannt: Es macht den Menschen aus, zu wissen, dass er stirbt, wenn er stirbt, und sagen zu können, dass er das weiß. So etwas wie Tod kommt nur im Raum der Helle dessen vor, was wir Bewusstsein nennen, und betrifft darum eben das, was als Träger, Ort oder Dimension von Bewusstsein mit Namen wie Ich, Selbst oder Seele chiffriert wird – und von dorther dann auch die weltliche, raum-zeitliche Ausdrucksgestalt dieser Instanz, den Leib. Der epikureische Tod ist ein Tod ohne Ich. In seinem Horizont kann der Tod immer nur als der Tod des oder der anderen auftreten, als der Tod derer, die gestorben sind. Aber selbst diese Verobjektiviertheit entpuppt sich noch als trügerisch: Denn der Tod eines geliebten Anderen geht dem Ich so durch und durch, dass ein Stück von ihm selber stirbt. Also kann der Tod eben doch da sein, wenn ich da bin. Nein umgekehrt sogar: Er kann nur da sein, wenn und wo ich ich bin. Ich und Tod sind gleichsam in eine intime, unauflösbare Affinität gebunden. Auf dieser Basis hat ein Platon am Anfang der abendländischen Metaphysik im Dialog »Phaidon« seine Beweise für die Unsterblichkeit der Seele geführt, auf der gleichen Basis hat Heidegger knapp zweieinhalb Jahrtausende später menschliche Existenz als Sein zum Tode ausgelegt: der Mensch nicht als bestimmendes Subjekt, sondern als in die Welt geworfenes Dasein, dessen Verfassung nicht als Bewusstsein, sondern als Sorge begriffen wird: Als Wesen, dem es im Horizont seiner Endlichkeit um sein Sein geht und das sich selbst im Vorlaufen auf den eigenen Tod empfängt.

— *Christliche Ars moriendi* —

Von daher gab es zumindest in der jüngeren Philosophie eine Weile auch so etwas wie ein Pathos der Endlichkeit. Der Jugendlichkeitswahn der Gegenwart deckt auch dieses noch zu. Und beides steht in scharfem Gegensatz zu dem, was christlich »Ars moriendi« heißt, Kunst des Sterbens. Von dieser Kunst heute überhaupt nur zu sprechen, gilt weiten Kreisen heute freilich als geschmacklos, als Verstoß gegen den alltagsästhetischen Comment mit seiner Verhübschungsdogmatik, dass nur das sein darf, was jung und schön und hip und fit ist. Es gehört zum Kern der jüdisch-christlichen Tradition, demgegenüber auch auf der Würde des Angeschlagenen, von Spuren des Verfalls Gezeichneten, ja selbst sinnlos verloren Scheinenden zu beharren. Die Erinnerung an zu Ende gekommene, manchmal abgebrochene Lebensgeschichten werden untrennbar an eine Gotteshoffnung gebunden, die darauf setzt, dass alles menschlich Gelebte und Gelittene und sogar das Verfehlte noch zu einem guten Ganzen sich fügen in einer Wirklichkeit, die die biblischen Überlieferungen »neuen Himmel und neue Erde« oder das Credo einfach »ewiges Leben« nennen.

Wer solche Hoffnung nicht teilen mag oder kann, wird von den Toten, die ihm nahe waren, wünschen, sie möchten eine Weile wenigstens dadurch noch dazugehören, dass man sich gern an sie erinnert oder ob des von ihnen Geschaffenem mit Respekt ihren Namen nennt. Den Fragen nach Glück und Not eines gelebten Lebens, und wie beides denn zusammengehen möchte, lässt das eher wenig Raum. So erklärt sich unschwer der Trend, vor das Sterben einen ganzen Paravent von Verbergungstechniken zu stellen – bis dahin, dass in einem Sterbensfall die professionellen Ritendesigner neuestens nicht mehr das Wort »Toter«, geschweige denn »Leichnam« in den Mund nehmen, sondern von denen sprechen, die »geliebt« waren.

— *Wie Leben und Sterben zusammengehören* —

Es ist noch nicht so lange her, da wagte man in der Regel, Leben und Sterben enger beieinander zu halten. Wie das geschah, kann einem etwa die Verfilmung des Lebens von C.S. Lewis eindringlich nahe bringen. Lewis war ein berühmter Professor für Literatur des Mittelalters und der Renaissance in England. International machte er sich mit spirituellen Büchern einen Namen, der ihn in den Rang eines der wichtigsten christlichen Schriftsteller des 20. Jahrhunderts hob. Lewis war über Jahrzehnte eingefleischter Junggeselle gewesen. Doch eines Tages lernte er die Amerikanerin Joy Davidman kennen, die gemeinsam mit ihrem Sohn vor ihrem gewalttätigen Mann geflohen war. Sie wollte um keinen Preis zurück. Um sie vor der Abschiebung durch die britischen Behörden zu bewahren, willigte Lewis ein, sie zu heiraten. Eine Scheinehe mithin. Aber – manchmal geschieht das – es wird mehr daraus: Lewis und Joy Davidman entdecken ihre tiefe Liebe zueinander, werden ein »richtiges Ehepaar«, wie er schreibt.

So ungewöhnlich die Ehe beginnt, so glücklich ist sie – und so kurz: Noch im Hochzeitsjahr erkrankt Joy an Krebs. Nach anfänglichen medizinischen Heilungserfolgen machen beide Urlaub in Irland, genießen die geschenkte Zeit. Als sie bei einem Spaziergang während eines Gewitters in einem Unterstand eng beisammen stehen, sagt ihm Joy: »Ich werde sterben.« Lewis will nichts davon hören, will das Glück der Stunde sich nicht trüben lassen. Doch Joy beharrt: »Ich werde sterben. Du sollst es wissen. Es hat auch seinen Platz hier. Das Glücklichsein jetzt wird Teil des Schmerzes dann sein, wenn ich gestorben bin.« (The happiness now will be part of the pain then). Einige Zeit später ist Joy tot. Das Ende des Films zeigt Lewis mit seinem Stiefsohn auf einem Wiesenweg, in sich gekehrt. Und dann sagt er: »The pain now will be part of the happiness then« – Der Schmerz jetzt wird Teil des Glückes dann sein. Dann, wenn er mit Joy in Gottes Gegenwart vereint sein wird.

Keine Frage. Ein solches ineinander von Glück und Not – eines so ins andere eingeborgen, dass daraus ein Hauch von Versöhnung sich über das Rätsel von Leben und Sterben breitet –, das lässt sich nicht herbeireden und nicht andemonstrieren. Wo immer einer darauf zu sprechen kam und kommt, geschieht das behutsam im Bewusstsein der Zerbrechlichkeit eines solchen Gedankens: Ein Hölderlin, ein Camus, Saint-Exupéry, Tom Wolfe und wer immer sonst, wissen das und entsprechend behutsam gehen sie deshalb dabei mit der Sprache um. Der größte Poet jiddischer Sprache unserer Tage, Abraham Sutzkever, hat dafür die Regel geprägt:

»Geh über Wörter wie über ein Minenfeld: ein falscher Schritt, eine falsche Bewegung, und alle Wörter, die du ein Leben lang auf deine Adern gefädelt hast, werden mit dir zusammen in Stücke gerissen …«[16]

— *Exemplarische Verdichtung* —

Fast möchte ich glauben, Sutzkevers Mahnung ließe sich wie ein Kurzkommentar zu den Episoden aus den Evangelien lesen, die mit dem menschlichen Sterben zu tun haben, beispielsweise die Geschichte vom toten Jüngling aus Nain. Mich hat immer verblüfft, wie Renaissancekünstler diese Szene meist ins Bild gesetzt haben: Sie zeigen, wie der Leichenzug mit dem toten Jüngling gerade aus der Stadt herauskommt. Die Häuser und Stadtmauern scheinen wie bei einem fürchterlichen Erdbeben durcheinanderzutanzen: Der Mutter, die ihr Liebstes und als Witwe ihre einzige Stütze für Zukunft und Alter verloren hat, zerbirst die Welt. Der Tod ist eine Chaosmacht, die alles aus den Fugen wirft. Und dann zeigen die Fresken, wie Jesus, der auf das Stadttor zugeht, sich dem Leichenzug entgegenstellt und ihn gleichsam wieder in die Stadt hinein schiebt. Dem entspricht genau die Sinnspitze der Erzählung, die ihre Auffälligkeit darin hat, dass Jesu Aufmerksamkeit ganz der Mutter und nicht dem toten Sohn gilt, also dem, was jetzt ist und nicht dem, was kommen wird. Das Mitleid mit ihr hat ihn handeln lassen. Die Begegnung mit Jesus hilft der Frau, der alles aus dem Lot geraten war, die Erfahrung des Todes in das Geviert ihres Lebens hineinzunehmen.

Nicht zufällig lässt das Evangelium daraufhin die Umstehenden Jesus nicht als Wundertäter anstaunen, sondern als großen Propheten titulieren, als einen, der hervorsagt, wie Gott selbst zum Menschen steht: Dass dieser Gott einer ist, von dem das zerbrechliche Menschlein gewiss sein darf, dass er es gut meint mit ihm. Dass darum auch seine Endlichkeit nicht im Widerspruch zur Güte dieses Gottes steht und auch das noch, was in irdischen Augen unvollendet und zerbrochen aussehen mag, in die Hand dieses Gottes geschrieben bleibt und darum für immer unverloren sein wird in ihm.

— *Innenseite, die ans Ewige rührt* —

Die christliche Ars moriendi übt darum im Gedenken an die Toten auch keine Jenseitshoffnung, einen Platonismus fürs Volk wie Nietzsche frotzelte; so als ob wir im Sterben nur die Pferde wechselten, um unter erleichterten Bedingungen mehr oder weniger weiterzumachen – so der spöttische Schopenhauer. Wohl aber traut sie dem gelebten Leben eine Innenseite zu, die an Gottes Ewigkeit rührt. Schon in alttestamentlichen Strängen, besonders in den Psalmen, bahnt sich dieser Gedanke an, den eben dies auszeichnet, nicht von einem Jenseits zu sprechen, sondern davon, dass das Endliche, Vergängliche gerade Gottes Gottseins wegen – wenn er denn wirklich Gott ist – gar nicht in ein Nichts fallen kann. In Ps 139 etwa sagt der Beter in notvoller Stunde:

»Ob ich gehe oder ruhe, es ist dir bekannt …
Du umschließt mich von allen Seiten und legst deine Hand auf mich.
Steige ich hinauf in den Himmel, so bist du dort;
bette ich mich in die Unterwelt, bist du zugegen.
Würde ich sagen: Finsternis soll mich bedecken, statt Licht soll Nacht mich umgeben, auch die Finsternis wäre für dich nicht finster,
die Nacht würde leuchten wie der Tag, die Finsternis wäre wie Licht.
Deine Augen sahen, wie ich entstand, in deinem Buch war schon alles verzeichnet,
meine Tage waren schon gebildet, als noch keiner von ihnen da war.
Wollte ich sie zählen, es wären mehr als der Sand. Käme ich bis zum Ende, wäre ich noch immer bei dir.«

Selbst an der letzten Grenze seiner Zeit bleibt unverloren, was ein Mensch war, wenn Gott Gott ist. Man kann die Intuition dahinter durchaus auch in denkerische Klarheit heben. Ein Philosoph unserer Tage – Robert Spaemann – hat das getan. Jeder Satz, der anfängt mit »Jetzt ist…«, sagt er, hört morgen, nein in der nächsten Sekunde sogar schon, auf, wahr zu sein. Aber man kann von dem, was jetzt ist, wenn es ist, zweifelsfrei sagen »Es wird gewesen sein«. So erfassen wir als zeitliche Wesen alles Wirkliche. Und dieses »Es wird gewesen sein« bleibt wahr für immer. Der Grund ist einfach der, dass wir, wenn wir von einem Ereignis der Gegenwart sagen würden, es werde einmal nicht mehr gewesen sein, behaupten würden, dass es in Wirklichkeit auch jetzt nicht ist. Was aber jetzt ist, ist unvermeidlich künftig ein Gewesenes. Das kann ihm niemand nehmen. Dass Sie jetzt in diesem Augenblick hier lesen, ist ab jetzt unrevidierbar wahr und wird es für immer bleiben, sogar wenn dieses Universum nicht mehr besteht. Es kann nie mehr nicht und nichts sein. Das aber schließt ein, so etwas wie einen »Ort« zu denken, wo alles, was geschieht, in seinem Gewesen-Sein für immer aufgehoben ist. Oder wir müssen den absurden Gedanken akzeptieren, dass einmal nicht mehr gewesen sein wird, was jetzt ist, und was eben deshalb auch jetzt nicht wirklich ist.[17]

Von irgend etwas, das jetzt geschieht, sagen, es werde einmal nicht gewesen sein, sei es das Glück einer wunderbaren Stunde, sei es die Qual eines misshandelten Kindes oder was immer, zieht eine Entwirklichung aller Gegenwart nach sich. Wenn aber von allem, was jetzt ist, mit unhintergehbarer Wahrheit gesagt werden kann, es werde einmal gewesen sein und weil dieses Gewesen-Sein-Werden völlig unabhängig ist davon, dass das, was jetzt ist, einem Bewusstsein jetzt gegenwärtig ist, kann dieses Gewesen-Sein-Werden nur das endgültige Aufgehobensein aller Ereignisse dieser Welt in einem ewigen Innen bedeuten, dem Menschen in den biblischen Traditionen so behutsam den Namen Gott geben, dass sie ihn am liebsten schweigend ehren.

— *Kostbare Endlichkeit* —

Natürlich lässt sich auch der gegenteilige Gedanke fassen, nur muss, wer das tut, auch mit der Konsequenz daraus einverstanden sein: Wenn ich von dem, was jetzt ist, soll denken können, dass es einmal nicht mehr gewesen sein wird, kann es auch jetzt in einem letzten Sinn nicht wirklich sein. Die Verneinung des Lebens, wie etwa der Buddhismus sie zu denken sucht, ist die notwendige Folge dieses Gedankens. Umgekehrt folgt daraus aber auch, dass, wer den Gedanken jenes unverlierbaren Gewesen-Sein-Werdens all dessen, was jetzt ist, denkt, sein Leben und Sterben jetzt schon in einen neuen und engen Zusammenhang stellt. Der Gedanke an mein und meiner Lieben Ende und dessen Annahme stellt, weil der anderen und mein Leben einmal für immer gewesen sein wird, dieses Leben jetzt als Ganzes in die Dimension der Ewigkeit. Das Bewusstsein unserer Endlichkeit macht das Leben jetzt gerade nicht absurd, sondern ist Voraussetzung dafür, dass wir es als kostbar erfahren, als kostbar in jedem seiner Augenblicke und unabhängig von deren Zahl und Dauer, weshalb auch ein jung zu Ende gekommenes Leben keineswegs ärmer sein muss als das eines anderen, der lebenssatt die Schwelle der 80 überbietet. Zeitliches Immer-weiter-Leben zerstörte die Erfahrung dieser Kostbarkeit, weil, was getan werden kann, immer noch getan werden könnte. Der Tod macht das Leben ganz und das Für-immer-Gewesen-Sein-Werden schenkt ihm seine unvertretbare Einmaligkeit und Würde. Das christliche »Memento mori« vergällt nicht die Freude am Dasein, sondern macht dieses in einem tiefen Sinn wirklich, weil es einen Menschen einverstanden sein können lässt damit, dass es endlich ist und dass es ihm genommen wird, ohne die Angst haben zu müssen, dadurch werde alles verloren sein.

— *In Gottes Namen eingeschrieben* —

Was, wenn also des Psalmbeters Worte wahr wären, weil mein Gott schon vor meinen Tagen war und nach meinen Tagen ist und weil er, da es mich nun einmal gab mit meiner Spanne Leben, für immer dieser mein Gott bleibt, meine Tage also aufgehoben sein werden in seiner Ewigkeit? So zu fragen, widerspricht nicht der Vernunft in einem blinden Wunschdenken, wie eben zu erwägen war. Und zugleich ermutigt, so zu fragen, ausgerechnet das, was Jesus im Evangelium denen entgegen hielt, die von einer Auferstehung der Toten nichts wissen wollten. Denn er erinnert seine Widersacher, die konservativen Sadduzäer, an die Geschichte vom Dornbusch – und mit welchem Namen Gott sich in dieser Geschichte selbst bezeichnet: Gott Abrahams, Gott Isaaks und Gott Jakobs. Menschen, die damals schon Jahrhunderte tot sind, werden auf einmal wieder genannt, als Gott in biblischen Augen auf bisher nie da gewesene Weise zu erkennen gibt, wer er selber ist: Ich bin der Ich-bin-da-für-euch, heißt der am Dornbusch offenbarte Gottesname. Ihre Namen sind so diesem seinen Namen sozusagen eingeschrieben. Was sie gelebt, geglaubt, gehofft haben, gehört untrennbar in das Wesentliche, die Mitte dieses Gottes hinein. Wie aber könnten sie dann tot sein für diesen Gott, nichts und nichtig, so wie sie für Menschen aus ihrer endlichen Perspektive gewiss als tot gelten? Und sie gehören so prominent in Gott hinein, weil sie während ihrer Lebtage Gott in ihr Leben hineinzunehmen gesucht hatten. Daran erinnert Jesus, um zu sagen, dass, was von diesen Vätern des Glaubens gesagt wird, ein und eine jede von sich sagen kann, die selber ihr Leben in die Kraftlinien dieses Glaubens zu stellen wagen.

Wenn es also wirklich wahr wäre? Wo ein Mensch in der ganzen Aufrichtigkeit seines Herzens den Namen dieses Gottes in den Text – wörtlich also: das Gewebe seines Lebens aus Gedachtem, Gesagtem, Getanem und Gelassenem – einschreibt, dürfen sich Vernunft und

Glaube im Bekenntnis zur Auferstehung der Toten und zum ewigen Leben verschwistert wissen – unterwegs zu jener Heimat, die uns die letzten Seiten der Bibel als das »Neue Jerusalem« vor Augen stellen, jene Stadt mit den offenen Toren, die weder Leuchten noch einen Tempel braucht, weil Gott selbst sie licht macht und durchwaltet.

— Von der Fremde in die Heimat —

Dann, wenn wir dort einmal sind, brauchen wir keine Kirche mehr, keine Sakramente, kein Amt natürlich – und kein Credo. Jetzt, da wir noch unterwegs sind in der Fremde, griechisch »paroikia«, als Pilgernde »fern vom Herrn«, wie Augustinus einmal sagt, da brauchen wir all das – in welcher Form, ist dabei eine ganz andere Frage. Das wird sich danach bemessen, was je zu einer bestimmten Zeit Not tut. Alles von der Kirche bis zum Credo hat darum nicht Ewigkeitswert. Es ist eher so etwas wie die Balancier-Stange eines Seiltänzers. Die ist ihm wohl manchmal schwer und unbequem zu handhaben, aber sie hilft ihm, sich aufrecht zu halten auf seinem Weg hinüber auf das Feste, das trägt. Auch das vorausgehende Nachdenken über das Credo hat so etwas Ähnliches sein wollen. Ob es einem dienen kann, muss jede und jeder für sich selber durch ein buchstäbliches Nach-Denken in erster Person erproben.

DRITTES KAPITEL

Glauben und Denken

1. Das Kreuz, die Weisheit und die Wahrheit

— *Besonderheit* —

Man muss bisweilen ausdrücklich daran erinnern, damit es nicht vor lauter Selbstverständlichkeit ins Vergessen gerät. Es ist ein einzigartiges Phänomen in der bisherigen Geschichte, dass ein religiöses Bekenntnis so intensiv die Nähe der Vernunft sucht, dass es in einer Selbstdarstellung aufgipfelt, die sich dem Maßstab von Wissenschaft unterwirft. Darin besteht das Besondere der christlichen Theologie in ihrer westlichen Ausprägung. Wissenschaftliche Selbstdarstellung will dabei sagen: Die Inhalte des Glaubensbekenntnisses werden so durchbuchstabiert, dass man sich mit ihnen auf das Forum der Vernunft wagen kann. »Forum« heißt zu Deutsch: Marktplatz. Man geht mit dem Bekenntnis in die Öffentlichkeit, setzt sich kritischen Fragen aus, stellt ebensolche seinerseits. Auf einem Forum, einem Marktplatz, wird bekanntlich gehandelt, verglichen, gewogen, getauscht. Auch ein Bekenntnis hat dort seine Maßeinheit: die Glaubwürdigkeit. Glaubwürdigkeit bemisst sich nicht zuletzt an Gründen. »Seid allezeit bereit zur Verantwortung jedem gegenüber, der von euch Rechenschaft fordert über die Hoffnung, die in euch lebt«, lesen wir in 1 Petr 3,15. Die Disziplin, die für die Kontrolle der Währung auf dem Forum – dem Marktplatz – der Vernunft zuständig ist, heißt Philosophie: Liebe zur Weisheit. Nicht, dass sie die Weisheit oder gar so etwas wie letztes Wissen hätte. Im Gegenteil: Sie sucht die Weisheit ja erst. Aber in dieser Suchbewegung schon gibt sie den Maßstab vor für das, was als vernunftgemäß – also begründet – gilt und was nicht, besteht darauf, dass wir es uns nicht zu leicht machen und mit zu wenig zufriedengeben. So kommt es, dass das christliche Bekenntnis von allererstem Anfang an in engster Beziehung zur Philosophie steht. Konfliktfrei allerdings war dieses Verhältnis nicht, alles andere als das. Gleich am Anfang steht vielmehr ein veritabler Crash, aber auch eine markante Alternative dazu – und beides ist höchst prominent dokumentiert.

— *Die große Alternative* —

Verhältnisbestimmungen zwischen Vernunft und Glaube, Philosophie und Theologie im Sinn christlicher Rede von Gott reichen nämlich so weit in die Entstehungsphase des Christentums zurück, dass sie sich bereits im Neuen Testament unmittelbar niederschlagen. Da ist zum einen die – ich möchte sie so nennen – paulinische Option. Vor allem der erste Korintherbrief verrät, dass es schon früh Konflikte gegeben haben muss mit Leuten, denen »sophia« – Weisheit – kein Fremdwort war und die sich das möglicherweise außerordentlich selbstbewusst zugute hielten und damit den Verdacht weckten, der Gnosis außerordentlich nahezustehen, einer geistig-intellektuellen Bewegung, deren Konkurrenz das frühe Christentum nur um Haaresbreite gewachsen war. 1 Kor 1,17 ff. sagt Paulus von sich, Christus habe ihn zur Verkündigung des Evangeliums gesandt, aber nicht mit weisen Worten, damit das Kreuz nicht um seine Kraft gebracht werde. Und mit Berufung auf alttestamentliche Schriftzitate fragt er jetzt wörtlich:

»Hat Gott nicht die Weisheit der Welt als Torheit entlarvt? Denn da die Welt angesichts der Weisheit Gottes auf dem Weg ihrer Weisheit Gott nicht erkannte, beschloss Gott, alle, die glauben, durch die Torheit der Verkündigung zu retten. Die Juden fordern Zeichen, die Griechen suchen Weisheit. Wir dagegen verkündigen Christus als den Gekreuzigten: für Juden ein empörendes Ärgernis, für Heiden eine Torheit, für die Berufenen aber, Juden wie Griechen, Christus, Gottes Kraft und Gottes Weisheit. Denn das Törichte an Gott ist weiser als die Menschen, und das Schwache an Gott ist stärker als die Menschen.« (1 Kor 1,20b–25)

Weitaus deutlicher wird die Apostelgeschichte (vgl. Apg 17,16–34). Sie erzählt ungeschminkt, wie der erfolgreiche Gemeindegründer Paulus in Athen, der Stadt der Philosophen, aus ausgesprochen philosophischen Gründen seinen größten Reinfall erlebt. Er geht öffentlich predigen, stellt sich der Diskussion mit epikureischen und stoischen Philosophen. Einige winken gleich ab, andere sind hochinteressiert und wollen mehr wissen. Paulus, Predigt-Fuchs, der er ist, packt die Gelegenheit beim Schopf. Beim Rundgang auf dem Areopag hatte er einen Altar mit dem Aufschrift »agnostho theo« entdeckt, »Dem unbekannten Gott« (die Athener wollten, schlicht gesagt, nichts anbrennen lassen). Jetzt, um Rechenschaft über seine Kunde gebeten, greift er darauf zurück, um seine Zuhörerschaft – pastoral gesprochen – abzuholen, identifiziert den Gott, den er verkündet, mit dem Unbekannten Gott der Athener, beruft sich dabei sogar noch auf einen ihrer Dichter. Am Schluss biegt er logischerweise in die Jesus-Kurve ein, und die muss ebenso logisch in die Auferstehung münden. Dabei widerfährt dem Apostel, was jeder lästige Versicherungsvertreter bis heute erlebt: *»Darüber wollen wir dich ein andermal hören« (Apg 17,32)*. Die Botschaft von der Auferstehung lässt sich mit der philosophischen Theologie, die er ihnen unter dem Etikett »Unbekannter Gott« vorgetragen hatte, nicht vereinbaren. Darum ging er, so endet die Episode, aus ihrer Mitte weg. Wozu dann überhaupt noch mit dem Weltdenken und seiner Weisheit sich befassen? Einer der Schüler des Paulus, der Autor des Kolosserbriefes, zieht daraus bündig Konsequenz und zerschneidet das Tischtuch:

»Gebt acht, dass euch niemand mit seiner Philosophie und falschen Lehre verführt, die sich nur auf menschliche Überlieferung stützen und sich auf die Elementarmächte der Welt, nicht auf Christus berufen.« (Kol 2,8)

Im Neuen Testament gibt es aber neben dem Paulus auch noch die johanneische Option. Die sieht das Ganze viel positiver. So greift sie beherzt das von Heraklit stammende, mittlerweile auch von jüdischen Philosophen wie Philon in Gebrauch genommene philosophische Grundwort »logos« auf, trägt in es geschickt noch weitere Bedeutungsmomente ein und identifiziert gleich in den ersten Zeilen des Johannes-Evangeliums diesen »logos« mit Jesus Christus:

»Im Anfang war der logos,
und der logos war bei Gott,
und der logos war Gott …
Und der logos ist Fleisch geworden …« (Joh 1,1–2.14)

— Fortschreibungen, johanneisch —

Dennoch: Das Kreuz, die Weisheit und die Wahrheit wirklich zusammenzubringen, war von Anfang an nicht einfach – und sollte es nie werden. Denn diese neutestamentliche Ambivalenz zwischen Paulus und Johannes, was Philosophisches betrifft, setzte sich im frühen Christentum linear fort. An sich begann es recht kommunikativ: Da war z. B. Justin, später »der Philosoph und Märtyrer« geheißen, der wichtigste der sogenannten frühchristlichen Apologeten (zu Deutsch: »Glaubensverteidiger«). Er suchte als Erster um 150 n. Chr. herum einen Brückenschlag zwischen christlicher Tradition und Philosophie. Dazu knüpfte auch er am logos-Begriff an, betrachtete alles, was außerchristlich an Wahrheit begegnete, als »logos spermatikos«, als Samenkorn derjenigen Wahrheit, die in Christus mit ihrer ganzen Fülle hervorgetreten sei. Und da war auch Klemens von Alexandrien, die große Gründerfigur der dortigen Katechetenschule, die die örtliche Version des Neoplatonismus in erste Versuche einer Systematisierung des christlichen Gedankenguts einzubeziehen suchte. Auch Klemens setzt wie Justin beim logos an. Philosophie gilt ihm als Geschenk des logos, diesen selbst betrachtet er als Pädagogen der Heiden zum Christentum. Das war, neutestamentlich gesprochen, sozusagen die Ausfaltung der johanneischen Linie.

— Fortschreibungen, paulinisch —

Es gab aber gleichzeitig auch eine Ausfaltung des paulinischen Vorbehalts gegen die Weltweisheit. Diese setzt ein mit Tertullian, dem ersten bedeutenden lateinischen Theologen. Er bringt in das Thema Philosophie-Theologie einen Ton hinein, dermaßen giftig und aggressiv, wie sich seiner in der Regel nur Fanatiker bedienen. Insofern kann eigentlich nicht überraschen, dass sich Tertullian in der zweiten Lebenshälfte nach Jahren intensiven Engagements von der Großkirche abwendet.

Er schließt sich der schwärmerischen Sekte der sogenannten Montanisten an, formt diese in eine Partei um, die sich der Lehre nach kaum, dafür durch rigoristische Lebenspraxis umso mehr von der Großkirche unterscheidet, und endet schließlich als Oberhaupt einer kleinen Elitetruppe, die sich ihrerseits noch einmal von den Montanisten absondert. Der Tendenz nach ist das aber schon in seiner sogenannten »katholischen« Zeit präsent, am spürbarsten ebendort, wo es um das Verhältnis zur Philosophie geht. Argumente hat er keine, dafür umso weniger Hemmungen, zu persönlicher Verunglimpfung zu greifen: In seinem Werk »Apologeticum« stellt er den Sokrates als inkonsequenten Atheisten und Kinderschänder hin; er verbreitet sich über das Sexualleben von Diogenes, Speusipp und Demokrit: lauter Hurenböcke; Pythagoras und Zenon zeichnet er als machtgeil, Anaxagoras als unzuverlässig, Aristoteles als Karrierehengst und Speichellecker. Und bei den Christen findet sich selbstverständlich das genaue Gegenteil von all dem: wahrer Glaube, reinste Keuschheit, tiefe Demut, selbstlose Feindesliebe.[1] Das Fazit aus dieser Persiflage der Philosophiegeschichte:

»Was also haben gemeinsam der Philosoph und der Christ, der Schüler Griechenlands und der des Himmels, der Beförderer seines Ruhmes und der seines Heiles, der mit Worten und der mit Taten Wirkende, der Erbauer und der Zerstörer, der Freund und der Feind des Irrtums, der Verfälscher der Wahrheit und ihr Erneuerer und Dolmetsch, ihr Dieb und ihr Wächter?«[2]

Die Antwort, klar: Nichts und nichts und noch einmal nichts! In einem anderen Werk, in »De praescriptione haereticorum« wird diese Verwerfung der Philosophie binnenkirchlich instrumentalisiert: Sämtliche bekannten Häresien werden unter Namensnennung auf einzelne Philosophen zurückgeführt. Und am Schluss wieder die suggestive Fragenkaskade:

»Quid ergo Athenis et Hierosolymis? quid academiae et ecclesiae? quid haereticis et Christianis?... Was also haben Athen und Jerusalem miteinander zu schaffen? Was die Akademie mit der Kirche? Die Häretiker mit den Christen? Unsere Unterweisung kommt aus der Säulenhalle Sa-

lomos, der ja selbst überliefert hatte, daß man den Herrn in der Einfalt des Herzens suchen müsse. Wir haben nach Jesus Christus keine Neugier nötig, und nach dem Evangelium auch keine Forschung.«[3]

Dass gegen einen solchen totalen Konfrontationskurs die johanneische Linie auch in der lateinischen Theologie weiterverfolgt wurde, dafür steht mehr als jeder andere Augustinus. In seinen berühmten »Confessiones« erzählt er, wie er als junger Mann auf Ciceros Buch »Hortensius«, eine Protreptik – also Einladung, ja Verführung – zur Philosophie stieß und von diesem Werk in Bann geschlagen wurde. Was ihm einzig an diesem Buch fehlte, war, dass der Name Jesus Christus darin nicht vorkam.[4] Weisheit und Christus waren für ihn identisch. Darum schätzte er die Philosophie als »amor sapientiae« oder »studium sapientiae«. Um ihrer selbst willen sieht er sich später gezwungen, über das hinauszugehen, was die Philosophen gesagt haben. So wird ihm sein christliches Denken, seine Theologie, zur Vollendung der Philosophie, genauer zur Vollendung des Platonismus. Augustinus ist sich sicher: Würden heute die großen Platoniker wiederkommen, würden sie die vollen Kirchen neben den leeren Tempeln sehen und wie die Menschen die geistigen Dinge schätzen, dann würden sie sagen: *»Dies [also das Christentum; K.M.] ist das Ideal, das wir der Menge nicht zu predigen wagten!«*[5] und würden sich nach geringer Veränderung ihres Sprachgebrauchs und ihrer Lehrsätze selbst zu Christus bekehren beeindruckt, dass Theorie und Praxis in Einklang stehen. In der Schrift »Contra Iulianum« schließlich taucht erstmals der Ausdruck »Christliche Philosophie« auf:

»Ich beschwöre dich, daß die Philosophie der Heiden nicht ehrenwerter ist, als unsere christliche, die einzig wahre Philosophie, wenn überhaupt das Streben oder die Liebe zur Weisheit mit diesem Namen bezeichnet werden kann.«[6]

Doch trotz dieser maximalen Harmonie war damit keine Klärung des Verhältnisses zwischen Philosophie und Theologie durchgesetzt. Obwohl Augustinus mehr als jeder andere Autor das ganze Mittelalter hindurch und bis in die Neuzeit hinein autoritativen Einfluss ausübte, das tertullianische Crash-Programm brach sich immer wieder Bahn. Ich nenne nur die folgenreichsten Fälle:

In der ersten Hälfte des 11. Jahrhunderts kommt es in dem hochbedeutenden Benediktiner-Konvent St. Emmeram in meiner Heimatstadt Regensburg zu einer regelrechten Kriminalisierung der klassischen Bildung und vor allem der Philosophie. Der junge Grammatiklehrer Othloh stellt – so die Überlieferung –, gepeinigt von einer nächtlichen Schreckensvision, umgehend die Lektüre von Klassikern ein, weil er in der Sündhaftigkeit solchen Tuns den Grund für die göttliche Strafaktion erkennt. Bald danach wird er Mönch. Ähnliche Erzählungen gibt es auch über andere. Das verweist darauf, dass es sich um einen literarischen Topos handelt, in dessen Gewand ein geistiger Richtungskampf um die Bedeutung der Philosophie für Christen ausgefochten wurde.

Ähnliches muss man Petrus Damiani zuschreiben. Der 1057 zum Kardinal Ernannte verfasste Tertullian nicht unähnlich Kampfschriften und betrieb scharfe Reformen, die kirchliche Praxis betreffend. Im Blick auf das Verhältnis zwischen Philosophie und Theologie hämmerte er mit Berufung auf ein altes Bonmot die Parole ein: *»Wir sind nicht Schüler der Philosophen und Redner, sondern der Fischer [d.h. der Jünger vom See Genesaret; K.M.]!«*[7]

So sollte das philosophische Denken als aufgeblasen und eitel hingestellt werden. Diese Parole »piscatorie, non aristotelice« ist bis heute höchst lebendig geblieben. Auch der junge Theologenstar Joseph Ratzinger bediente sich ihrer bisweilen Anfang der zweiten Hälfte des 20. Jahrhunderts und auch noch später, als er schon Präfekt der Römischen Glaubenskongregation war.

Petrus Damiani nicht unähnlich verhält es sich bei einer weiteren Tertullian-Neuauflage: dem heftigen, menschlich zum Teil unerträglichen Konflikt zwischen Petrus Abaelard und Bernhard von Clairvaux. Abaelard verstand sich erklärtermaßen als einer, der so philosophieren will, dass er nicht mit Paulus in Konflikt gerät und mit Christus verbunden bleibt. Das Christentum gilt ihm als die wahre Philosophie, es ist aber zugleich in wesentlichen Punkten durch die heidnische Philosophie vorbereitet worden. Bernhard ist nicht eigentlich bildungsfeindlich eingestellt, kritisiert aber um so heftiger jeden Gebrauch philosophischen Denkens, der nicht der Wahrheit dient, und damit meint er: dem Aufstieg vom Sichtbaren zum Unsichtbaren, also der Theologie. Philosophie für sich werde nur von der Neugier getrieben, Tertullian lässt grüßen: »Nach Christus haben wir keine Neugier nötig«, hatte er geschrieben. Und Bernhard ergänzt: Sie mache sich alles Mögliche zum Thema, vergeude damit die Lebenszeit und komme an kein Ende. Darum stellt er dem windigen Geschwätz der Philosophen seine subtilere, innerliche Philosophie entgegen, die darin bestehe, Christus zu kennen, und diesen als Gekreuzigten[8] – Letzteres bekanntlich ein Zitat aus 1 Kor 2,2, jener uns schon bekannten Passage also, mit der sich Paulus von der Weltweisheit distanziert.

Dieses spannungsvolle Zueinander – oder aber auch Gegeneinander – von Vernunft und Glaube hält sich genau besehen seit damals, in etwa der Zeit der letzten Jahrtausendwende, bis heute durch. Vom Konflikt zwischen Bonaventura und konsequent an Aristoteles orientierten Denkern im 13. Jahrhundert müsste dabei die Rede sein, vom Streit zwischen Pascal und Descartes um den Gott Abrahams, Isaaks und Jakobs gegen den Gott der Philosophen im 17. Jahrhundert, die heftigen Debatten Ende des 18., Anfang des 19. Jahrhunderts, in die so ziemlich alles verwickelt war, was theologisch, philosophisch und literarisch Rang und Namen hatte – und dann, im letzten Viertel des 19. Jahrhunderts, ein kurioser Rollenwechsel: Gegen tiefste Selbstzweifel der Philosophie macht sich das katholische Lehramt in oberster Etage für das Denken stark: 1870 auf dem I. Vatikanischen Konzil im Kap. 4 der Dogmatischen Konstitution »Dei filius« – Überschrift »De fide et ratione«, wo ein Widerspruch zwischen Glaube und Vernunft ausgeschlossen, ihr Verhältnis als dasjenige einer wechselseitigen Hilfestellung beschrieben wird. Neun Jahre später erscheint die erste Enzyklika – sie heißt »Aeterni Patris« –, die ausschließlich der Philosophie gewidmet ist und deren Hochschätzung zum Ausdruck bringt – und dies alles wohlgemerkt in einem Umfeld philosophischerseits ergehender Bankrotterklärungen der Philosophie: Nietzsches erstes Hauptwerk mit dem Titel »Menschliches, Allzumenschliches«; nach Nietzsches eigener Aussage eine »Schule des Verdachts« gegen das, was Vernunft und Wahrheit heißt – erscheint im gleichen Jahr.

Eine verblüffend ähnliche Situation herrscht Ende des 20. Jahrhunderts: Die Philosophie – tief irritiert über die eigene Aufgabe – ist über weite Strecken damit befasst, zu versichern, dass das, was sie zu sagen versucht, nicht mehr Anspruch auf Wahrheit erhebe wie etwa ein Roman. Und dann erscheint am 14.09.1998 nach 119 Jahren zum zweiten Mal eine päpstliche Enzyklika zur Philosophie »Fides et ratio«, die die Theologie-Treibenden kategorisch auf das Instrumentarium philosophischen Denkens von der Antike bis zur Gegenwart verpflichtet und zugleich die Philosophie-Treibenden auffordert, ihr Geschäft nicht unter Niveau zu treiben – will sagen: auch den Fragen, die sich an den Grenzen menschlichen Wissens stellen, nicht aus dem Weg zu gehen. Beide Aufforderungen haben mehr als guten Grund. Gleichzeitig erinnern sie der Sache nach an zwei ganz verschiedene Geister in ganz verschiedenen Epochen, in denen es solcher Mahnung nicht bedurfte, weil sie das Problem der Grenzen der Vernunft und der Fragen, die sich auch noch an dieser Grenze stellen, geradezu in Bann schlug: Ich habe Anselm von Canterbury und Immanuel Kant im Blick. Wie beide mit dem Verhältnis von Vernunft und Glaube ringen – und wie sie es anders tun als andere zu ihrer Zeit –, das scheint mir hinreichend Anlass zu geben, auf sie einen Blick zu werfen, durchaus in der Absicht, so aus jenem Denken von einst Orientierung für jetzt zu schöpfen.

2. Exemplarische Szenen einer lebhaften Partnerschaft

— Fides quaerens intellectum —

Fangen wir mit Anselm an. Entwickelt hat Anselm seine einschlägigsten Gedanken in dem Werk »Proslogion«. Ungewöhnlich schon die sprachliche Form dabei: Das Werk beginnt als Gebet und endet auch so. Ob das fromme Staffage dessen ist, der aus mönchischem Standesgrund eben so reden muss? Wir werden sehen. Hören wir zunächst den Wortlaut der zentralen Gedankenfolge:

»So gib mir nun, o Herr, der Du dem Glauben auch die Einsicht verleihst, gib mir, so weit Du es als zuträglich weißt, die Erkenntnis des Verstandes, daß Du bist, wie wir glauben, und daß Du das bist, was

wir glauben. Wir glauben aber von Dir, daß über Dich hinaus Größeres nicht gedacht werden kann. Oder gibt es etwa kein solches Wesen, weil der Tor in seinem Herzen spricht: es ist kein Gott? Aber selbst dieser Tor versteht meine Worte, wenn ich sage: etwas, worüber hinaus Größeres nicht gedacht werden kann; und was er versteht, ist in seinem Erkennen, auch wenn er nicht versteht, daß es dieses Etwas wirklich gibt. Es ist zweierlei, ob eine Sache im Erkennen sei, oder ob erkannt werde, daß die Sache (in Wirklichkeit) da sei. Wenn ein Maler sich ein Bild ausdenkt, so hat er dieses in seinem Denken, aber er kann es nicht als daseiend erkenen, da er es noch nicht gemacht hat. Hat er es aber gemalt, so hat er es sowohl in seinem Denken als auch erkennt er, daß das von ihm Gemachte (wirklich da) sei. Also wird auch der Tor davon überzeugt sein, daß es wenigstens in seinem Denken etwas gebe, worüber hinaus Größeres nicht gedacht werden kann; denn er versteht, was er hört, und alles, was verstanden wird, ist im Verstande. Aber das, worüber hinaus Größeres nicht gedacht werden kann, kann nicht nur im Denken sein. Ist es nämlich nur in unserem Denken, so kann man sich es auch als wirklich seiend vorstellen; das aber ist mehr (als bloß in Gedanken wirklich sein). Wenn also das, worüber hinaus Größeres nicht gedacht werden kann, nur im Denken ist, so ist eben das, worüber hinaus Größeres nicht gedacht werden kann, etwas, über das hinaus etwas Größeres denkbar ist. Dies ist aber offenkundig unmöglich. Daher ist zweifellos etwas, worüber hinaus Größeres nicht gedacht werden kann, sowohl dem Denken als der Sache nach wirklich.«[9]

Anselm geht dabei von zweierlei aus: Zum einen davon, dass sich der, der die Existenz Gottes behauptet, und der, der sie bestreitet, prinzipiell auf einer gemeinsamen Ebene bewegen. Der Tor, so nennt Anselm den Gottesleugner in Anlehnung an ein Psalmwort, versteht Anselms Worte, und darum ist das, worum es geht, auch in seinem Verstand (was ich verstanden habe, ist Meines geworden). Zum anderen gibt es zwischen beiden Seiten keinen Streit über den von Anselm eingeführten Gottesgedanken. Der heißt: Gott ist das, »worüber hinaus nichts Größeres gedacht werden kann.« Der springende Punkt: Wird Gott so gedacht – »das, worüber hinaus Größeres nicht gedacht werden kann« –, dann muss es ihn auch wirklich geben.

Und warum? Ganz einfach: Wenn ich von etwas nur einen Begriff habe, ist das weniger, als wenn das Begriffene auch wirklich ist: Ein gemaltes Bild beispielsweise ist mehr als ein geplantes, vom Maler nur vorgestelltes. Deswegen muss etwas, über das hinaus Größeres nicht gedacht werden kann, notwendig existieren, denn: Würde es nicht existieren, dann ließe sich über das Nicht-Existierende, weil nur Gedachte, worüber hinaus Größeres nicht gedacht werden kann, hinaus eben doch noch ein Größeres denken, nämlich ein Existierendes, worüber hinaus Größeres nicht gedacht werden kann. Damit erweist sich die Leugnung der Existenz Gottes als ein Widerspruch, der aus der Unvollständigkeit des Gedankenganges resultiert.

Was hat Anselm damit bewiesen? Er hat gezeigt, dass die Vernunft dann, wenn sie über alles Seiende hinausgreift – also bis an die Grenze des ihr Möglichen geht –, etwas denken muss, von dem unmöglich ist, zu denken, dass es nicht existiere. Das entscheidende Wort in dem Satz soeben ist das »muss«: Die Vernunft muss, wenn sie ihre Möglichkeiten ausschöpft, etwas denken, das unmöglich nicht existieren kann. Lässt sich die Vernunft darauf ein, nicht nur gegebenes Seiendes zu denken, sondern an dessen Grenze zu gehen, ist sie gezwungen, so zu denken, wie in Anselms Argument nachgezeichnet. Was ist damit aber über das als notwendig existierend gedacht werden müssende Sein – also über Gott – hinsichtlich seines Seins gesagt? Gar nichts! Denn es könnte genauso sein, dass unsere Vernunft – modern gesprochen – so programmiert ist, dass sie nicht anders kann, als so zu denken, wie das Argument es dokumentiert, ohne dass dieser Gedanke einer Wirklichkeit entspräche. In der Vernunft könnten Täuschungsquellen liegen, die die Vernunft nicht mehr durchschaut, so dass sie selbst noch in ihrem folgerichtigsten Denken ins Leere läuft. Ein ausgesprochen moderner Gedanke, möchte man meinen. Aber diese Modernität ist eine vermeintliche. Denn genau dieser Gedanke macht zumindest den Kern der Kritik aus, die schon Thomas von Aquin an Anselms Argument äußert. Unmittelbar nach der Überlegung, dass nicht jeder, der den Ausdruck »Gott« hört, an das denkt, worüber hinaus Größeres nicht gedacht werden könne, fährt der Aquinate nämlich fort:

»Selbst angenommen, daß jeder unter diesem Namen ›Gott‹ das Gesagte verstehe, nämlich jenes, worüber hinaus Größeres nicht gedacht werden

könne; so folgt darum noch nicht, daß er einsehe, daß das, was durch den Namen bezeichnet wird, im Bereich der Wirklichkeit sei, sondern lediglich in der Auffassung der Vernunft.«[10]

Damit sagt Thomas: Selbst das kühnste Argument der Vernunft für Gott ersetzt nicht den Akt des Glaubens. Ein Glaube aber, der wie der christliche, sich auf das Forum der Vernunft wagt, wird und kann nicht darauf verzichten, für die Ausfaltung des von ihm Geglaubten die Vernunft bis an ihre Grenze in Anspruch zu nehmen – und das ist auch unbeschadet der Kritik des Aquinaten das Bleibende an Anselms Gedanke.

— *Regieanweisungen an den Grenzen der Vernunft* —

Seltsamerweise wird bis heute die eigentliche Kritik des anselmschen Gedankens nicht Thomas von Aquin zugeschrieben, sondern Immanuel Kant. Gewiss hat der deutsche Philosoph aus Königsberg Ende des 18. Jahrhunderts weit umfänglicher als Thomas den Gedanken von dem notwendig existieren Müssenden, worüber hinaus Größeres nicht gedacht werden könne, kritisiert. Er sieht auch das Problem, das Thomas benannt hat, doch zentriert er seine Kritik darauf, dass aus dem Begriff von etwas notwendig dessen Sein folge. Aber diese Kritik kann nicht recht überzeugen, weil Kant an wichtigen Stellen seiner eigenen Philosophie zumindest indirekt ähnlich denkt. Und zudem hat sie ihren eigentlichen Kernpunkt – nicht so ganz leicht zu erkennen – ganz anderswo, nämlich in der durchaus plausiblen Überzeugung, dass wir nicht wirklich sagen können, wie eigentlich der Begriff eines notwendigen Seienden stimmig zu fassen sei.[11] Gleichwohl: Seine Kritik der Gottesbeweise und ihre Folge sind der Angelpunkt für das grundstürzend Neue, das durch Kant in die Philosophie gekommen ist und die Theologie bis heute bewegt, weil es darin erneut um die Grenzen der Vernunft, um die sich an dieser Grenze nochmals stellenden Fragen und um den Ort des Glaubens geht.

Allerdings wird Kant – zumal in katholischen Kreisen – in der Regel anders wahrgenommen: als der »Alleszermalmer«, als den ihn sein Zeitgenosse, der jüdische Philosoph Moses Mendelssohn, bezeichnete, weil er doch die herkömmliche Metaphysik mit ihrer in den Gottesbeweisen gipfelnden natürlichen Gotteserkenntnis zertrümmert habe. Das aber ist weniger als die halbe Wahrheit. Kant ging es zunächst um nichts anderes als verlässliche Erkenntnis. Verlässliche Erkenntnis – so seine wohlgegründete Überzeugung – gibt es dort, wo es zu einem Zusammenspiel zwischen Sinneserfahrungen und unseren Verstandeskräften kommt. Daraus folgt natürlich: Wo keine sinnlichen Erfahrungen, da auch keine Erkenntnis – also eben auch keine Erkenntnis über die Seele, die Freiheit und Gott, weil man davon weder etwas sehen noch hören noch tasten noch riechen kann. Wirkliche Erkenntnis gibt es nur so weit, wie es Sinneserfahrungen gibt. Also vermögen wir von Gott, von der Freiheit und von der Seele nichts zu erkennen. Doch damit ist die Sache nicht vom Tisch. Irritierenderweise nämlich – so Kant – wird auch, wer diese Grenzen der Vernunft eingesehen hat, die Fragen nach Gott oder, ob es wirklich Freiheit und eine Seele gibt, nicht los. Konkret gemacht am ersten Fall: Die Vernunft kann gar nicht anders, als an so etwas wie Gott – ein höchstes, alles begründendes, lenkendes, zusammenhaltendes Sein – zu denken, wenn sie die Wirklichkeit der Welt in ihrer Vielfältigkeit und gleichzeitigen Geordnetheit bedenkt. Sie muss den Gottesgedanken fassen, obwohl sie weiß, dass sie das in diesem Gedanken Gefasste nicht erkennen kann. Kants Fazit:

»Das höchste Wesen bleibt also für den bloß speculativen Gebrauch der Vernunft ein bloßes, aber doch fehlerfreies Ideal, ein Begriff, welcher die ganze menschliche Erkenntniß schließt und krönt, [und jetzt kommt die Pointe; K.M.] dessen objective Realität auf diesem Wege zwar nicht bewiesen, aber auch nicht widerlegt werden kann …«[12]

Wenn die theoretische Vernunft aus Gründen ihrer Reichweite kein Wissen über die Existenz Gottes erlangen kann, dann eben aus demselben prinzipiellen Grund auch kein Wissen von seiner Nicht-Existenz. So wenig man mit den Mitteln der Vernunft Gottes Dasein beweisen kann, so wenig lässt sich mit ebendiesen Mitteln das Dasein Gottes widerlegen. Das ist das erste Ergebnis von Kants Ringen um die Gottesfrage und die Grenzen der Vernunft: *»Ich mußte also das Wissen aufheben, um zum Glauben Platz zu bekommen …«*[13], sagt

Kant selbst dafür. Aber das reichte ihm noch nicht. Er war nämlich überzeugt: Wenn sich etwas so hartnäckig wie die Gottesidee der Vernunft aufdrängt und auf keine Weise abschütteln lässt, dann muss dahinter ein Sinn stecken. Fragt sich natürlich nur: Welcher? Wenn ein solcher Sinn – wie gezeigt – nicht im Bereich der theoretischen Erkenntnis auffindbar sein kann, ist er dann möglicherweise in der Dimension der praktischen Erkenntnis, d.h. des vernunftgeleiteten rechten Handelns, also der Ethik zu suchen? Und genau dafür sieht Kant ein brisantes Indiz.

Er denkt sich: Was steckt eigentlich dahinter, dass wir in manchen Situationen, da sich die Frage stellt, was wir tun sollen, spontan wissen, was wir zu tun haben – und zwar unbedingt und ohne Alternative? Das Gesollte begegnet dabei nicht als etwas Fremdes und von außen Herangetragenes, sondern etwas, das in der Vernunft selbst liegt. Damit findet Vernunft nicht irgendwo und nur mit Mühe zu erreichen, sondern unmittelbar und in ihr selbst etwas Unbedingtes, also genau das, worum es der Metaphysik zu tun ist.

»Faktum der Vernunft«, nennt Kant dieses Phänomen – das will sagen: Die Bindung allen Handelns an eine unbedingte Norm ist der Vernunft selbst so direkt und fundamental eingeschrieben, dass es darüber keiner weiteren Verständigung mehr bedarf und auch keine mehr möglich ist. Handeln heißt ja, dass Vernunft in praktischer Hinsicht aktiv wird. Wenn ich handle, tue ich das und das – und jenes nicht. Soll dieses Geschehen einen Bezug zu Welt und Wirklichkeit haben, geschieht das Handeln mit Vernunftanspruch. Ob dieser Anspruch erfüllt ist, hängt von der Übereinstimmung des faktischen Handelns mit dem unbedingten Vernunftgesetz ab, das allem Handeln vom Begriff her eingeschrieben ist. Kant selbst hat dieses Grundgesetz in mehrfacher Variation auch ausdrücklich gemacht: Es ist der sogenannte »Kategorische Imperativ«, der in seiner wohl populärsten Wendung so lautet: *»Handle so, als ob die Maxime [also: der Grundsatz] deiner Handlung durch deinen Willen zum allgemeinen Naturgesetze werden sollte.«*[14]

Von diesem Ansatzpunkt her kommt Kant auf gänzlich neue Weise zum Gottesgedanken. Er überlegt folgendermaßen: Jedes vernünftige endliche Wesen strebt danach, glücklich zu sein.[15] Nun fällt aber auf, dass es Menschen gibt, die moralisch leben, also dem Unbedingten in sich unbedingt folgen, aber ein elendes Leben fristen; wie es umgekehrt andere gibt, die sich nichts um das rechte Handeln scheren und trotzdem im Glück baden. Wäre das einfach so im Leben, dann folgte daraus: Richtiges Handeln – modern gesagt: dem Gewissen folgen – wäre zutiefst unvernünftig zumindest dort, wo ich auf Vorteile verzichte, etwa durch Ehrlichkeit oder Solidarität mit anderen. Wenn Moralität vernünftig sein soll, muss es darum um ihretwillen eine Instanz geben, die schlussendlich die durch sittliches Leben erwiesene Glückswürdigkeit mit einer realen Glückseligkeit in Einklang bringt. Und dazu bedarf es eines allwissenden, allgegenwärtigen, allmächtigen obersten Gesetzgebers mit Verstand und Wille, der zugleich der Urheber von allem ist.

Man darf sich nicht täuschen lassen von der moralisierenden Sprache Kants und den eher traditionellen Zügen des dabei gezeichneten Gottesbildes. Kant entwickelt mit diesem Argument gegen den logischen Gott der Gottesbeweise einen Gottesgedanken aus dem existenziellen Zentrum des Subjekts. Wenn sittliches Handeln vernünftig – also nicht absurd – sein soll, muss es einen Gott geben, der entgegen dem von der durchschnittlichen Erfahrung nahegelegten Illusionscharakter dieses Gedankens diese Vernünftigkeit garantiert. *»(E)s ist moralisch notwendig, das Dasein Gottes anzunehmen«*[16], heißt das auf Kantisch. Genau so hat auch Carlo Maria Kardinal Martini im Disput mit Umberto Eco argumentiert[17] – das muss man sich vorstellen: Ein katholischer Purpurträger hält einem Agnostiker kantische Gedanken entgegen – noch vor 40 Jahren wäre dies undenkbar gewesen, und die Katholikenschar hierzulande hat das Ereignis selbstredend in Mehrheit verschlafen – auch das meinte ich im Vorwort mit »verratenem Gottesdenken«.

Der postulatorische Charakter dieser Art Gottesgedankens tut dabei dessen Wirklichkeitsgehalt keinerlei Abbruch. Die Unmittelbarkeit der Erfahrung der vom Sittengesetz ausgehenden Verpflichtung verleiht diesem Denken eine philosophische Überzeugungskraft, die von der der klassischen Gottesbeweise um eine ganze Dimension verschieden ist. Der für Kant einzig mögliche und gültige Gottesbeweis ist – modern gesprochen – ein existenzieller.

Ist er philosophisch in der Tat so gültig, wie er beansprucht? Natürlich könnte jemand sagen: Gut und schön, aber bei all dem handelt es sich doch auch nur um einen Wunschgedanken, weil wir es nicht ertragen können, dass es sich möglicherweise anders verhält, dass die Bösen glücklich, die Guten elend leben und enden. So kann man natürlich denken, dann muss man aber auch die Konsequenzen in Kauf nehmen, und die heißen: Wenn es den moralisch postulierten Gott nicht gibt, ist alle Erfahrung sittlichen Sollens durch und durch absurd. D.h. die menschliche Vernunft darf sich gerade dort nicht über den Weg trauen, wo sie sich selbst am unmittelbarsten gewahr wird. Ohne Wirklichkeit dessen, was im Gottespostulat begrifflich gefasst wird, ist auch das nicht Wirklichkeit, was Vernunft auf elementarste Weise als wirklich erfährt: sich selbst. Noch eines kommt hinzu: Wenn die recht hätten, die Kants Gedanken als Wunschgedanken abtun, dann blieben alle Opfer der Geschichte, denen man zu Lebzeiten Gerechtigkeit vorenthalten und um das Ihre gebracht hat, auf immer Opfer, und die Täter triumphierten. Und noch schlimmer: Wir dürften, solange wir vernünftig sein wollten, nicht einmal für sie hoffen, obwohl genau dies – die Opfer nicht zu vergessen und für sie zu hoffen – das uns in unserer Ohnmacht Letztmögliche und darum von unserem Gewissen unabdingbar Verlangte ist. Was aber, wenn wir aus Gründen der Vernünftigkeit nicht für die anderen hoffen dürfen, obwohl uns ebendiese Vernunft zugleich kategorisch auf dieses Hoffen für sie verpflichtet? Dann kann man nur noch sich betäuben oder verzweifeln.

Aus Sorge, beides – das Betäuben und das Verzweifeln – könnten sich noch mehr ausbreiten als jetzt schon, weil sich die Vernunft den Fragen an den Grenzen des Wissens noch weniger stellt als jetzt schon, – aus dieser Sorge hat Johannes Paul II. nach 119 Jahren zum zweiten Mal in der Geschichte der Kirche eine Enzyklika über die Philosophie geschrieben: »Fides et ratio« – nicht, um die Vernunft in Grenzen zu weisen oder zu vereinnahmen, sondern sie an ihre Größe zu erinnern.

3. Eine Wahrheit oder viele – oder: Was geht den Papst das Denken an?

Kant hatte, wie erläutert, um dem Glauben seinen rechten Platz einzuräumen, dem Gottesgedanken in der Vernunft einen völlig neuen Ort angewiesen – und dazugesagt, was mit der Vernunft geschähe, wenn sie den Gottesgedanken aufgäbe. Genau der gleiche Gedanke trieb Johannes Paul II. so um, dass er die am 14.10.1998 veröffentlichte Enzyklika »Fides et ratio« schrieb. Seltsame Verhältnisse: Der einst als »Alleszermalmer« Gescholtene und katholischerseits in breitesten Kreisen teils bis heute als Rationalist Abgetane als im Anliegen heimlicher Pate eines päpstlichen Lehrschreibens, welches ihn unbeschadet der Gemeinsamkeit in der Sache souverän ignoriert!

Kennern der Situation signalisierten bereits die allerersten Reaktionen in der deutschen Presse Besonderes. Das Wochenblatt »Die Zeit« rückte einen Kurzkommentar zur Enzyklika in der ersten Woche nach deren Erscheinen auf die Titelseite: Wenngleich das Schreiben des Papstes über das Verhältnis von Glaube und Vernunft wie eine Stimme aus einer anderen Welt klinge und in Deutschland kaum jemanden interessieren werde, ginge es selbst die Nicht-Glaubenden an, weil es daran erinnere, dass die Verabschiedung von Theologie und Metaphysik *»das Denken nicht bloß freier, sondern auch enger gemacht«*[18] habe. Gleichwohl folgte im Inneren der Ausgabe ein veritabler Verriss des Lehrschreibens. Doch gewinnt dieser interessanterweise seinen Pfeffer nur dadurch, dass er die Ausführungen von »Fides et Ratio« ausdrücklich mit anderen lehramtlichen Äußerungen aus jüngster Zeit verknüpft[19] – und bringt damit auf skurrile Weise etwas vom spezifischen Profil des Schreibens zur Geltung. Denn die Enzyklika steht hinsichtlich Tenor wie Außenwirkung in kaum zu übersehender Spannung zu einer ganzen Reihe lehramtlicher Äußerungen und Entscheidungen aus den Monaten vor ihrem Erscheinen, die alle auf Einschränkungen und Verbote hinausliefen. Erste Kommentare in italienischen Tageszeitungen am Tag nach Erscheinen von »Fides et Ratio« vermerkten demgegenüber den kommunikativen, als Einladung zum Dialog zu verstehenden Grundton des Schreibens.

— Längsschnitt durch »Fides et ratio« —

Gleich die Einleitung des Schreibens – betitelt mit dem berühmten Spruch vom Architrav des Delphischen Tempels »Erkenne dich selbst« – benennt den alles zusammenhaltenden Konstruktions- und Angelpunkt der Enzyklika: die Wahrheitsfrage. Weil dem Menschen als solchem vom Wesen ein Streben nach der Wahrheit innewohnt – der Wahrheit über die Welt und sich selbst und schließlich über den letzten Grund und Sinn von allem – gibt es die Religionen, die dichterischen Weisheitstraditionen und die Philosophie. Sofern sich die Kirche seit dem Ostermorgen mit der letzten Wahrheit über den Menschen beschenkt glaubt, ist sie an dieser allgemeinmenschlichen Wahrheitssuche beteiligt – und zwar notwendigerweise, denn: Wenn es Wahrheit gibt, kann es nur *eine* geben; zwei Wahrheiten sind so viel wie gar keine. Das hat zwei Konsequenzen: Zum einen wird Philosophie als Weg der Erkenntnis von Grundwahrheiten über den Menschen und als unverzichtbare Hilfe für die Vertiefung des Glaubensverständnisses anerkannt. Zum anderen entsteht daraus in der Sicht des Papstes eine direkte Verantwortung der Kirche und speziell der Bischöfe als den Zeugen der Wahrheit für die Philosophie: Wo diese etwa einem Agnostizismus, Skeptizismus oder Relativismus – also mehr oder weniger starken Bestreitungen der Möglichkeit von Wahrheit – das Wort redet, muss sie an ihre ursprüngliche Berufung erinnert werden, und genau das ist auch die leitende Absicht der Enzyklika, wie der Papst ausdrücklich am Ende der Einleitung festhält. Drei grundlegende Annahmen kommen dabei ins Spiel: (1) Es gibt *eine* Wahrheit, die sich aus zwei Quellen speist – der Vernunft und der Offenbarung; (2) weil das so ist, stehen Vernunft und Glaube, Philosophie und Theologie in einem Verhältnis wechselseitiger Verwiesenheit und Hilfe; und (3): Gegenwärtig besteht Anlass, dass Theologie und Kirche ihre naturwüchsige Verantwortung für die Philosophie gegen in dieser selbst aufgekommenen Stimmen eines wahrheitsneutralen Oberflächenpluralismus wahrnehmen.

Das Kapitel I – betitelt »Die Offenbarung der Weisheit Gottes« – artikuliert den Anspruch des christlichen Glaubens, in Jesus Christus als der Person gewordenen Wahrheit der nicht mehr überbietbaren Aufklärung des Geheimnisses des Menschen wie gleichermaßen der – das bleibende Geheimnis wahrenden – Erschließung der Wirklichkeit

Gottes zu begegnen. Bezüglich des Verhältnisses dieses Anspruchs zur menschlichen Vernunft beruft sich die Enzyklika geradezu emphatisch auf – Achtung! – Anselm v. Canterbury als einen, der sich auf einzigartige Weise durch die Offenbarung zum Denken treiben lässt, um Erstere im autonomen Vernunftgebrauch als vernunftgemäß nachzuvollziehen.

An dieser Stelle beginnt das m.E. tiefreichendste Novum von »Fides et Ratio«, das sich weiteren Ausdruck in den Überschriften der nächsten beiden Kapitel schafft, die mit ersichtlichem – aber kniffligem – Bezug auf Anselm gewählt sind: »Credo ut intellegam« (Ich glaube, um zu verstehen) steht über Kapitel II, das eine vor allem auf das Buch der Sprichwörter und das Weisheitsbuch sowie einschlägige neutestamentliche Stellen bezogene philosophische Auslegung biblischer Traditionen enthält. Das nachfolgende Kapitel heißt »Intellego ut credam« (Ich verstehe, um zu glauben) und nimmt damit eine von Anselm ausdrücklich zurückgewiesene Formulierung auf.[20] Die Enzyklika nutzt demgegenüber die Wendung als Etikett für den Gedanken, dass alle Erkenntnisbemühung um Wahrheit in einen Glaubensakt münde und zuvor schon von einem solchen herkomme. Von Glaube ist dabei zunächst durchaus untheologisch die Rede. Denn zunächst geht die Enzyklika auf den brisanten Sachverhalt ein, dass wir uns von Anfang unseres Lebens an auf Wahrheiten einlassen, die wir einfach glauben, ohne sie kritischer Prüfung zu unterwerfen, um sie nachfolgend anzueignen. Insofern das angesichts der Masse der auf uns einstürzenden Informationen und ihrer Entstehungszusammenhänge für den Großteil der uns begegnenden Wahrheiten gelte, sei der Mensch als das nach Wahrheit suchende Wesen zugleich »auch derjenige, der vom Glauben lebt«. Gleich im ersten Satz des nächsten Abschnitts springt dieser Befund in eine ganz spezifische Beschreibung des Glaubensaktes um, an dem der ganze Rest des Kapitels hängt: Glaube bedeute nämlich – so die Enzyklika –, dass ich mich Erkenntnissen anvertraue, die von anderen erworben wurden, und dass das oft menschlich bereichernder sei als bloße Einsicht in etwas. Anders gesagt: Nicht das »Ich glaube, dass ...« oder das »Ich glaube an ...« rückt in den Vordergrund, sondern das »Ich glaube dir« (mit dem charakteristischen Dativ, dem grammatischen Geber-Fall). Konsequent kommt der Papst darum unmittelbar anschließend auf die Märtyrer zu sprechen, insofern sie die verlässlichsten, weil den Preis der eigenen Existenz einsetzenden Wahrheitszeugen seien. Die abschließende Zuspitzung des Gedankens auf Christus ist dann nur noch ein Kleines: Die Suche des Menschen nach Wahrheit und die damit verbundene nach einem vertrauenswürdigen Anderen, der als Garant der Wahrheit fungiert, erfüllt sich in der Begegnung mit dem, der sich johanneisch selbst »die Wahrheit« nennt. Systematisch gefasst thematisiert die mit »Intellego ut credam« betitelte Passage m.W. erstmals in einem Lehrschreiben einen Teil des höchst kniffligen Problems der Bestimmung des Unterschieds zwischen und des Verhältnisses von Glauben und Wissen, wie es bereits Platon aufgeworfen hat, ohne dass es bis heute befriedigend gelöst wäre. Das ist *ein* Zug des Neuen an »Fides et Ratio«.

Auf ganz eigenartige Weise macht sich ein weiterer solcher Zug dadurch geltend, dass nachfolgend zwar eine Variante des typisch katholischen Neuzeit-Mythos vom Aufkommen bzw. Erwachen eines offenbarungsfeindlichen und sich von Gott abwendenden Denkens erzählt wird – als ob für das Aufkommen dieser Neuzeit nicht auch und sogar in erster Linie Verwerfungen in den christlich-kirchlichen Traditionsmustern verantwortlich zeichneten (besonders die abendländische Kirchenspaltung mit zwei, zeitweise sogar drei Päpsten nebeneinander und die Religionskriege als ungewollte Folgen der Reformation, um nur die wichtigsten Krisenquellen zu nennen)! Doch gleichzeitig zeigt sich diese Neuzeitkritik der Enzyklika hinsichtlich des zentralen Begriffs dieser philosophischen Epoche auffällig gebrochen: Kontinuierlich wird unbeschadet eher pauschaler Kritik an der modernen Philosophie deren Kerngedanken der Vernunft-Autonomie Respekt gezollt. Spektakulärsten Ausdruck findet dieser Zug der Enzyklika in der These, es sei – jetzt wörtlich –

»illusorisch zu meinen, angesichts einer schwachen Vernunft besitze der Glaube größere Überzeugungskraft: im Gegenteil, er gerät in die ernsthafte Gefahr, auf Mythos bzw. Aberglauben verkürzt zu werden« (Nr. 48).

Also: Starker Glaube braucht als sein Gegenüber eine starke Vernunft – und nicht: Je schwächer die Vernunft, desto stärker der Glaube. Genau darum geht den Papst als den Hirten des Glaubens auch das Denken etwas an. Das legt freilich von selbst die Frage nahe: Wie viel Vernunft braucht – oder aber auch: verträgt – der Glaube? Genau dieser Frage ist die zweite Hälfte der Enzyklika gewidmet. Dabei fallen mir mehrere Passagen besonders auf:

Zunächst ein Thema, das offenkundig zu den Interessenbrennpunkten der Enzyklika gehört, weil es gleich mehrfach auftaucht: das Problem des Verhältnisses der Allgemeinverbindlichkeit von Wahrheitsansprüchen und der kulturellen Vielfalt von Weisheitslehren, Philosophien und Religionen. Ein Abschnitt wartet dabei mit der für Johannes Paul II. durchaus typischen Überraschung auf, in einer Enzyklika zum Studium des – so wörtlich – *»großartige[n] geistige[n] Aufschwung[s]«* des indischen Denkens und ebenso des geistigen Erbes Chinas, Japans und anderer asiatischer Länder aufzurufen – ganz in der Linie jenes Treffens von Vertretern aller Weltreligionen vor einigen Jahren in Assisi, das rechte Katholikenkreise dem Papst bis heute nicht verziehen haben. Die außerchristliche religiöse wie philosophische Weisheit wird dabei in den Dienst einer vom Wort Gottes ausgehenden und auf dessen immer besseres Verständnis zielenden Theologie eingespannt. Das führe einerseits die theologische Vernunft auf Wege, die sie sich nicht hätte träumen lassen, wie umgekehrt die Philosophie bereichert aus dieser Begegnung hervorgehe. Da deutet sich ein neuer Ton gegenüber den anderen Religionen und den Philosophien an, denn gesagt ist damit doch: Diese anderen Stimmen seien in der Lage, die Theologie weiterzubringen, wie sie ihrerseits dieser Dienst nicht unbelohnt ließe. Von einem christlichen Wahrheitsmonopol jedenfalls ist da keine Rede, ohne dass darum der Anspruch aufgegeben wäre, dass das Christliche der Wahrheit in besonderer Weise nahesteht.

Noch eine zweite, nicht weniger aufsehenerregende Passage gibt es. Mit dem Namen »christliche Philosophie« wolle man

»... all jene bedeutenden Entwicklungen des philosophischen Denkens erfassen, die sich ohne den direkten oder indirekten Beitrag des christlichen Glaubens nicht hätten verwirklichen lassen« (Nr. 75).

Wer sich je klischeefrei und quellenorientiert in der Philosophiegeschichte umgetan hat, weiß natürlich, dass es einen solchen prägenden Einfluss nicht nur christlicher, sondern genauer biblischer (also jüdisch-christlicher) Motive auf die Philosophie nicht nur für das Mittelalter, sondern ebenso sehr (und in vielen Punkten sogar noch mehr) für die Neuzeit und bis in die Gegenwart zu konstatieren gilt. Zu den neuen Tönen der Enzyklika gehört, dass sie genau dies auch ausspricht. Wörtlich:

»Man kann sagen, daß es ohne diesen stimulierenden Einfluß des Wortes Gottes einen beachtlichen Teil der modernen und zeitgenössischen Philosophie gar nicht gäbe. Der Befund bewahrt seine ganze Bedeutung auch angesichts der enttäuschenden Feststellung, daß nicht wenige Denker dieser letzten Jahrhunderte die christliche Rechtgläubigkeit aufgegeben haben« (Nr. 76).

Sähe man freilich näher zu, so entpuppte sich die hier so unvermittelt aufgeworfene Frage der Rechtgläubigkeit als unendlich schwierig, weil in dieser modernen Philosophie Konflikte mit kirchlichen Überlieferungen so gut wie nie durch spekulierende Abenteurer ausgelöst werden. Vielmehr haben sie meist damit zu tun, dass die Bewahrung bzw. Wiedergewinnung der biblisch-christlichen Grundgedanken unter den geschichtlichen Bedingungen der Neuzeit vor völlig neue Aufgaben stellte und darum auf bislang unbegangene Wege zwang – Denker wie Kant, Fichte, Schelling, Hegel, Hölderlin (auf ganz eigenartige Weise selbst noch ein Ludwig Feuerbach, der erste Vertreter eines philosophisch begründeten Atheismus) wollten die »besseren Theologen« sein. Doch unbeschadet dieses Problems: Die Unterstellung einer solchen fundamentalen Gemeinsamkeit zwischen christlicher Überlieferung und moderner Philosophie hat es bislang lehramtlich noch nie gegeben.

Im Schlussteil des Schreibens betritt der Papst noch ein hochbrisantes Feld, das sich freilich nicht gleich auf den ersten Blick als solches zeigt: die Sinnfrage, bezüglich derer die Enzyklika für die Gegenwart eine von den Massen wie zugleich von der Fragmentarität wissenschaftlichen Wissens ausgelöste »Sinnkrise« diagnostiziert. Überwunden werden könne diese nur, wenn die Philosophie zur Übereinstimmung mit dem Wort Gottes komme, indem sie die ihr spezifische Weisheitsdimension wiedergewinne, die darin bestehe, die Möglichkeit eines letzten und umfassenden Sinnes in Blick zu nehmen. Das ist für die Enzyklika das erste Kriterium authentischen Philosophierens – und hinter ihm verbirgt sich ein gravierendes Problem, denn: Wie immer diese Frage beantwortet wird: Um sie überhaupt beantworten zu können, muss die Vernunft dazu den *Begriff* eines solchen letzten, genauer letztgültigen Sinnes fassen, um Kriterien dafür zu haben, was denn letzten Sinnanspruch erheben könne (und was nicht). D.h.: Sie muss wissen, was das eigentlich meint: letztgültig sein. Mit großer Sensibilität für Hintergrundzusammenhänge heißt es in der Enzyklika:

»Die Auslegung d[ies]es Wortes [sc. Gottes; K.M.] darf uns nicht nur von einer Interpretation auf die andere verweisen, ohne uns je dahin zu bringen, ihm eine schlichtweg wahre Aussage zu entnehmen; andernfalls gäbe es Offenbarung Gottes nicht, sondern nur die Formulierung menschlicher Auffassungen über Ihn und über das, was Er wahrscheinlich über uns denkt« (Nr. 84).

Das ist am Ende geradezu ironisch formuliert – ein Ton, den man bislang auch noch nie in einem päpstlichen Rundschreiben vernommen hat. Gleichwohl ist in der Sache der Nagel auf den Kopf getroffen: Wer eine Meinung haben will, wie man so sagt, kann nicht nur Meinungen aneinanderreihen. Er oder sie muss Stellung beziehen, und das geschieht verantwortet dadurch, dass sich jemand zu einer Überzeugung durchringt, für die er oder sie einsteht – gegebenenfalls mit dem eigenen Leben. Vernünftig aber ist so etwas nur, wenn ich für möglich halte, dass es so etwas wie einen letzten Sinn gibt. Ebendies aber vom Großteil der gegenwärtigen Philosophie ausgeschlossen zu finden, hat Johannes Paul II. diese Enzyklika schreiben lassen – nicht der Anspruch, die Theologie hätte diesen letztgültigen Sinn gleichsam auf Abruf parat und vermöchte darum die Philosophie zu belehren. Sie ringt genauso um ihn wie die Philosophie – wenn die denn um ihn ringt. Tut sie es nicht, bleibt sie hinter dem zurück, was eigentlich in den Bereich ihrer elementaren Aufgaben fällt. Dass sich die Philosophie dazu von Neuem durch die Botschaft des Glaubens provozieren lässt im buchstäblichen Sinn des Wortes, das ist die Hoffnung, die der Papst mit seinem Schreiben verbindet.

— Christliche Apologie der Vernunft —

Ein solches Engagement der Theologie für das Denken – von nicht wenigen in Theologie und Kirche selbst argwöhnisch beäugt – ist nicht weniger wichtig, als – sagen wir – die höchst unbequeme Wortmeldung der Caritas in der Asyl- oder Schuldenfrage oder der Verbleib der Kirche in der Schwangerenberatung. Das Schreiben des Papstes wirft sich mit vollem Gewicht für die Begriffe Wahrheit und Sinn in die Bresche. Eine Theologie, die sich unbeschadet der Grenzen und Unklarheiten der Enzyklika deren dringlichen Bitte um philosophische Kompetenz nicht verschließt, leistet Kirche und Gesellschaft einen Dienst, für den beide in vielleicht gar nicht so ferner Zeit dankbar sein werden – es sei denn, jemand wollte glauben (oder am Ende hoffen), in Zeiten der Globalisierung der Wirtschaft und der Computerisierung der Lebenswelt würde von selbst überflüssig, dass sich der/die Einzelne denkend orientiert in der Welt und über sich. Schön wäre, wenn die Philosophinnen und Philosophen wenigstens zur Kenntnis nähmen, dass die einzigen, die derzeit für sie eine Lanze brechen, die katholische Kirche und ein Teil ihrer Theologie sind. Vor Jahren meinte ein bundesweit bekannter Kabarettist, Katholischsein sei so ähnlich, wie es riecht, wenn in einem feuchten Keller ungewaschene Unterhosen verbrannt würden. Heute beziehen die gleichen Adressaten Hiebe für die Verteidigung der Vernunft. Keine schlechte Karriere.

Im Christlichen ist kritische – natürlich selbstkritische – Vernunft Maß auch in den Dingen Gottes. Wie weit aber reicht dieses Maß? In der Eröffnungsgeschichte von Gilbert K. Chestertons »The Innocence of Father Brown« von 1911 verkleidet sich der berüchtigte Gauner Flambeau als Priester, um anlässlich eines eucharistischen Kongresses dem (scheinbar) tollpatschigen Dorfpfarrer Father Brown ein diesem zum Transport anvertrautes kostbares Reliquiar abzuluchsen. Im Zuge vertrauensbildender Maßnahmen des Ersteren kommt es zwischen den beiden »Confratres« natürlich auch zu theologischen Gesprächen. Angesichts eines strahlenden Sternenhimmels meint der falsche Mitbruder unter anderem:

» ›Ach ja, diese modernen Ungläubigen rufen ihre Vernunft an; wer aber kann diese Millionen von Welten anschauen und nicht empfinden, daß es über uns wunderbare Universen geben mag, in denen Vernunft

vollkommen unvernünftig ist?‹ ›Nein‹, sagte der andere Priester; ›Vernunft ist immer vernünftig, selbst in der letzten Vorhölle, jenem verlorenen Grenzland der Dinge. Ich weiß, daß viele der Kirche vorwerfen, sie setze die Vernunft herab, aber es ist genau umgekehrt. Auf Erden räumt nur die Kirche allein der Vernunft ihre wahre Hoheit ein. Auf Erden bekräftigt nur die Kirche allein, daß Gott selbst durch die Vernunft gebunden ist. ‹ «[21]

Solches Vertrauen in die Vernunft, dem intellektuelle Redlichkeit wie von selbst Verpflichtung war, nimmt sich heute geradezu surreal aus. Aber vielleicht sagt das mehr über die Gegenwart, als über den (rationalistischer Umtriebe mehr als unverdächtigen) Erzähler und seinen Helden. Übrigens, am Ende der Geschichte, nachdem Father Brown Flambeau enttarnt hat, wird er von diesem gefragt, woran er denn erkannt habe, dass es sich bei ihm um einen falschen Priester handle. » *›Sie haben die Vernunft angegriffen‹, sagte Father Brown. ›Das ist schlechte Theologie.‹* «

— *Verblüffende Zeitgenossenschaft* —

Nicht verschwiegen werden darf aber auch, dass es in jüngerer und jüngster Vergangenheit seitens der Philosophie um des Denkens willen Zuwendungen zum christlichen Glauben gibt, die man kaum hatte erwarten dürfen. Man wird diese gewiss nicht als Annahmen der in »Fides et ratio« ausgesprochenen Einladung der Theologie an die Adresse der philosophischen Vernunft interpretieren dürfen. Aber in der Sache läge – genau besehen – eine solche Lesart gar nicht so fern.

Da fordert etwa der sich selbst als religiös unmusikalisch titulierende Jürgen Habermas auch eine Lernbereitschaft der säkularen Vernunft gegenüber der Weisheit religiöser Traditionen, weil seiner Überzeugung nach nur so das Projekt der aufklärerischen Moderne vor einem Entgleisen und dehumanisierenden Konsequenzen einer totalitär werdenden instrumentell-technischen Vernunft bewahrt werden könne – darauf wird im nächsten Abschnitt gleich ausführlicher einzugehen sein.[22] Noch mehr aber muss gerade vor dem vorausgehend beschriebenen Hintergrund verblüffen, dass gerade der philosophiekritische

Paulus in den letzten Jahren zum heimlichen Leitstern, ja buchstäblich zum Star einiger zeitgenössischer Philosophen geworden ist, von denen das niemand vermutet hätte: Denn fast alle sind mehr oder weniger politisch dem linken Spektrum zuzuschlagen und verstehen sich als Materialisten und/oder Atheisten: Alain Badiou[23] in Frankreich, Giorgio Agamben[24] in Italien, Slavoj Žižek[25] in Slowenien, Eric Santner[26] in Amerika, in Deutschland Uwe Jochum[27] mit einer dezidiert nicht-atheistischen Sicht.[28] Wenn man sich durch die teils sperrigen Schriften dieser Denker durcharbeitet, dann zeichnet sich ziemlich bald über alle Differenzen hinweg ein Gemeinsames in diesem Interesse an Paulus ab: Und das ist, wenn nicht alles täuscht, so etwas wie der Überdruss an der endlosen Dekonstruktion von Sinnansprüchen, an dem Zerbrechen von Grenzen, der Vorherrschaft lebensdienlichen Zweckdenkens, dem unaufhörlichen Relativieren, das sich die sogenannte Postmoderne auf die Fahnen geschrieben hatte und das am Ende alles – im Denken, Handeln, Glauben – als gleich gültig behaupte und dem darum alles, was Menschen wirklich herausfordert oder ihnen Halt geben kann, in einer bleiernen Monotonie untergeht.

— Anti-Relativismus —

Im Apostel Paulus finden die Genannten so etwas wie eine radikale, ja geradezu rabiate Gegeninstanz: Einen, der alles auf eins setzt: Christus. Einen, der alles, was es an Gütern für ihn gäbe in der Welt, unter ein »als ob nicht« stellt – für Gott. Einen, der darauf wettet, dass das, was jetzt der Fall, am Ende nicht alles gewesen sein wird – dass es ein Eschaton, ein Letztes und Endgültiges gibt, so dicht und drängend, dass es sich schon jetzt gleichsam an der Innenseite der wichtigen Dinge des Lebens, im Leben und Sterben, in Freude und Trauer, Leid und Leidenschaft geltend macht und darum nichts am Dasein indifferent ist gegen dieses Endgültige: der jüngste Tag gleichsam ein Standgericht im Jetzt, wie Kafka einmal sagte. Einen, der bis ins Mark überzeugt ist, dass alle Grenzen und Differenzen zwischen Menschen – Rang, Rasse, Geschlecht, Religion – zweitrangig sind angesichts dessen, dass Gott selber Mensch wurde, um alles Menschliche zu sich selbst zu befreien und zu erneuern: ein kühner Universalismus des Humanum, hervorgehend aus dem, was der Apostel »Sein in Christus« nennt, sperrig bis zum Skandalon eines Zeitgeistes, der nur darin ein Unbedingtes kennt, dass er alles Unbedingte ablehnt.

— *Das Geheimnis des Kleinwerdens* —

Was etliche der genannten Denker aber noch mehr als dies alles in Bann schlägt, ist ein anderer Gedanke des Paulus, einer, der gleichsam noch eine Drehung tiefer liegt und all das eben Genannte überhaupt erst freisetzt. Am deutlichsten ausgesprochen findet sich der Gedanke im Philipperbrief Kapitel 2, in Versen, die wie ein Hymnus klingen, aber wohl in Wahrheit so etwas wie Paulus' emphatischste Programmangabe seines ganzen Denkens und Handelns sind:

»Er war wie Gott,
hielt aber nicht daran fest, Gott gleich zu sein,
er entäußerte sich,
wurde wie ein Sklave und den Menschen gleich«. (Phil 2, 6–7)

Er entäußerte sich – griechisch: ekenosen: die Denkfigur der Kenosis, wie die Theologen sagen.

Dahinter steht ein atemberaubender Gedanke: Gott hat sich in der Menschwerdung seines Gottseins begeben, hat sich klein gemacht. Doch warum? Antwort: Könnte – wenn das wahr ist – könnte dann nicht sein, dass er genau darin seine größte Größe erweist? Wenn und weil Gott Gott ist, hat er es gar nicht nötig, sich in Gesten und Taten der Macht zu manifestieren, sondern – menschlich gesprochen – tut er das darin und dergestalt, dass er sogar noch auf das Mächtigsein verzichtet, um das zu sein, was er in Wahrheit ist: Quelle und Urgrund von allem, was lebt.

Wenn die Macht des denkbar Mächtigsten – also Gottes, traditionell gesprochen – in der Preisgabe dieser Macht zugunsten von anderem besteht – dass dieses andere sei –, und wenn sich darin das wahre Mächtigsein dessen zeigt, worüber hinaus Mächtigeres nicht gedacht werden kann, dann kann es in der Welt nichts Mächtiges mehr geben – keine Moral, kein Dogma, keine Autorität –, das sich diesem Kriterium des Seins-für-Anderes zu entziehen vermöchte. Und auch wenn es so etwas wie Gottes Allmacht gibt, dann kann sogar diese nur die Form des unbedingten Seinlassens von anderem haben. Der italienische Philosoph Gianni Vattimo[29] füllt die Hohlform dieser Macht, die sich im buchstäblichen Seinlassen von anderem vergegenwärtigt, wortwörtlich mit dem Begriff der »caritas«, der Liebe, übrigens in bemerkenswerter Nähe zu Augustinus, der einmal in seinem Johannesbriefkommentar sinngemäß geschrieben hat: Jemandem bekennen »Ich liebe dich«, heiße, ihm oder ihr zu sagen: »*Ich* will, dass *Du* bist.«[30]

— *Aufgehobene Andersheit: Karfreitag* —

Man muss daraus nicht sofort wie einige der heutigen Paulus-Denker den Schluss ziehen, das Christentum sei im Kern eine Anti-Religion, eine, die sich gleichsam selbst überflüssig macht. Und dennoch blitzt in solchen Folgerungen etwas vom revolutionären Ursprung des Christlichen auf. Dieser Glutkern des Glaubens besteht darin, dass Gott seit dem Karfreitag eben nie mehr der große Andere genannt werden kann, dass alle Alterität unterlaufen und relativiert ist, weil er die letzte Andersheit überhaupt, die zwischen sich und dem Tod, dem Nichts, auch noch in sich hinein genommen, in sich verwunden hat. Denn sonst würde die Welt nicht mehr, würde gar nichts mehr sein.

— *Bittender Gott* —

Was mich überzeugt sein lässt, dass man mit solchen Gedanken dem Apostel nichts ihm Fremdes unterschiebt, hat seinen Grund übrigens in der Weise, wie er sein eigenes apostolisches Amt beschreibt. Im 2. Korintherbrief begegnet eine Stelle, die klingt wie der pastoral-kirchenamtliche Reflex der Kenosistheologie: Kapitel 5, Vers 20 sagt Paulus von sich: *»Wir bitten an Christi statt: lasst euch mit Gott versöhnen!«*

Was für ein Wort! Christus bittet den Menschen, und da er selbst das Inbild und Gleichnis Gottes aus Fleisch und Blut ist, tut das in ihm Gott selbst. Gott bittet den Menschen um die Rückkehr in die Gemeinschaft mit ihm und der bittende Christus ist seine sichtbare Ikone, das wahre Bild von Gott. An diesem bittenden Christus nimmt der

Apostel Maß für seine eigene Predigt und sein seelsorgliches Handeln. Er, der glühende Fanatiker von einst, der die junge Christengemeinde aus orthodoxem Eifer nach eigenem Wort bis aufs Blut verfolgte, er wird zum Bittsteller im Dienst des Unbedingten.

Mir will scheinen, das sei ohnehin die einzige Weise, wie endliche Wesen, die wir sind, mit Unbedingtem verantwortet umzugehen vermögen. Denn das Bitten bewahrt uns davor, usurpatorisch die Adressaten dessen, was wir als Botschaft weitersagen möchten, zu übermächtigen. Die Kehrseite des Bittens ist ja die Freiheit. Und was stünde mehr im Zentrum der Predigt des leidenschaftlichen Christusboten Paulus als eben sie! Liebe und Freiheit, zusammengewachsen aus einem Leben, das auf den Gott Jesu Christi setzt, der sich bis zur Selbstpreisgabe drangibt für das, was er gewollt hat. Bezeichnend: Im Griechischen steht für das deutsche Wort »Versöhnung« »katallage«, wörtlich übersetzt »Tausch von oben her«: eine asymmetrische Ökonomie, die ungeschuldet von Gott ausgeht, auf seine Kosten. Gibt es in einer Welt der Götzen und des Machtgeprotzes etwas, das widerspenstiger wäre gegen die Logik des »do ut des« und der Sachzwänge als dieses – so wörtlich 2 Kor 5,18 – »Wort der Versöhnung«, dieses, so könnte man umschreiben, »Wort vom zuvorkommenden Tausch«?

Im Galaterbrief hat Paulus mit glänzender Rhetorik die Künste der Rhetoriker kritisiert, weil er im Konflikt um die christliche Freiheit erlebt, wie rasch sie der Täuschung der Hörerschaft dienen. Ähnliches geschieht überall dort in seinen Briefen, wo es um die Weisheit, ums Philosophieren geht: mit dem scharfen Schwert des Wortes vom Kreuz schlägt er der Menschenvernunft eine Wunde. Aber es ist eine heilsame Wunde, denn sie nimmt dem menschlichen Denken alles selbstgenügsame Insichverkrümmtsein und weitet so die Vernunft, auf dass aus ihr eine Weisheit werde, die auch das Dunkle und Irrationale noch in sich aufnimmt, das uns begegnen mag. Gegen den Primat der besorgenden und beherrschenden Vernunft daran zu erinnern, dass es auch eine vernehmende Vernunft gibt, die im Sich-Verdemütigen weise, also durch Erleiden belehrt wird – »pathei mathos«, wie es bei dem Tragiker Aischylos schon heißt. Das meint der Apostel, wenn er die Glaubenden gegen Ende des Römerbriefes zur »logike latreia« (Röm 15,1) aufruft, zum »vernünftigen Gottesdienst«. Darauf zu beharren, dass es diesen gibt und wie er sich vollzieht, das mag nicht der geringste Dienst sein, den der Apostel seinen Philosophenkollegen bis heute erweist. Dieses Wort von der »logike latreia« könnte man zugleich *das* Erkennungszeichen des Denkens desjenigen nennen, der dem Verfasser von »Fides et ratio« auf dem Stuhl Petri nachfolgte und der durch einige Wortmeldungen das Thema »Vernunft und Glaube« mehrfach in die Schlagzeilen der Weltpresse katapultierte: Papst Benedikt XVI. Darüber ist mittlerweile unendlich viel geschrieben worden. Deswegen scheint mir sinnvoll, einmal auch eine etwas andere, nämlich sehr persönlich-biographische Annäherung an die Thematik zu versuchen.

4. Joseph Ratzinger – Benedikt XVI. über sein Lebensthema

— *»Vernunft und Glaube«* —

Schon zu seiner Zeit als Präfekt der Glaubenskongregation zog der damalige Joseph Kardinal Ratzinger immer wieder öffentliches Interesse auf sich, das sich nicht auf seine Funktion beschränkte, sondern wissen wollte, was denn eigentlich für ein Mensch hinter diesem Amt stecke. Auch gab er selbst mehrfach ausführlich in Interviews Auskunft über seine Biographie und das, was ihn denkerisch und geistlich bewegte. Doch mit seiner Wahl zum Papst im April 2005 setzte eine bis heute anhaltende Flut von Publikationen über ihn ein: Vieles davon bleibt einfach beim Äußerlichen seines Lebensgangs, versucht auch Anekdoten zu finden. Bisweilen kommen scharfe Kritiken[31], Abstruses ist auch dabei.[32] Publikationen mit theologischem Tiefgang sind eher rar, doch es gibt sie.[33] Ihnen möchte ich auch die folgenden Beobachtungen und Bemerkungen anschließen und auf ein paar biographische wie intellektuelle Züge Joseph Ratzingers das Augenmerk lenken, die sonst nicht so im Mittelpunkt der Wahrnehmung stehen, aber zuinnerst mit *dem* großen Leitthema seines Denkens, eben dem Verhältnis von Vernunft und Glaube, in Zusammenhang stehen.

— Erste Wegmarken —

Unmittelbar nach dem Konklave konnte man bei einigen Kommentatoren lesen, die Art und Weise, wie Ratzinger die Feierlichkeiten zum Abschied und Begräbnis von Johannes Paul II. geleitet habe, hätte mit dazu beigetragen, dass sich das Kardinalskollegium so rasch auf ihn als Nachfolger einigen konnte. Gewiss waren da auch noch andere Faktoren im Spiel, aber an dieser Wahrnehmung ist etwas Richtiges. Vor allem Ratzingers Predigt damals auf dem Petersplatz war ein Moment regelrechter Offenbarung seines eigenen theologisch-geistlichen Selbstverständnisses: Da sprach ein Landpfarrer im besten Sinn des Wortes, bescheiden, in einfachen Worten redend, die die Leute verstanden, dezent im Emotionalen, aber von hoher Präzision in Wort und Geste. Und genau das ist sein Ideal und Selbstportrait seit Beginn seiner theologischen Biographie: Diener der Wahrheit zu sein, einer Wahrheit, die größer ist als alle menschlichen Gedanken, so dass eine Existenz als Intellektueller, der er ist und die er bewusst führt, nicht bedeutet, als Richter über diese Wahrheit zu agieren.

Begonnen hat er mit dem Studium der Philosophie und Theologie im Priesterseminar von Freising. Sein wichtigster Lehrer und dann auch Doktor- und Habilitationsvater war Gottlieb Söhngen, ein Denker, der substanziell an einer sapientialen, weisheitlichen Theologie orientiert war und großes Augenmerk auf die ästhetische Dimension der Rede von Gott legte. Schon in dieser Anfangszeit wurde für Ratzinger – natürlich neben der Bibel – die Tradition der Kirchenväter der ersten fünf Jahrhunderte zum bedeutendsten Fundament des eigenen Denkens. Vor allem Augustinus, über dessen Ekklesiologie er seine Doktorarbeit schrieb, rückte für ihn in den Rang einer entscheidenden Autorität ein. Später entdeckte er für sich die Tradition der franziskanischen Theologie und schrieb seine Habilitationsarbeit über die Geschichtstheologie des Hl. Bonaventura. Das Denken von Bonaventuras Freund, Kollegen und in gewissem Sinn auch Gegenspieler Thomas von Aquin mit seinem Reflexionsstil und dialektischen Diskurs ist Ratzinger bis heute fremd geblieben, »zu kalt«, wie er selbst mehrfach sagte. Aber die Hinwendung zu Bonaventura bedeutete nicht eine einfache Wiederholung oder Gefolgschaft: Die Habilitation drohte zu scheitern, weil sie in den Augen einiger Professoren der Freisinger Hochschule zu kritisch war (unter anderem sprach sich der später berühmte Dogmatiker Michael Schmaus gegen die Annahme der Arbeit aus). Deswegen ist Ratzingers Bonaventura-Buch damals nicht vollständig veröffentlicht worden – nur so, durch Weglassen eines erheblichen Textbestandes, konnte das Habilitationsverfahren gerettet werden. Die vollständige Arbeit ist erstmals im Herbst 2009 im Rahmen der Ausgabe der »Gesammelten Werke« (Bd. 2) publiziert worden. Gemäß Ratzingers damaliger Überzeugung war der rhetorische und reflexive Stil vor allem des späten Bonaventura, der sogenannten »Collationes in hexaemeron«, zu aggressiv und polemisch. In der Tat haut Bonaventura in diesem Werk, das auf Fastenpredigten in Paris zurückgeht, alles philosophische Denken buchstäblich in die Pfanne und hält ihm eine absolute Überlegenheit der christlich-biblischen Weisheit entgegen, meint sogar, es werde eine Zeit kommen, da Argumente nichts mehr zählten, nur noch der Gehorsam. Jahre später, in der Münchener Bischofszeit und in einigen Dokumenten der Glaubenskongregation, war Ratzingers eigener Stil nicht so ganz weit weg von demjenigen des alten Bonaventura mit seinen Vorbehalten und seiner Karikatur eines theologischen Intellektualismus. Ab einem gewissen Punkt kokettierte er unbeschadet seines Profils als Intellektueller mit der Einfachheit seines Glaubens und seiner Theologie. Ich erinnere mich gut an eine Radioansprache kurz vor seiner Bischofsweihe 1976: Das eigentlich demokratische Element in der Kirche, sagte er da, seien die Bischöfe, weil sie den Glauben der einfachen Leute gegen die intellektuelle Arroganz der Theologen schützten. Das könnte auch ein Bonaventura gesagt haben, der damals als die Idealgestalt des Theologen seinen Ordensvater, den »simplex et idiota« Franziskus, der Welt vor Augen stellte. Trotzdem machte sich aber in Ratzingers Bonaventura-Kritik in der Habilitationsschrift bereits jenes Lebensthema geltend, das jetzt schon zur Signatur seines Pontifikats geworden zu sein scheint: das rechte Verhältnis von Vernunft und Glaube. Bevor wir darauf noch näher zu sprechen kommen, möchte ich aber an noch einige andere biographische, aber als solche für das intellektuelle Profil aufschlussreiche Momente erinnern.

— Weggabelungen – biographisch und theologisch —

Nach der Habilitation wurde Ratzinger zum Professor für Fundamentaltheologie in Bonn ernannt, dann lehrte er für drei Jahre Dogmatik in Münster. Dort war er ein hoch angesehener Dozent und entwickelte die ersten Ideen für sein berühmtestes Buch, die »Einführung in das Christentum«, ein wissenschaftliches Werk, das aber zugleich dem Stil nach eine Art homiletischer Theologie ist und damals offenkundig auf viele Fragen nachdenklicher Christen und anderer, die auf der Suche waren, antworten konnte (es wird bis heute gelesen und ist in 17 Sprachen übersetzt).

Nach drei Jahren stieß sein Freund Hans Küng den Wechsel von Münster nach Tübingen an. Die zwei jungen Theologen hatten sich während der Arbeit als Konzilsberater kennen und schätzen gelernt. Die damals entstandene theologische, spirituelle und menschliche Kongruenz begann aber nach einigen Jahren einer zunehmenden Distanz zu weichen. Das hatte vor allem mit den Prozessen an den europäischen Universitäten zu tun, fand aber auch einen Widerhall im persönlichen Lebensstil. Symbolisch drückte sich das – auch wenn man es mit einem Schuss Ironie erinnern muss – darin aus, dass Küng irgendwann mit einem schnittigen Alfa Romeo vorfuhr, Ratzinger aber – passend zu seinem Landpfarrer-Ideal – bei einem alten Fahrrad blieb. Von ganz anderem Gewicht war freilich, was an den Universitäten passierte: Die Studentenrevolten der 68er – in Tübingen angeheizt u.a. von dem Philosophen Ernst Bloch – waren für ihn ein Schock und ein tiefer Bruch in der intellektuellen Kultur, auch in der Theologie. Später beschrieb Ratzinger in einer der großen autobiographischen Publikationen diese Erfahrung als eine Begegnung mit dem grausamen Gesicht einer atheistischen Frömmigkeit und eines psychischen Terrors.[34] Deswegen verließ er schließlich auch das aufgewühlte Tübingen und wechselte an die kleine theologische Fakultät der noch jungen Universität Regensburg, damals eine Provinzstadt in ostbayerischer Randlage nahe dem eisernen Vorhang. Einige Kollegen Ratzingers meinten, der Gang von Tübingen nach Regensburg sei eine Flucht gewesen.

Mir drängt sich die Vermutung auf, dass in jener Zeit für Ratzinger auch einige theologische Motive bedeutsam geworden sind, die sich nur andeutungsweise direkt in den Publikationen ausmachen lassen, aber vor allem in den Vorlesungen gleichsam als basso continuo präsent waren: Die wichtigsten dieser tief liegenden Motive kamen von einem Theologen, der damals wenig bekannt war: Erik Peterson[35], ein Konvertit, der einige Beiträge veröffentlichte, die heute zu den Klassikern des 20. Jahrhunderts zählen, damals aber und dann noch für lange Zeit in der theologischen Diskussion abwesend waren. Zwei von diesen petersonschen Motiven sind für Ratzinger von allergrößter Bedeutung gewesen:

Zum einen, dass die Wahrheit immer eine Sache der Minderheit ist und oft mit Martyrium zu tun hat – von daher hat sich bei Ratzinger auch eine gewisse Hinneigung zu einer stark eschatologischen, manchmal sogar apokalyptischen Tendenz der Theologie und der Interpretation der erlebten Welt entwickelt. In Abhängigkeit von diesem Moment kann man in Publikationen Ratzingers lesen und in Ansprachen und Predigten hören, wie die Logik seines Denkens von einer geradezu aprioristischen Polarität zwischen Macht und Liebe bestimmt wird und dass der tiefe Sinn des Christentums in einer endgültigen Durchsetzung der Liebe gegen die Macht bestehe (ein ganz ähnlicher, sozusagen metaphysischer Antagonismus – diesmal in Gestalt des Gegensatzes von Angst und Gottvertrauen – findet sich in den Werken Eugen Drewermanns; und vielleicht ist es kein Zufall, dass Ratzinger niemals eine offizielle oder auch nur offiziöse Kritik an Drewermann geäußert hat).

Das zweite Motiv, das von Peterson her kommt, betrifft die Liturgie: Aller Gottesdienst der Kirche ist nichts anderes als das irdische Echo der himmlischen Liturgie. Von daher kommen Ratzingers Liturgietheologie und seine manchmal harte Kritik an Teilen der Liturgiereform des II. Vaticanum.[36] Allem voran geißelt er die Meinung, dass eine Gemeinde liturgische Formen »machen« könne (im Sinne von »schaffen« oder »konstruieren«), stattdessen kämen diese Formen aus einer Teilhabe am Ewigen.

Mit dieser Thematik ist auch der Punkt erreicht, von dem aus sich bereits in den Regensburger Jahren zwischen Ratzinger und vielen seiner Kollegen eine Debatte entwickelte, die bis in die unmittelbare Zeit vor der Papstwahl anhielt: Ob die Folgen des Konzils positiv seien oder einen Verrat an der Tradition darstellten. Anlässlich des 10.

Jahrestages des Konzilsendes 1975 äußerte Ratzinger eine radikale Kritik des letzten und berühmtesten Dokuments des Konzils, der Konstitution »Gaudium et spes«, eine Kritik vor allem der Einleitung dieses Textes. Seiner Meinung nach wird dieses Dokument von einer philosophischen Einseitigkeit, ja geradezu Blindheit beherrscht: Ihm mangele – philosophisch gesagt – das Bewusstsein für die Dialektik der Aufklärung (um es mit dem Titel eines berühmten Buches von Th. W. Adorno und M. Horkheimer zu sagen). In dem Text finde sich eine derart positive Einschätzung des modernen Denkens, dass dessen dunkle Rückseite, die Schrecken der Epoche seit der Zeit des Nominalismus und der Epoche der autonomen Vernunft, vergessen werde. Diese Vergessenheit habe die nachkonziliare Theologie mit einer ungesunden Aufklärung und einem ebensolchen Rationalismus infiziert. Ich bin auf der Basis des Konzilstextes der Überzeugung, dass diese Interpretation nicht zutrifft (und seltsamerweise entwickelte Johannes Paul II. in seinem letzten Buch »Gedächtnis und Erinnerung«, gleichsam seinem philosophischen Vermächtnis, eine völlig gegenteilige Interpretation von »Gaudium et spes«).[37] Jedoch war Ratzinger von dieser Zeit an überzeugt, dass die moderne Vernunft tiefreichend aporetisch sei, unfähig zur vollen Wahrheit über den Menschen – um von Gott ganz zu schweigen. Und deswegen habe die menschliche Gemeinschaft eine fundamentale Korrektur nötig, die geschichtlich seitens der christlichen Tradition geschehe, sofern diese Mittel der ungeschuldeten Offenbarung Gottes sei. Ein italienischer Theologe, Paolo G. Sottopietra, schrieb in seiner Dissertation, der Konflikt mit der Epoche der Moderne sei eine der eigentlichen Konstanten in der Reflexion Ratzingers. Und gegen die Aporie der Moderne bringe er immer wieder ein sogenanntes *»Wissen aus der Taufe«*[38] in Stellung – das meint: Die Antwort Ratzingers auf die Herausforderung der Moderne ist existenzieller Art, eine Einladung zur Teilnahme am Leben der Kirche als Ort der Erlösung, die auch eine gnoseologische, also erkenntnismäßige Dimension einschließt. Weil der Fall des Menschen und der Welt im Raum der Geschichte geschehen sei, müsse sich auch die göttliche Befreiung aus diesem Kerker der Sünde und des Bösen geschichtlich ereignen – und das geschehe im Handeln der Kirche.

Vielleicht lässt sich gerade vor diesem Hintergrund eine gewisse Plausibilität für eine bestimmte Kritik an Ratzingers Theologie gewinnen, die schon in den Tübinger Jahren von einigen seiner Kollegen, unter anderem auch vom jetzigen Kardinal Walter Kasper, vorgetragen wurde: dass Ratzinger stark, wohl zu stark, in seinem Denken einer platonischen Linie folge. Vor allem in seiner Eschatologie – erschienen in der Reihe »Kleine Katholische Dogmatik« – findet diese kritische Beobachtung eine gewisse Rechtfertigung.[39] Diese Wahrnehmung eines ratzingerschen Platonismus jedoch betrifft nicht nur einen Kritikpunkt seines persönlichens, theologischen Profils, sondern ist weit mehr Teil einer fundamentalen Frage nach dem Charakter von theologischer Tradition als solcher im Sinn einer erkenntnistheoretischen Debatte im Raum der Fundamentaltheologie, die sich mit dem Namen Benedikts XVI. verbindet. Ich wähle darum auch gleich deren einschlägigsten Titel, der sich im Umlauf befindet, zur Überschrift:

— *Wieder einmal: Athen versus Jerusalem* —

Für einen ersten Moment kann man das Problem mit dem berühmten – eigentlich muss ich sagen: berüchtigten – Begriff der »Hellenisierung des Christentums« verorten. Ratzinger zeigte sich schon früh überzeugt, dass die erste große Übersetzung des Evangeliums aus der jüdischen Kultur in das Vokabular und die Grammatik der späthellenistischen Kultur keine Entfremdung und kein Verrat des Evangeliums waren, sondern eine Relecture, ein gültiges und stimmiges Wieder-Lesen der biblischen Offenbarung, gewesen ist (Relecture ist im Übrigen eines der Schlüsselworte von Ratzingers gesamter Theologie). Mehr noch: Diese Übersetzung, meint er, ist so gelungen, dass sie als strukturelle Norm für jede weitere Übersetzung des Evangeliums in andere Epochen und Kulturen genommen werden kann und muss. In diesem Sinn gewinnt jene erste Übersetzung eine gewisse eigene innere theologische Bedeutung: Sie wird sozusagen in sich selbst zu einem Moment der Heilsgeschichte.

Vor diesem Hintergrund wirkt es gar nicht so sehr seltsam, dass Ratzinger de facto niemals – aber mit problematischen Konsequenzen[40] – ein wirklich positives und schöpferisches Verhältnis zum modernen Denken entwickelt hat, weil dieser Typ von Reflexion in Philosophie und Theologie in der Überzeugung verwurzelt ist, dass die Formen der Tradition spätestens seit der Zeit der Religionskriege und der Kirchenspaltungen verschlissen sind. Deswegen wurden ja in der Philosophie der Moderne, vor allem in der nachkantischen Epoche, ganz andere Formen des Diskurses über Gott gesucht, namentlich von den sogenannten Frühidealisten, etwa Karl Leonhard Reinhold, Johann Gottlieb Fichte, Friedrich Schelling, Georg Wilhelm Friedrich Hegel, Friedrich Hölderlin, Friedrich D.E. Schleiermacher, um nur die prominentesten zu nennen. Ich kenne keine einzige profunde Beschäftigung Ratzingers mit diesen denkerischen Ressourcen mit Ausnahmen mehr oder weniger stereotyper, klischierter Beobachtungen. So kann es nicht überraschen, dass Ratzinger seine hauptsächliche Interpretation der Moderne im Licht der Hermeneutik des Motivs der Erbsünde in der Semantik der biblischen Erzählung vom Fall des Menschen entwickelt. Das scheint mir nur möglich, weil Ratzinger nie zur Kenntnis nahm, dass sich zusammen mit der sogenannten »Hellenisierung des Christentums« auch eine – sozusagen – »Christifizierung« der abendländischen Philosophie vollzog. Mit dem Kunstwort »Christifizierung« möchte ich sagen: Eine große Zahl biblisch-theologischer Motive ist in die Philosophie auf eine solche Weise eingegangen, dass eine lange Reihe von Schlüsselbegriffen der Philosophie sich niemals in der Form entwickelt hätte, in der wir sie bis heute in Gebrauch nehmen, so etwa im Fall des Begriffs des Individuums, des Subjekts, der Freiheit, der Geschichtlichkeit, der Fehlbarkeit der Vernunft, um nur einige wenige zu nennen. Und wenn das wahr ist, findet sich ohne Zweifel auch eine christliche Substanz in der modernen Philosophie – und dann kann die Theologie nicht ausschließen, auch in der Auseinandersetzung mit diesem Teil des okzidentalen Denkens Wichtiges lernen zu können. Einer der – man muss sagen: Gegenspieler und – Kritiker Ratzingers seit dessen Münsteraner Zeit, der spätere, durch Ratzinger nach Münster gekommene Fundamentaltheologe Johann B. Metz, hat sich vor Jahren ausgerechnet durch den sich selbst als »religiös unmusikalisch« titulierenden und der Theologie unverdächtigen Jürgen Habermas an diese christlichen Motivkerne der Philosophie erinnern lassen müssen und das dann sogar abzuweisen gesucht.[41] Treppenwitz der Geschichte ist, dass sich Ratzinger, gerade insofern er auch als Kardinal schon eine öffentlich-politische Figur war, in der letzten Zeit vor der Papstwahl in gewisser Weise jener komplexeren Sicht der Dinge annäherte und gerade in diesem Punkt zu einem verblüffenden Konsens mit Habermas kam. Diese Wendung erhielt derart öffentliches Gewicht, dass sie unter einen eigenen Titel zu stellen ist:

— *Religion, Politik und eine reziproke Lernbereitschaft* —

Anfang 2004 war es an der Katholischen Akademie in München – beinahe als Geheimtreffen inszeniert – über den Vernunftcharakter von Religion zu einem Disput zwischen Jürgen Habermas und Ratzinger gekommen.[42] Habermas hatte schon zuvor in seiner Frankfurter Dankrede von 2001 anlässlich der Entgegennahme des Friedenspreises des deutschen Buchhandels in Frankfurt das Thema intoniert. Betitelt mit »Glauben und Wissen«[43], war die Rede alles andere als das Signal gleichsam eines Heimkehrbereiten an die Adresse der Theologie, wahrlich nicht. Aber eben das macht ihre Nachzeichnung unabgegoltener Fragepotenziale religiös-theologischer Traditionen gegenüber der für ihre Dialektik sensibel gewordenen säkularen Aufklärungsvernunft umso herausfordernder. Beim Münchener Treffen hat Habermas seine Position aus der Frankfurter Rede nochmals zugespitzt: Die Verlustgeschichte der Moderne bedürfe um deren Fortschreibung willen der Konterkarierung durch die – wie ein Kommentator treffend zusammenfasste –

»... säkularisierende Entbindung religiös verkapselter Bedeutungspotentiale [auf eine Weise, dass dabei; K.M.] der ursprünglich religiöse Sinn ... nicht auf eine entleerende Weise deflationiert und ausgezehrt werde.«[44]

Habermas' Gesprächspartner hat sich dadurch in einer seiner Grundüberzeugungen bestätigt gesehen, ohne darum in triumphalistische Selbstzufriedenheit zu verfallen: Ratzinger artikulierte zwar seine schon erwähnten Vorbehalte gegen die Zuverlässigkeit des modernen Denkens, aber er sagte auch klar dazu, dass Religion genauso missbrauchbar ist, etwa unter dem Vorzeichen des Terrorismus, und deswegen unter die Kuratel der Vernunft gestellt werden müsse. Erfahrungen wie der 11.09.2001 einerseits und etwa naturalistische Aufspreizungen der Humangenetik, die den Menschen zum Industrieprodukt machen, andererseits bringen Ratzinger und Habermas in der Überzeugung zusammen, dass Vernunft und Glaube in einem universalen Prozess der Reinigung und des komplementären Lernens aneinander verwiesen sind. Natürlich bleibt dabei eine Differenz hinsichtlich des Wahrheitsbegriffs, von dem her beide argumentieren: Habermas tut das von einer diskurstheoretisch-prozedural zu gewinnenden Wahrheit her, zu der wir »in the long run« (Charles S. Peirce) – also für immer – unterwegs sind, ohne sie je zu erreichen; Ratzinger argumentiert von einer Wahrheit mit menschlichem Antlitz her, die »ich bin…« sagen kann (vgl. Joh 14,6) und sich durch ihre Existenz und ihr Geschick in der Person Jesu von Nazaret für ihre unbedingte Tragfähigkeit verbürgt. Das ist auch genau der Punkt, an dem Ratzingers erstes Lebensthema »Vernunft und Glaube« und der zweite Schwerpunkt seines Denkens – der Übergang vom historischen Jesus zum Christus des Glaubens – , den er in seinem Opus »*Jesus von Nazareth*«[45] erneut (und erstmalig umfassend) durchgearbeitet hat, ineinander greifen.

In welcher Dringlichkeit diese antifundamentalistisch-aufklärerische Herausforderung von ihm wahrgenommen wurde und wird, ist auch dadurch offenkundig geworden, dass Ratzinger dann Anfang Juni 2004 in seiner Ansprache anlässlich der Feierlichkeiten zum 60. Jahrestag der Landung der Alliierten in der Normandie den Kern einer humanen Weltordnung vom adäquat austarierten Verhältnis von Vernunft und Religion abhängen sah. Den Christen sei aufgetragen, gegen instrumentelle Verengungen um deren Sensibilität für Gott und das Gute Sorge zu tragen, sagte er, weil damit umgekehrt auch einer Pathologisierung von Gottesbegriff und Religion widerstanden werden könne. Für Christen stelle sich darum die Aufgabe,

»die Vernunft umfassend zum Funktionieren zu bringen, nicht nur im Bereich der Technik und der materiellen Entwicklung der Welt, sondern vor allem auch auf die Wahrheitsfähigkeit hin, die Fähigkeit, das Gute zu erkennen, das die Bedingung des Rechts und damit auch die Voraussetzung des Friedens in der Welt ist. Es ist die Aufgabe von uns Christen in dieser Zeit, unseren Gottesbegriff in den Streit um den Menschen hin-

einzustellen … Gott selbst ist Logos, der rationale Urgrund alles Wirklichen, die schöpferische Vernunft, aus der die Welt entstand und die sich in der Welt spiegelt. Gott ist Logos – Sinn, Vernunft, Wort, und darum entspricht ihm der Mensch durch die Öffnung der Vernunft und das Eintreten für eine Vernunft, die für die moralischen Dimensionen des Seins nicht blind sein darf.«[46]

Die Predigt-Version dieses Plädoyers für den Gott-Logos hat Ratzinger dann einen Tag später bei einer Messe zum Dreifaltigkeitsfest in der Kathedrale von Bayeux geliefert – wenn auch etwas kontaminiert von seinem dunkel gemalten Neuzeitklischee;[47] gleichwohl rührt die erlösende Kraft der christlichen Mission für ihn daher, dass sie in Jesus Christus den Gott zeigen konnte, *»der Vernunft und Liebe ist … [und] der stärker ist als alle dunklen Mächte, die es in der Welt geben mag …«*[48]

Bruchlos weitergeführt wird diese Linie in Benedikts erster Enzyklika »Deus caritas est«: Dort identifiziert er das metaphysische Gottesbild der »Urvernunft« (Art. 10) mit einem, der »mit der ganzen Leidenschaft wirklicher Liebe« (ebd.) liebt – sonst gäbe es ja nichts anderes als die Schöpfung: Denn lieben heißt: Zu etwas oder jemanden sagen: »Ich will, dass Du bist«, um noch einmal an Augustinus zu erinnern. Dieser Eros ist – so die Enzyklika – durch den Logos zur Agape »geadelt« (ebd.). Und diese »… Art, wie Gott liebt« (Art. 11) fungiert zugleich als »Maßstab menschlicher Liebe«. Glaube und Ethos nehmen sozusagen aneinander Maß. Das ist Christinnen und Christen wohl bekannt unter dem Titel des Doppelgebots der Gottes- und Nächstenliebe. So wird klar, dass eben deswegen, weil Gott Vernunft ist und sich diese Vernunft praktisch als Liebe erweist, jeder Bezug auf diesen Gott alles ausschließt, was der Liebe und damit der Vernunft widerspricht – und darum vor und für Gott jede Berufung auf Gewalt ausgeschlossen ist. In diesem Sinne ist der christliche Glaube in seiner innersten Mitte logisch. Jede säkulare Philosophie, die dieses Denkangebot aus dem Kreis ihrer Aufmerksamkeit von vornherein ausschlösse, verspielte ihren kritischen Anspruch. Genau das aber war auch der Kern der berühmten Regensburger Vorlesung vom 12.09.2006, der freilich in dem Getöse, das sie zunächst auslöste, mehr oder weniger unterging. Umso dringlicher ist, nochmals etwas genauer hinzuhören, was da wirklich gesagt wurde.

— Die Vernunft: Gott und der Seele gemäß —

Wer derzeit über das Verhältnis von Vernunft und Glaube, von Philosophie und Theologie spricht, kann gar nicht anders, als mit jenem Medienereignis des Jahres 2006 einzusetzen, das man zuvor eigentlich nicht für möglich gehalten hätte: Papst Benedikt hält während seines Heimatbesuchs an der Universität Regensburg, an der er einst lehrte, nochmals eine Vorlesung und trägt »Erinnerungen und Reflexionen« (so der Untertitel) zum Thema »Glaube, Vernunft und Universität« vor.[49] Binnen Tagesfrist hebt in der muslimischen Welt ein Sturm der Entrüstung an, weil der Papst mit einem mittelalterlichen Zitat eines byzantinischen Kaisers den Propheten Mohammed und den ganzen Islam mit dem Vorwurf beleidigt habe, gewalttätig zu sein. Vatikanische Behörden und dann der Papst selbst nehmen Klarstellungen vor, die nur mühsam und auch bloß in Teilen die Wogen mindern. Gewiss: Auch nur ein Halbsatz über die eigene Gewaltgeschichte des Christentums hätte dem – von etlichen Kreisen durchaus gezielt gesuchten – Missverständnis einer Verurteilung des Islam politisch den Weg verlegt. Aber nüchternem Hinhören hätte auch vor den Klarstellungen schon deutlich sein können, dass es dem Papst einzig um eine ganz bestimmte Formulierung in dem Zitat ging: Der Kaiser Manuel II. Paleologus, den Benedikt zitierte, war der Meinung, dass Glaubensverbreitung durch Gewalt widersinnig sei, weil sie im Widerspruch zu Gottes Wesen und zum Wesen der Seele stehe. *»Gott hat kein Gefallen am Blut … und nicht vernunftgemäß – nicht syn logo – zu handeln, ist dem Wesen Gottes zuwider.«*[50]

Oder positiv gesagt: Gott und Vernunft gehören untrennbar zusammen. Zudem hat Glaubensverkündigung ihre Adressatin in der Seele, die wegen der ihr wesentlichen Leistung der Erkenntnis von Wesen vernünftig ist. Darum kann angemessene Verkündigung nur mit gutem Reden und rechtem Denken und grundsätzlich nicht mit Gewalt geschehen. Die Konsequenzen des faktischen, durch das Zitat bedingten, Islambezugs verdeckten, dass es nicht um ein religionspolitisches oder -kritisches Problem ging, sondern um die Verfassung des Verhältnisses von Vernunft und Glaube. Denn die konstitutive Verknüpfung beider einerseits in Gott und andererseits in der Seele und die daraus auch folgende Gewaltkritik war es, worauf es dem Papst ankam. Das hatte in der Tat eine kritische Spitze, aber die zielte nicht einfach auf den Islam, sondern hat innerchristliche Adressaten. Das belegt die Tatsache, dass es in der Vorlesung Benedikts ab dem zweiten Absatz nach dem berüchtigten Zitat bis zum Ende, also konkret 15 Seiten lang, um nichts anderes als das bereits erwähnte Problem der Hellenisierung geht, ob also – um den Kern nochmals zu wiederholen – diese Zusammenführung von Vernunft und Glaube nur Resultat einer Überformung – oder gar Verfremdung – der christlichen Grundbotschaft durch das griechisch-philosophische Denken in den ersten Jahrhunderten nach der Zeitenwende darstellt. Oder ob es sich bei der Vernunft-Glaube-Verschränkung um eine geschichtliche Konvergenz beider Traditionen handelt, die von der Sache selbst, also vom christlichen Gottesbegriff, getragen ist. Genau dafür aber macht sich Benedikt stark: dass der christliche Gottesbegriff aus sich auf eine vernunftgemäße Explikation hindrängt. Das ist die These, um die es geht und über die zu streiten ist. Denn schon im Hochmittelalter war diese Bindung Gottes an die Vernunft strittig, weil man darin so etwas wie eine Beeinträchtigung der Allmacht Gottes erkannte. Zumindest Teile des sogenannten Nominalismus dachten in diese Richtung. Sie wollten die Souveränität Gottes dadurch sichern, dass er morgen das Gegenteil von dem sollte wollen können, was heute Gesetz der Schöpfung ist. Auch die Reformatoren haben dann – wiederum in bestimmten Hinsichten – diesen engen Zusammenhang von Vernunft und Glaube abgelehnt, weil sie darin den ursprünglichen Klang des Evangeliums nicht mehr zu vernehmen meinten. Der Hauptstrom der evangelischen Theologie Mitte des 19. und Anfang des 20. Jahrhunderts schließlich vermisste die Glut des anfänglichen Glaubens der frühen Christen und hoffte, durch die Befreiung von dem philosophischen Ballast aus einer Gottesmetaphysik die menschenfreundliche, sittliche Botschaft Jesu wiederzugewinnen, die zugleich mit dem modernen Bewusstsein des aufgeklärten Menschen kompatibel war. Für dieses Programm stand keiner mehr als der berühmte evangelische Theologe Adolf von Harnack. Und heute stellt sich die Hellenisierungsfrage im Horizont einer polyzentrisch gewordenen, viele Kulturen umfassenden globalen Weltkirche; sie lautet jetzt, ob man denn sozusagen zuerst im Denken griechisch geworden sein müsse, um dann im Medium der eigenen Kultur Christin und Christ werden zu können – oder ob es nicht auch ohne diesen Umweg gehe. Papst Benedikt bezieht in allen drei Hinsichten pointiert Stellung: Für ihn ist der Gang der christlichen Botschaft durch das Medium des griechisch-philosophischen Denkens keine Verfremdung, denn es gebe bis ins Alte Testament hinein bereits Berührungen zwischen dem griechischen Denken und den biblischen Traditionen – und schon darin seien die Grundentscheidungen, *»die eben den Zusammenhang des Glaubens mit dem Suchen der menschlichen Vernunft betreffen«*[51], auf eine Weise vorbereitet und entfaltet worden, dass diese Begegnung von Vernunft und Glaube selbst in die Gestalt des christlichen Glaubens hineingehört. Und darum – das ist die Antwort auf die zweite und dritte Frage – führte eine Abkoppelung von Vernunft und Glaube, selbst wenn sie entweder um der Größe Gottes willen oder wegen der Vernunftförmigkeit der Theologie vollzogen wird, zu einer Verdunkelung und Verengung von Glaube und Vernunft, die sich bis zu beiderseitigen Pathologien steigern können, und das wieder dränge auf, auch heute fällige Inkulturationsprozesse sozusagen nicht an dem Vernunftkatalysator vorbei zu leiten, weil genau dieser für die Universalität der Botschaft aufkommt, die es braucht, um sie überhaupt für die konkrete Inkulturation geöffnet zu erhalten. Das ist die Substanz der Regensburger Vorlesung gewesen, die sich im Übrigen schon in der Bonner Antrittsvorlesung des damaligen jungen Professors Ratzinger aus dem Jahr 1959 findet.[52]

Eigentümlich war, dass sich die in der Sache eigentlich Erstbetroffenen, nämlich heutige Vertreter des sogenannten Kulturprotestantismus, die die Hellenisierungsthese Harnacks im Wesentlichen teilen, verblüffend spät erst zu Wort meldeten – und dann eher spitz[53] darauf verwiesen, dass eine Vernetzung von Vernunft und Glaube, zumindest, was die Moderne betrifft, doch eher im Horizont des Protestantismus zu suchen sei – was *so* übrigens auch nicht wirklich stimmt, weil etwa die erste positive Rezeption der kritischen Philosophie Kants durch katholische Theologen erfolgte; aber dieser Einwand trifft natürlich zugleich den Schwachpunkt des päpstlichen Denkens in Beziehung auf die Philosophie der Moderne, den ich bereits erwähnt habe.

Für diese Interpretation der Regensburger Vorlesung, dass ihre eigentliche Pointe nach innen zielt und ökumenisch ist, spricht im Übrigen auch, dass der Papst für sein Anliegen nicht – sozusagen in der Attitüde des Immer-schon-gewusst-Habens – eine innerkatholische Stimme in den Zeugenstand ruft, obwohl das vielfach möglich gewesen wäre. Stattdessen lässt er das ihm Wichtige einen orthodoxen Christen sagen, der sich historisch als alles andere denn als ein Katholikenfreund gerierte.

Noch etwas muss hinzugefügt werden, was die Regensburger Vorlesung in einen nochmals weiteren Horizont stellt: Die in dieser ganzen Debatte vorausgesetzte konstitutive Verschränkung von Vernunft und Glaube ist dabei keineswegs nur etwas, das aus einer persönlichen Vorliebe Benedikts des XVI. herrührt. Die Bestimmung der Vernunft als einer, wenngleich begrenzten, so doch ausgesprochen starken Instanz, lässt sich in Äußerungen des katholischen Lehramts seit dem zweiten Drittel des 19. Jahrhunderts bis in die 50er Jahre des 20. Jahrhunderts in einem sich verstärkenden Maß wahrnehmen. Das war die katholische Reaktion auf das gegen Ende des Idealismus, also der Epoche Fichtes, Hegels und Schellings einsetzende Misstrauen gegen die Vernunft, das zur vorletzten Jahrhundertwende die Gestalt einer regelrechten, meist an Nietzsche inspirierten Propaganda für das Irrationale annahm. Johannes Paul II. hat – wie vorausgehend erläutert – in »Fides et ratio« dieses Plädoyer für die Vernunft wieder aufgenommen, weil er diese durch die postmodernen Dekonstruktionsprogramme, die sich besonders gern am Begriff des Logos abarbeiteten, erneut unter Druck geraten sah.[54] Joseph Ratzinger / Benedikt XVI. folgt dieser Linie, weil er nur in der Instanz des Vernunftbegriffs dem Menschen die Möglichkeit eröffnet sieht, unter den Bedingungen einer globalisierten Welt und ihrer Wertdifferenzen nach Wahrheit zu fragen und ein verantwortetes Leben zu führen. Aus katholischer Sicht ist eine starke Vernunft deswegen so entscheidend, weil sie allein nach innen die Vernehmbarkeit und Verlässlichkeit des sich offenbarenden Gottes, seine Treue für menschliche Vernunft, garantiert und nach außen das christliche Denken zum Gesprächspartner der philosophischen Vernunft macht.

VIERTES KAPITEL

Atheismus zwischen Klischee und Provokation

1. Vom Weltengrund zum Hirngespinst?

— *Falsche Gelassenheit?* —

Schon eine ganze Weile geistert ein Schlagwort durch die Medien: »Neuer Atheismus«. Das muss Menschen, denen Gott und der Glaube nicht gleichgültig sind, aufhorchen lassen. Neuer Atheismus. Ja, in der Tat neu. Es ist schon eine ganze Weile her, seit zuletzt eine scharf christentumskritische Stimme in unserer Öffentlichkeit zu hören war: 1992 hatte der Freiburger Psychologe Franz Buggle seine Streitschrift »Denn sie wissen nicht, was sie glauben. Oder warum man redlicherweise nicht mehr Christ sein kann«[1] herausgebracht. Stein des Anstoßes und Anlass zu einer Absage an das Christentum war für ihn die seitenweise demonstrierbare Gewalthaltigkeit alt- *und* neutestamentlicher Texte. Buggle empörte sich darüber, wie verharmlosend Lehrer und Pfarrer seiner Ansicht nach damit umgingen. Nur eine radikale Reinigung der biblisch-kirchlichen Überlieferungen, ihre Zurückschneidung auf die in ihnen mit enthaltenen Momente einer Ethik der Liebe könnte Religion in einer demokratisch-aufgeklärten Gesellschaft weiterhin legitimieren.

Die Theologie und die kirchliche Öffentlichkeit haben diesen Vorstoß damals kaum zur Kenntnis genommen, so etwa nach dem Motto Karl Valentins: Den ignorieren wir nicht einmal. Spätere, ungleich subtilere religionskritische Debatten wie diejenige, die Ende der 90er Jahre der Ägyptologe Jan Assmann auslöste, wurden nicht einmal theologieintern wirklich verfolgt und aufgegriffen. Schon längst hatte sich das Bewusstsein breitgemacht, dass sich das Blatt weiträumig zugunsten der Religion gewendet habe – auch wenn die Renaissance und vitale Lebendigkeit oft an den Kirchen vorbei ging. Und hat nicht gerade das Katholische durch den Weltpolitiker Johannes Paul II. und dann erst recht den Weltintellektuellen Benedikt XVI. eine neue Aufmerksamkeit, ja Wertschätzung erfahren, die sich die 70er Jahre und der damalige Papst Paul VI. niemals hätten träumen lassen? Gewiss hat auch der 11.09.2001, der Einsturz der Twintower von New York, noch einmal das Sensorium geschärft, aber schon längst zuvor hatte Religion begonnen, global ein Megathema zu werden. Und sie ist es heute in einem Maß, auch bei uns, dass sie den eher zeitweisen Säkularismus in Teilen der westeuropäischen Kultur während der letzten 200 Jahre wie eine kleine Insel im Meer der Gebete, Riten und Heiligtümer erscheinen lässt.

— *Zeit-Zeichen* —

Aber da ist seit Kurzem auch etwas anderes: Kommt jetzt der gegenwendige Pendelschlag? Es hatte schon im Spätsommer 2007 in medialen Ankündigungen seine ersten Vorboten und schwappte dann zur Zeit des folgenden Bücherherbstes beinahe wie eine Woge ins Bewusstsein der Öffentlichkeit: eine schon lange nicht mehr da gewesene Ballung dezidiert nicht einfach kirchen-, sondern gotteskritischer, wenn nicht vulgär-atheistischer Publikationen. Das Schlachtschiff gleichsam, das dabei aufgeboten war und auf vielfältige Weise in Presse, Hörfunk und Fernsehen bekannt gemacht, gewiss auch beworben wurde, war Richard Dawkins wütende Streitschrift »God Delusion«, zu Deutsch »Der Gotteswahn«.[2] Die eingedampfte Billigversion konnte man zum damaligen Weihnachtsfest im »Stern« unter dem Titel »Warum es keinen Gott gibt«[3] nachlesen. Die argumentative Substanz des Buches von 575 Seiten (deutsche Version) geht kaum über das hinaus, was auf die elf reichlich bebilderten »Stern«-Seiten passt. Umso ungebremster ergeht sich der Autor in einer Polemik, die kein Klischee auslässt und ersichtlich darauf zielt, eine religiöse Leserschaft mit der These zu provozieren, dass der, der da als Weltengrund und Ursprung allen Daseins geglaubt werde, in Wahrheit ein unaufgeklärtes Hirngespinst sei. Um besser zu sehen, was Dawkins da eigentlich vorhat, ist es hilfreich, sich für einen Moment zu vergegenwärtigen, welche Rolle der Atheismus, also die Leugnung der Existenz Gottes, im Gang des abendländischen Denkens insgesamt spielt.

Tut man das, so stößt man schnell auf einen überraschenden Befund: Historisch gesehen gab es vor dem 17. Jahrhundert keine explizite und theoretisch ausgearbeitete atheistische Position im Sinn einer Existenzbestreitung Gottes[4]. Die theoretische Möglichkeit dagegen findet sich bereits in Platons Werk »Nomoi X« im Detail entfaltet und wird dort zugleich einer Widerlegung unterzogen.[5] Und dann galt der Atheismus etwa 2100 Jahre lang, also bis weit ins 18. Jahrhundert, als vorwissenschaftlich und reaktionär, weil er sich angesichts naturwissenschaftlicher Einsichten auf die Annahme obskurer Kräfte stützen musste, während der Theismus mit seinem Schöpfungsgedanken und seiner Deutung der wunderbaren Strukturen natürlicher Dinge bestens mit den lawinenartig wachsenden Entdeckungen im Bereich der Biologie zusammenging.[6] Der erste wirklich argumentativ ausgefaltete Atheismus geht auf Ludwig Feuerbach zurück – wenn es denn einer war und nicht eine spezielle Form von Anti-Theologie. Denn Feuerbach wollte erklärtermaßen nichts anderes, als den Glutkern der christlichen Botschaft, nämlich die Liebe, angemessen zur Geltung zu bringen.[7] Und für unsere unmittelbare Gegenwart dürfte global gesehen bezeichnend sein, was jüngst der ghanaische Philosoph Kwame Anthony Appiah ein wenig augenzwinkernd in seinem Buch über seinen Vater berichtete: Dieser, ein gebildeter Jurist und Politiker, sei überzeugt gewesen, niemand in Ghana könne so dumm sein, nicht an Gott zu glauben. Er selbst, so fügte Appiah an, hätte das wohl nicht so gesagt, aber es stimme schon, *»dass Ghanas Atheisten ihre Versammlungen in einer Telefonzelle hätten abhalten können.«*[8] Unterm Strich wird man sagen müssen: Geschichtlich wie gegenwärtig ist der Atheismus die Ausnahme – nur wenn sich moderne Westeuropäer einer Froschperspektive unterwerfen, stellt sich das anders dar.

— Gehässiges und Polemisches —

Vor diesem Hintergrund muss man sehen, was seit Kurzem vor allem aus dem angelsächsischen Bereich nach Europa kommt: Die einschlägigen publizistischen Großkaliber bilden – neben Dawkins' bereits erwähntem Buch – die Werke »Breaking the Spell«[9] (»Den Zauber brechen«) von Daniel. C. Dennett und »God is not Great«[10] (»Der Herr ist kein Hirte«) von Christopher Hitchens und zuvor war schon Sam Harris »The End of Faith«[11] (»Das Ende des Glaubens«) herausgekommen. Der mediale Wirbel, den die Schriften ausgelöst haben, überdeckte, dass es durchaus Vergleichbares zuvor auch schon in Deutschland, Frankreich und Italien gab – nur dass diese Publikationen nicht einmal von Ferne jene Aufmerksamkeit auf sich ziehen konnten, die die angelsächsischen Gegenstücke zu wecken vermochten. Das Problem einer Auseinandersetzung mit den meisten dieser Veröffentlichungen ist das Niveau: Gerade die Prominenten unter den Genannten bedienen sich derart ungeniert der Uraltklischees einer Vulgäraufklärung, dass sich eine Auseinandersetzung mit ihnen nicht lohnt, ja im Grunde mangels intellektueller Masse gar nicht möglich ist – eine Diagnose, die im Übrigen völlig unverdächtige, weil der Theologie fern stehende Beobachter teilen: Große Zeitungen sprachen von *»säkularem Fundamentalismus«*[12], nannten Dawkins einen *»biologistische[n] Hassprediger«*[13] und »Der Spiegel« sah einen *»Kreuzzug der Gottlosen«*[14] in Gang gekommen. Etliche der Schriften konnten wohl deshalb nahezu ausschließlich in den USA zu Bestsellern werden, weil sie als befreiendes Sprachrohr der im amerikanischen Polit-Mainstream weitgehend ins Schweigen gebannten Gruppe der »Disbelievers« (der Nicht-Glaubenden) empfunden werden, die nach übereinstimmenden religionssoziologischen Befunden mit knapp einem Fünftel der Bevölkerung weit größer ist als offizielle Umfragezahlen vermuten ließen.

Dawkins und Dennetts Schriften zehren von der Prominenz ihrer Autoren, die ihnen durch Jahrzehnte lang zurückliegende wissenschaftliche Leistungen zugewachsen ist, Dawkins in der Biologie, Dennett in der philosophischen Bewusstseinstheorie. Beide Bücher haben mit dieser Verankerung ihrer Autoren nur äußerlich zu tun und sind stattdessen Manifeste von Atheismus-Evangelisten, denen es nicht um eine Kritik des Theismus und des Gottesglaubens zu tun ist, sondern darum, den sozialen Respekt vor religiösen Überzeugungen der Ächtung auszusetzen.[15] Sie möchten Proselyten machen und formen darum aus dem Atheismus einen moralischen Imperativ, der mit allen Mitteln die Verbreitung falschen Glaubens zu verhindern gebietet, und sind in bester Fundamentalistenprediger-Manier frei von Selbstzweifeln einzig um den rechten Glauben (nämlich den ihren) besorgt. Dawkins liefert die Hardcore-Version[16] und versucht sich mit dem Instrumentar einer biologistischen Sprache an einer Destruktion alles Religiösen. Religion ist für ihn einst als Instrument des Überlebenskampfes entstanden zur Förderung und Stärkung des Vertrauens in die Vorgaben von erfahrenen Anderen. Aber durch den Fortgang der Evolution sei sie längst zu einem irrelevanten Nebenprodukt abgesunken: Werde sie nicht als solche entzaubert, dann bleibe sie sozusagen seelisch hängen und mache für Leichtgläubigkeit anfällig – und genau das werde von Religionsführern ausgenutzt.[17] Offenkundig merkt Dawkins dabei gar nicht, dass er durch seinen platten Reduktionismus eine enge Koalition gerade mit seinen Hassgegnern, den Kreationisten, eingeht, und wie diese (freilich seitenverkehrt) die Differenz von Wissen und Glauben kassiert, indem er seine biologistischen Vergleiche zu einer antitheistischen Konfession aufbläht.

Dennett nimmt demgegenüber seinem Feldzug durch Einbettung in langatmiges Erzählen, durch Humoriges und Denkexperimente über weite Strecken die sonst bei ihm übliche Schärfe (wenngleich vergiftete Komplimente nicht fehlen[18]). Genau besehen ähnelt Dennetts Vorgehen verblüffend denjenigen, die in der Epoche vor den aufklärerischen Vorsokratikern »Theologoi« hießen: Er erzählt eine weitgehend aus Hypothesen[19] gewebte Theogonie (eine Entstehung der Gottesidee) im Vokabular der Evolutionsbiologie[20], weshalb er konsequent für die Frage nach der Existenz Gottes gerade sechs (äußerst dünne) Seiten übrig hat[21]. Der Anspruch auf aufklärerische Ambitionen, mit dem Dawkins' und Dennetts Bücher enden[22], ist in beiden Fällen weder glaubwürdig noch bringt er die intellektuelle Diskussion auch nur einen Schritt weiter.

Wollte man einem der genannten Autoren wenigstens noch einen Hauch philosophischer Ambition zubilligen, dann am ehesten

Sam Harris, sofern er in seinem Buch »Das Ende des Glaubens« zumindest um einen Zusammenhang von menschlichem Dasein und Religion weiß[23], den er aber sogleich mit einer radikalen Gotteskritik und einem Votum für die fernöstliche Weisheit verbindet. Und für diese stellt Mystik im Gegensatz zu Religion ein rationales Unternehmen dar.[24] Ansonsten beschränkt sich das Opus und erst recht sein Manifest »Letter to a Christian Nation«[25] (»Brief an eine christliche Nation«) auf die Reproduktion einer Unzahl antireligiöser und antitheologischer Klischees in einem Ton, der durch apokalyptische Schreckensmalerei bisweilen jedes Maß verliert. Eine ähnliche Mixtur aus Vulgäraufklärung und naiver Wissenschaftsgläubigkeit präsentiert Michael Schmidt-Salomon, der zuletzt durch ein geschmackloses Kinderbuch von sich reden machte, das sich in seiner Bildsprache bei der Darstellung jüdischer, christlicher und muslimischer Amtsträger unübersehbar dem Repertoire und Stil des nationalsozialistischen »Stürmers« annähert.

Im Brustton der Überzeugung werden in diesen Schriften Thesen formuliert, die schlichtweg fundamentalistisch auftreten. Fraglos steht etwa für Harris fest: *»Die Türen, die von einer wörtlichen Auslegung wegführen, lassen sich nicht von innen öffnen.«*[26]

Doch schon der erste Meister-Interpret der Bibel und Systematiker der christlichen Tradition, Origenes, belegt mit seiner Theorie und Praxis des mehrfachen Schriftsinns genau das Gegenteil und bringt das auch ausdrücklich auf den Punkt, wenn er etwa mit Blick auf die Genesis ironisch fragt, ob denn wirklich jemand so einfältig sein könne, Gott zu unterstellen, wie ein Bauer einen Garten angelegt und einen mit den Sinnen wahrnehmbaren »Baum des Lebens« gepflanzt zu haben.[27]

Oder nehmen wir eine andere These Harris': *»Die Intoleranz wohnt … jedem Glauben inne«*[28], heißt es bei ihm. Da könnten Kollegen aus der Philosophie- und Kirchengeschichte noch ein paar hundert Belege mehr für die Falschheit dieser These aufbieten als bisher: Auch das änderte nichts an der Beliebtheit solcher Klischees bei Harris und Co. Nach wie vor sind bei ihnen Islam und Islamismus mehr oder weniger identisch[29], ist Religion per se irrational[30], grundsätzlich ein Hemmschuh der Forschung[31] und reaktionär[32], ist

Theologie *»Unwissenheit mit Flügeln.«*[33] Wen kümmert es, dass die europäische Universitätsidee ihre Wurzeln in den christlichen Kathedralschulen hat, die mittelalterliche Logik besonders im Medium der Eucharistietheologie zu ihren Spitzenleistungen fand und historisch stichhaltig nachgewiesen ist, dass gerade die westchristliche Tradition die Durchsetzung des Prinzips der Intellektualität bewerkstelligte?[34] Aber das interessiert Harris nicht. Und was sich der christlichen Kriminalgeschichte nicht fügt, wird demagogisch entwertet.[35]

Christopher Hitchens' »Der Herr ist kein Hirte« bietet so etwas wie die Hollywood-Breitwand-Version dieses Programms. Wenn Religion die Welt vergiftet, wie der Untertitel behauptet, können selbst religiöse Ausnahmefiguren nur vernebelte Humanisten (so D. Bonhoeffer[36]) oder charismatische Strategen sein (so Martin Luther King[37]), die ihr religiöses Potenzial in Wahrheit für ganz andere Ziele, eben etwa die Bekämpfung der Rassentrennung einsetzen. Das Verdikt über alles Religiöse, das in Gestalt religiöser Erziehung dem Vergehen von Kindesmissbrauch gleichzusetzen sei[38], findet natürlich seinen trefflichsten, weil empirischen Anhalt an den Pädophilie-Skandalen des amerikanischen Katholizismus. Vermittlungen von Vernunft und Glaube sind grundsätzlich unmöglich und – wo dennoch versucht – schlichtweg lächerlich.[39] Dass die gesamte abendländische Wissenskultur dem widerspricht, tut für Hitchens nichts zur Sache: *»Die metaphysischen Behauptungen der Religion sind falsch«*[40] – Punktum.

— *Worum es geht: Aufklärung* —

Einen Vorteil hat Hitchens' Verschärfungsstrategie: Sie bringt in ihrer Schlusswendung auf den Punkt, worum der nun anstehende Streit mit dem neuen Atheismus philosophisch und theologisch zu führen sein wird: Hitchens schließt aus seiner Philippika als Fazit: *»Die Notwendigkeit einer neuen Aufklärung«*[41]. Er nimmt damit – mit Sicherheit, ohne es zu wissen – eine Wendung aus den Schlusssätzen von Alfred Döblins autobiographischer Schrift »Schicksalsreise«[42] von 1949 auf. In diesem Buch gibt Döblin Rechenschaft über seine von Kollegen wie Bert Brecht als Skandal empfundene Konversion zum Katholizismus, mit der er sich seiner Überzeugung nach zu einer »... *neuen besseren Aufklärung* ...«[43] aufmachte. Wenn im Christentum Religion wirklich Aufklärung geworden ist, wie der damalige Kardinal Ratzinger kurz nach der letzten Jahrtausendwende mit triftigen Argumenten aus der Frühzeit christlich-theologischer Selbstverständigung schrieb[44], dann liegt auf der Hand, dass jeder künftige Streit um Gott als Streit um die Form wahrer Aufklärung zu führen ist.

Dass sie dieses Kriterium – Stimme in einem Streit um Aufklärung zu sein – mit Sicherheit nicht erfüllen, ist das erste und sicherste, was man über die vorausgehend genannten Bücher sagen kann. Und dennoch setzen sie dem Glauben und der Theologie einen scharfen Stachel. Denn sie nötigen uns zu der Frage, wie viel wir denn eigentlich geistig in unseren Glauben investieren, von dem wir doch überzeugt sind, dass er fundamentale Bedeutung für das Leben besitzt. Kein Mensch käme auf die Idee, etwa in Sachen Gesundheit, beruflicher Bildung oder Erziehung der Kinder einfach dort stehen zu bleiben, wohin einen irgendwann die eigene Schule gebracht hat, und nicht von dem Gebrauch zu machen, was meine Einsicht, mein Wissen vertieft und mein Handeln verständig leitet. Denn das ist doch erst Aufklärung: Befreit von äußerlichen Vorgaben, mündig in Freiheit ein bewusstes Leben zu führen! Und ausgerechnet beim Glauben, in Sachen Gottes, der Mitte für einen glaubenden Menschen, sollte das anders sein? Aber was heißt theologisch Aufklärung? Darauf möchte ich im dritten Schritt dieser Predigtreihe eine Antwort versuchen. Zuvor aber, im zweiten Schritt, möchte ich zuerst die Problemlage nochmals zuspitzen und Sie mit einer Kritik der Religion und des Glaubens bekannt machen, die davon ausgeht, dass es für gebildete Menschen eigentlich nur noch peinlich sein kann, das Wort »Gott« in den Mund zu nehmen. Das ist die These des medial höchst präsenten Philosophen Peter Sloterdijk. Sie ist spitz, spitz bis zum Verletzenden, aber sie geht mit Argumenten einher, die unser Bewusstsein schärfen können für das, worauf es ankommt, wenn wir als Glaubende von Gott sprechen. Dem soll im Folgenden nachgegangen werden.

2. Gottes Zorn, der Menschen Eifer und die theologischen Gegenmittel

— Geschliffene Einreden —

In unserem ersten Erkundungsgang zum Neuen Atheismus haben wir uns soeben mit Stimmen beschäftigt, die vorwiegend aus den USA kommen und in rüdem Ton gegen Religion generell und das Christentum speziell polemisieren. Ihr Ziel sehen sie unverhohlen darin, allem Religiösen den öffentlichen Respekt, über den es ersichtlich verfügt, zu entziehen und es darum – wenn es denn überhaupt sein muss – in den Raum des Privaten zu bannen, gleichsam als persönliche Schnurre und Tick.

Es gibt aber auch bei uns im deutschen Sprachraum Stimmen einer Kritik, wie sie schon länger nicht mehr zu vernehmen war – allerdings Stimmen, die – bei allen polemischen Spitzen – ersichtlich auf Argumente angelegt sind und darum unsere wirkliche Aufmerksamkeit verdienen. In der »Bibliothek der Religionen« im Verlag Suhrkamp erschienenen zwei dezidiert monotheismuskritische Bände, zum einen Peter Sloterdijks »Gottes Eifer: Vom Kampf der drei Monotheismen«[45], zum anderen Ulrich Becks Studie »Der eigene Gott. Die Individualisierung der Religion und der ›Geist‹ der Weltgesellschaft«[46]. Bald darauf hat Sloterdijk gewichtig nachgelegt: Sein voluminöses Buch »Du musst dein Leben ändern«[47] ist ein einziger großer Versuch der Naturalisierung von Religion, dessen beeindruckender materieller Aufwand aus Zeugnissen quer durch die Kulturen freilich in keinem Verhältnis zur Dürftigkeit des systematischen Leitgedankens steht. Denn der erschöpft sich darin, dass die anthropologische Effektivität einer Praxis oder einer Lebenshaltung zugleich notwendig ihren religiösen Illusionscharakter beweise – das ist ungefähr so, als ob die Tatsache von Durst die Unmöglichkeit des Vorkommens von Wasser belege.[48] Genau das Gegenteil trifft zu. Und wo sind die Gründe, die triftig belegen, dass es sich im Fall der Religion nicht ebenso verhält?

Gleichwohl ist Sloterdijk in wesentlichen Teilen eine verhältnismäßig differenzierte Sicht der Dinge zu attestieren.[49] Becks Studie nimmt sich dagegen wie eine eher grobschlächtige Variante der ursprünglichen, mittlerweile abgeschwächten These Jan Assmanns[50] aus, dass die monotheistischen Religionen per se für Gewalt anfällig seien: Ungläubigen werde von Gläubigen der Status des Menschseins überhaupt abgesprochen, doziert Beck und verbindet dem einen Neuaufguss des schon ein paar Jahrzehnte alten »Lob des Polytheismus« aus der Feder des Philosophen Odo Marquard[51] und setzt dem dann die Krone auf mit der These, ausgerechnet Papst Benedikt XVI. folge einer Art Skatlogik, dergemäß gelte: *»Glaube sticht Verstand.«*[52] Man kann an Ratzingers Theologie einiges kritisieren, aber das gerade nicht! Offenkundig hat der Soziologe Beck noch immer nicht begriffen, was die von ihm so titulierten »theologischen Dogmenhüter und Endlosstreiter« spätestens seit Kant und dem Idealismus wissen und praktizieren: dass Wahrheit nicht durch Frieden ersetzt werden kann (wie Beck fordert), sondern Frieden nur durch Wahrheit – konkret durch Reflexion und Aufklärung – gewonnen und gewahrt werden kann. Denn jede ethische Option bedarf einer Rahmung aus letzten Gedanken über das Wirkliche, um nicht unter Willkürverdacht zu geraten und so ihre Bindekraft zu verlieren. Sloterdijk hat das im Blick, darum ist er auch der Auseinandersetzung wert.

— *Auch Kritiker haben ihre Dogmen* —

Religionskritisches steht schon länger auf Sloterdijks kulturkritischer Agenda.[53] Zuletzt hat er auch zwei Bücher vorgelegt, die sich umfänglich mit den Monotheismen auseinandersetzen. Zum einen geschieht das in dem Buch »Zorn und Zeit. Politisch-psychologischer Versuch«[54], das zum Gutteil der Religion als einer Art Zornverwaltung gewidmet ist, zum anderen handelt es sich um die bereits erwähnte Studie »Gottes Eifer: Vom Kampf der drei Monotheismen«.[55] Ich finde in den Schriften viel Hellsichtiges, mit hoher zeitdiagnostischer Treffsicherheit Entdecktes. Einiges, gerade in Sachen »Christentum«, wirkt im ersten Moment gesucht polemisch, sieht man genauer hin entspringt manche Spitze aber doch eher einer (katholisch-)barocken Fabulierlust, die sich im lebendigen Disput gegen kritische Einwände nicht immun zeigt und auch von vornherein klarmacht, dass die Einlassungen von Dawkins, Dennett und Hitchens nicht von Ferne das Niveau erreichen, auf dem über Religion zu debattieren wäre.

Freilich signalisiert Sloterdijk in spitzer Ironie, dass er sich zu einem solchen Diskurs in gewissem Sinn herablasse, weil doch ausgemacht sei, dass man unter aufgeklärten Menschen nicht mehr über Religiöses und Theologisches diskutieren könne, weil das längst in den Tabubereich des Peinlichen geglitten sei[56] – wobei ich mich frage, wie groß global gesehen die Insel wirklich ist, für die das zutrifft, die Belästigung durch Anhänger radikal-evangelikaler Strömungen einmal ausgenommen. Dem schließt sich eine weitere Zensur an, für die ich Gründe erkennen kann. Sloterdijk behauptet nämlich, dass *»[i]m nach-aufgeklärten Klima … ›Gott‹ präzise dasjenige Thema [sei; K.M.], das unter allen Umständen kein Thema sein kann …«*[57]

Er ist es aber – und zwar nicht nur in *»verstreute[n] Sonderhefte[n] elitärer Kulturzeitschriften«*[58] und bei ästhetisierenden Kultur-Katholiken wie dem Schriftsteller Martin Mosebach oder der unsäglichen Frau Gloria von Thurn und Taxis, sondern polyglott und polyzentrisch in Philosophien Frankreichs, Italiens, Deutschlands, Amerikas, Afrikas – um willkürlich einige zu nennen – und auch z.B. in ausdrücklicher Auseinandersetzung mit der jüngsten Atheismuskonjunktur an Orten wo man das niemals erwarten würde, z.B. in Spitzenzeitschriften der Medien- und Computerszene wie dem Magazin »Wired«.[59] Und noch eines: Die Behauptung,

> *»… die psychischen Lasten, mit denen die Existenz der Kirche und ihrer transzendenten Hinterwelt erkauft wurde …, [erlaube; K.M.] von der teuersten Transferleistung der Weltwirtschaftsgeschichte zu sprechen«*[60],

bewegt sich doch eher auf dem Infotainment-Niveau der einschlägigen Christentums-Kriminal-Geschichtler, zu der übrigens auch vor einigen Jahren Herbert Schnädelbachs Thesen über das Christentum gehörten, denen mit historischen Gegenbilanzen geantwortet wurde. Aber das ist eine andere Ebene als diejenige systematischer Argumente, mit denen Sloterdijk im Wesentlichen umgeht. Für Behauptungen, wie die eben zitierte, bleibt er darum auch jeglichen Nachweis schuldig und nimmt mit ihr all die nicht ernst, die über ihren Glauben Segen, Freiheit und eine Versöhntheit ihrer disparaten Lebenstendenzen erfahren konnten.

Damit bin ich auch schon bei einem letzten Dogma, das mich dann direkt zu kritischen Fragen bringt. Sloterdijk schreibt in »Gottes Eifer«:

»Nach umfassender Würdigung sämtlicher Beweisstücke, geduldige Anhörung von Zeugen und Anwälten inbegriffen, zwingt sich das Urteil auf: Die Matrix der klassischen religiösen und philosophischen Metaphysiken ist erschöpft. ›Erschöpft‹ will einerseits besagen: vollständig entfaltet und verwirklicht, andererseits: ganz aufgebraucht und durchschaut in ihrer prinzipiellen Beschränktheit und Verfehltheit.«[61]

Gegen beides – die Erschöpfung und die Verfehltheit – lassen sich nachhaltige Argumente aufbieten.

— *Vetorecht der Quellen* —

Denn davon, dass das, was theologisch in der Gottesfrage zu sagen ist, vollständig entfaltet sei, kann nicht von Ferne die Rede sein. Um nur das wohl drastischste Indiz zu nennen: Seit der zweiten Hälfte des 19. Jahrhunderts – also dem Spätidealismus und der Process-Philosophy Alfred N. Whiteheads Anfang des 20. Jahrhunderts sowie ihrer Wirkungsgeschichte – gibt es ganze weiße Areale auf der philosophisch-theologischen Landkarte, deren Vermessung erst vor gar nicht so langer Zeit unter dem Titel »Panentheistic Turn«[62], also Wende zum Panentheismus, begonnen hat: In diesen Programmen geht es nicht nur um so etwas wie Reinigung der Gottrede von anthropomorphen Bildern, sondern um die Frage einer wirklichen Verbindung der Theologie mit dem Gedanken der Evolution inklusive entsprechender Folgegedanken für den prekären Bereich der sogenannten Theodizee, also der Frage, wie denn ein guter Gott, wenn er gut ist und wenn es ihn gibt, so viel Leid zulassen könne in der Welt.

Und auch von einem »Aufgebraucht-Sein« der religiösen Potenziale kann seriöserweise nicht gesprochen werden: Die Untersuchungen etwa des Historikers und Soziologen Philip Jenkins sprechen eine ganz andere Sprache[63], wenn sie das rasante Anwachsen gerade des Islam und vor allem des Christentums dokumentieren. Jenkins setzt freilich auch hinzu, dass sich etwa speziell für das Christentum der Gravitationspunkt längst in die südliche Hemisphäre verlagert habe (was eine gewisse Blindheit unter Alteuropäern erklären mag).

Was nun die »prinzipielle Beschränktheit und Verfehltheit« der Religionen betrifft, von der Sloterdijk spricht, so macht er sie systematisch gesehen im Letzten an der – angeblich ohne großen Scharfsinn zu belegenden[64] – These fest, dass

»die vom Christentum und vom Islam zu verantwortenden Gewaltakte … keine bloßen Verkehrungen gewesen [seien; K.M.], die das Wesen dieser an sich gutartigen religiösen Lehren verfälschten, sie stellten vielmehr Manifestationen eines von ihrem Bestand unabtrennbaren polemogenen (also Krieg produzierenden) Potentials dar.«[65]

Als Unterfutter der These dient ihm dabei die sehr selektiv rezipierte Debatte, die Jan Assmann Ende der 1990er Jahre ausgelöst hat. Assmanns These lautet: Durch den Monotheismus sei in Sachen »Religion« die Wahr-Falsch-Unterscheidung in die Welt gesetzt worden, und die treibe im Ringen um den einen und wahren Gott notwendig in Gewalttätigkeit gegen diejenigen, die diesen Gott nicht kennen oder anerkennen. In späteren Variationen hat Assmann diese starke These deutlich entschärft.[66] Sloterdijk hält – so weit ich sehe – die Urfassung fest und hat auch das Festhalten an einer Differenz zwischen Sein und Schein vor ein paar Jahren schon als »halbarchaische Konfliktfolklore« abgetan, über die schon die übernächste Generation nur noch lächeln werde.[67] Diese These von der durch den Wahrheitsanspruch erzeugten Gewaltanfälligkeit des Monotheismus ist aber christlich gesehen weder in der Praxis noch in der Theorie gedeckt. Mit einer von Wesen gewalttätigen Religion passt nicht zusammen, dass es im spätantiken Christentum keine Zwangsbekehrungen gab und Gewaltakte – wenn sie geschahen – sich so gut wie immer nach innen richteten.[68] Oder um nur ein weiteres, viel späteres Beispiel zu nennen: Historisch nachgewiesen ist mittlerweile, dass es bei der spanischen Inquisition von 1540–1700 bezogen auf 44674 Untersuchungsverfahren zu 826 Hinrichtungen kam, nicht zu den Zehn- oder Hunderttausenden, von denen selbst Lexika von heute noch schwadronieren.[69] Es geht nicht im Geringsten darum, christliche Entgleisungen und kirchliche

Untaten zu beschönigen; die gab es (etwa Zwangsbekehrungen in der Kolonialzeit), und jede von ihnen war eine zu viel. Aber auch im Streit um Religion gibt es ein Vetorecht der Quellen.[70] Und was die Theorie betrifft: Die dezidierte Absage an Gewalt, die sich aus den Schriften der Kirchenväter gleichsam von der Stange erheben lässt[71] und in deren Reihe auch das berühmt-berüchtigte Zitat Papst Benedikts XVI. aus der »Regensburger Vorlesung« gehört[72], war kein ideologisches Herausputzen der eigenen Fassade, sondern Ausdruck des christlichen Selbstverständnisses.

In dieser Vorlesung brachte der Papst übrigens etwas zum Ausdruck, was die Philosophie seit der Renaissance weiß und seit Kant und seinen Nachfolgern, also dem ausgehenden 18. Jahrhundert, konsequent praktiziert: die Einbettung religiöser Wahrheitsansprüche in die Arbeit der kritischen Reflexion. Die besten Beispiele dieses Unternehmens zeigen, dass das in keiner Weise auf eine Nivellierung etwa des Biblischen hinausläuft, sondern auf eine Balance von Vernunft und Glaube, die zugleich konfessionelle und interreligiöse Konfliktquellen trocken zu legen vermag. Deshalb gehöre ich zu denjenigen, die – durchaus in Absetzung von Blaise Pascal und anders als Sloterdijk[73] – überzeugt sind, dass es bis in die Schichten biblischer Quellen hinein ein inneres Aufeinanderzuwachsen von biblisch-christlichem Gottesgedanken und philosophischer Gottesfrage gibt – sonst wäre diese kleine jüdische Sekte in der intellektuellen Gemengelage der Spätantike nicht gegen die heftige ästhetische Kritik der Neoplatoniker an der Geschmacklosigkeit eines Mensch gewordenen und dann hingerichteten Gottes so attraktiv gewesen.

Wo Vernunft und Glaube nicht zusammengehalten werden, schießt in die dadurch aufgehende Leerstelle theologisch oft ein überdehnter Gebrauch des Motivs des sogenannten »Bilderverbots« ein: Da wird Gott als der radikal Andere und absolut Unbegreifliche behauptet und dem Denken entzogen. Nicht selten führte und führt das geradlinig in den Fundamentalismus und schließlich den Ikonoklasmus, also die Bilderstürmerei. So entspringt Gewalt gerade der Zerspaltung von Vernunft und Glaube und damit der Preisgabe der Unterscheidung von wahr und falsch.[74] Systematisch gewendet: Das konsequente Stellen der Wahrheitsfrage provoziert nicht Intoleranz, sondern bewahrt im

Gegenteil vor ihr. Dass diese systematische Konsequenz mit einer der zentralen Thesen der Enzyklika »Fides et Ratio« zusammenstimmt, sei zumindest vermerkt. Dort steht:

»An die Möglichkeit des Erkennens einer allgemeingültigen Wahrheit zu glauben, ist keineswegs eine Quelle der Intoleranz; im Gegenteil, es ist die notwendige Voraussetzung für einen ehrlichen und glaubwürdigen Dialog der Menschen untereinander.«[75]

— *Theologische Fundamentalismus-Therapie* —

Zu Assmanns Monotheismuskritik gehört als Gegenstück die These, dass sich die große Alternative – der Kosmotheismus im Sinne eines All-Einheitsdenkens – durch das ganze okzidentale Gottdenken zieht und nie hat eliminiert werden können. Ich plädiere seit Jahren dafür, diese These ernst zu nehmen. Gerade für die katholische Tradition lassen sich dafür Indizien in Fülle beibringen.[76] Denn die Gegenwart solcher Intuitionen eines In-Seins aller Dinge in Gott und Gottes in den Dingen mitten im elaborierten Monotheismus des Christlichen steht genau für das ein, was Sloterdijk fordert, um der Zuspitzung religiöser Sinnansprüche in Gewaltakte gegen Andersdenkende im Ansatz zu widerstehen. Sloterdijk nennt das Verfahren, dem er an erster Stelle eine solche Mäßigung religiösen Eifertums zutraut, *»mehrwertiges Denken«*[77]. Doch wenn es je *ein* katholisches Prinzip gegeben hat und noch immer gibt, dann genau eine solche Mehrwertigkeit, das sprichwörtlich katholische »et-et«, das »sowohl als auch«.

Den Konkretisierungen solcher Moderation des heißen Eifers, die Sloterdijk aufzählt, mag ich gerne zustimmen – vor allem deshalb, weil sie allesamt auch oder sogar besonders in der katholischen Tradition verwurzelt sind: Sloterdijk nennt da etwa den Humor im Religiösen. Doch der ist ja gerade für das Judentum und den Katholizismus derart typisch, dass darüber mehr nicht gesagt werden muss, denken Sie nur an die zahllosen – guten! – Witze über Kleriker, manchmal auch über Dogmen, ohne dass diese verletzend wären: Als sie die Ehebrecherin vor Jesus führen – Johannes Kapitel 8 – , da sagt er zu den Umstehenden: Wer von euch ohne Sünde ist, der werfe den ersten Stein. – Zack!

Kommt ein Stein geflogen. Dreht sich Jesus zur Seite und flüstert: Aber Mutter! – Einen noch: Der Erzbischof von … (Namen tun nichts zur Sache!) kommt in den Himmel. Der Thron des Allerhöchsten ist gerade leer. Der Erzbischof sieht das, geht schnurstracks hin und setzt sich drauf. Dem Herrn Jesus wird heiß und kalt. Ogottogott, denkt er, wenn der Vater kommt, gibt's Krach. Er bittet den Erzbischof flehentlich, sofort den Thron zu verlassen. Nichts zu machen. Der bleibt hocken. Kommt Maria vorbei. Jesus bittet sie um Hilfe. Maria denkt kurz nach, geht zum Erzbischof auf dem Thron, flüstert ihm etwas ins Ohr. Der springt auf und rennt hinaus. Jesus: Boah, Mutter, wie hast Du das gemacht? – Maria: Ganz einfach. Ich hab' gesagt: Exzellenz, draußen wartet die Presse!

Neben dem Humor nennt Sloterdijk das Stufendenken. Dieses reicht in der katholischen Tradition von der himmlischen Hierarchie der Engel bis ins Kirchlich-Amtliche hinein und fungiert schon altkirchlich als inneres Rückgrat geistlicher Praxis, die in einer theologia negativa ihren Glutkern hatte: also dem Bewusstsein, dass man, je höher man im Erkennen steigt oder je tiefer man eindringt, umso mehr die Grenzen des Wissenkönnens erlebt und eigentlich im Reden die Wörter durchstreichen muss und am Ende nur noch schweigen kann. Dazu kommt dann noch die Hermeneutik, also die Kunst der Deutung im Bemühen um das rechte Verstehen der Heiligen Schriften. Eines der erfolgreichsten Modelle ist dabei die durch Origenes theoretisch begründete und reich praktizierte Hermeneutik des mehrfachen Schriftsinnes gewesen. Origenes begründet sein Unternehmen dabei mit erstaunlichem Freimut: Jeder nicht ganz Stumpfsinnige, sagt er, könne unzählige Beispiele von Geschichten in der Bibel zusammenstellen, die zwar als geschehen aufgezeichnet, aber nach dem Wortsinn nicht geschehen sind, so dass mit den im Wortsinn verlaufenen Geschichten anderes, Nichtgeschehenes verwoben sei.[78]

Wo diese Moderationstechniken tief genug greifen, sieht Sloterdijk einen Trend freigesetzt, der religiöse Menschen um Passagen heiliger Texte, aus denen der Furor, allem voran der Gotteszorn spreche, aus Peinlichkeit einen Bogen machen lasse.[79] Dass im Zug der letzten katholischen Liturgiereform die Rachepsalmen nur entschärft in das Stundengebet aufgenommen wurden, deutet in der Tat in diese

Richtung und scheint mir Folge einer mangelhaften Lehre vom Menschen und seinen Gefühlen zu sein. Diese rechnet – in bürgerlicher Saturiertheit? – nicht mehr damit, dass ein Mensch von anderen in eine so furchtbare Situation gebracht werden kann, dass er diesen anderen, den er notwendig als Feind erlebt, nur noch niederbeten kann. Dass sich die Zivilisierung der Monotheismen darin artikulieren soll, dass Gläubige sich für das Bild eines zürnenden Gottes schämen wie für einen jähzornigen, aber ansonsten ganz netten Großvater[80], zeugt eher von einer Bürgerlichkeit, die das Leben primär aus dem Feuilleton kennt. Auch die Fluchverse haben ihr Recht und ihren Sinn, weil sie zum einen der Bereitschaft Ausdruck geben, auf selbst vollzogene Rache zu verzichten und das verzweifelte Recht auf Gerechtigkeit in Gottes Hand zu legen.[81] Und zum anderen steht das Symbol des zornigen Gottes auf der affektiven Ebene der Kommunikation an der Stelle, die in der philosophischen Theologie das kantische Gottespostulat einnimmt: Dieses kommt für die Hoffnung auf, dass eine Vernunft, die sich frei an das Sittengesetz (den Kategorischen Imperativ) bindet, auch gegen die mögliche Kontrasterfahrung ausbleibenden Lebensglücks darauf vertrauen darf, vernünftig zu sein, weil es eine letzte Gerechtigkeit gibt. Und nur so haben wir auch Grund und Recht, für die Opfer der Geschichte wenigstens zu hoffen.

— *Bleibende Aufgabe* —

Das entbindet freilich nicht von einem Folgeproblem: Es braucht auch unbeschadet des Rechts solch affektiver Gottrede der beständigen Kritik ihrer Anthropomorphie, sozusagen ein kontinuierliches Gebrochenwerden durch das Prinzip der sogenannten *»zweiten Naivität«*[82] – ein Prinzip übrigens, das durch Paul Ricœur bekannt geworden ist, aber schon auf Max Scheler zurückgeht.[83] Es besteht – bündig gesagt – darin, mit heiligen Texten so umzugehen, *als ob* sie wahr seien, ohne dass ihr poetischer Charakter sie deswegen wahrheitsunfähig machte. Von diesem besonderen Charakter der Rede von Gott möchte ich im dritten Schritt handeln – gleichsam als eine kleine Navigationshilfe an den Grenzen des Wissens, an denen sich die Sprache des Glaubens entlang bewegt.

3. Abenteuer des Gottdenkens – Navigationshilfen an den Grenzen des Wissens

— *Kurzer Rückblick* —

In unserem ersten Gang der Auseinandersetzung mit dem Neuen Atheismus hatten wir unseren Blick auf Versuche gelenkt, so etwas wie eine gottfreie Gegenreligion zu propagieren. Wirkliche Argumente waren dabei nur schwer zu finden. Anders bei der reflektierten Religionskritik Peter Sloterdijks, die uns im zweiten Gang beschäftigt hatte. Dessen Ergebnis war gewesen, dass sich gerade in der katholischen Tradition jene Mittel finden, die nach Sloterdijk am ehesten dazu beitragen, so etwas wie Pathologisierungen von Religion, speziell ein Abdriften in gewaltförmige Durchsetzung der eigenen Wahrheitsansprüche, zu verhindern: das Prinzip des »sowohl als auch«, ein Stufendenken, eng verbunden mit einer theologia negativa, also einem Wissen um die Unzulänglichkeit des eigenen Denkens und Sprechens über Gott, auch der Humor – und schließlich die Hermeneutik, also die Kunst der Auslegung der heiligen Texte, die weiß, dass nicht alles, was da geschrieben steht, buchstäblich gemeint sein kann, sondern dass es auch eine Sprache der Affekte, der anthropomorphen Metaphern gibt, die – gerade im kritischen Disput – der kritischen Aufklärung bedürfen und dennoch Wahres sagen.

— *Hermeneutik des »Als ob«* —

In diesem Zusammenhang hatte ich schon im letzten Kapitel von der Hermeneutik der »zweiten Naivität« gesprochen. Das meint: Die heiligen Bücher werden zunächst kritisch gelesen, historisch analysiert, in ihrem literarischen Charakter gewürdigt: ob sie Mythos, Legende, Poesie oder Geschichtserzählung sind; sie werden auf ihren möglichen historischen Gehalt hin untersucht usw. Und dann werden sie nochmals gelesen so, *als ob* sie wahr seien – darum »zweite Naivität«, zweite nach der ersten Naivität, die sich um all die eben genannten Fragen keine Gedanken macht. Aber das Erstaunliche dabei ist, dass bei gar nicht wenigen Passagen der Bibel, von denen wir mit größter Sicherheit sagen können, dass sie gar nichts Historisches im Sinne von geschehenen Ereignissen oder nur sehr wenig davon beinhalten, dass gerade diese Texte genau dadurch theologisch zu sprechen beginnen, dass man sie in dieser Als-Ob-Optik liest. Beispiele machen die Sache sofort klar:

Schon lange hat die Exegese herausgearbeitet, dass nicht nur etwa die Schöpfungsgeschichten oder wichtige Teile der Evangelien wie etwa die Kindheitsgeschichten literarisch gesehen theologisch komponierte Narrative, also Fiktionen sind, sondern genauso über weite Strecken die oft so historisch wirkenden Erzählungen des Alten Testaments: Für den Exodus haben wir nicht den Hauch einer historischen, geschweige denn archäologischen Spur. Und für die Landnahme Israels, die sogenannte Eroberung des gelobten Landes, haben wir zwar solche Spuren – aber sie weisen gemessen an den Erzählungen in exakt die gegenteilige Richtung eines langsamen, jedenfalls nicht gewaltsamen Einsickerns nomadisierender Stämme in die Dörfer der sesshaften Bevölkerung. Ja, und den großen David müssen wir uns eher als regionalen Dorfschulzen mit einer leicht aufgepeppten Wallfahrtskapelle vorstellen. Was aber hat es dann mit der religiösen Wahrheit solcher Traditionen auf sich?

— Dichterischer Paradefall —

Man kann sich den Gehalt dieses zentralen Gedankens wohl am ehesten an einem Konkretfall solcher Art von Fiktionalität verständlich machen. Auf singuläre Weise wird man diesbezüglich – und noch dazu unter dem Vorzeichen des Gottesgedankens – bei Thomas Mann fündig: zum einen in seinem vierbändigen Monumentalwerk »Joseph und seine Brüder«, das übrigens Peter Sloterdijk als *»das heimliche Hauptwerk der modernen Theologie«*[84] bezeichnet, zum anderen in der aus dem Vollendungsjahr des »Josephs-Romans« stammenden Novelle »Das Gesetz«, geschrieben 1943, als Mann um einen Text über den Dekalog und seine Pervertierung durch die Nationalsozialisten gebeten wurde. Die Novelle handelt vom Gesetzgeber Mose, aber unter den Bedingungen der Religionskritik, also so, dass die Gebote nicht von Gott offenbart werden, sondern Mose diesen Gott und seine Weisung gleichsam hervordenkt – aber zugleich kann der Mensch nach

Manns Überzeugung auf keine andere Weise zum Sittlichen auf letztverbindliche Weise motiviert werden.[85] Im »Josephs-Roman« wird dieses Problem, wie etwas sozusagen in Wahrheit erfunden sein kann, sogar an etlichen prägnanten Stellen ausdrücklich bedacht. In der für uns einschlägigen Spitzenpassage schreibt Mann über Abraham, von dem es schon im einleitenden »Vorspiel: Höllenfahrt« des ersten Bandes geheißen hatte, eine *»Gottesnot«*[86] habe ihn zum Verlassen seiner Heimat und zum Nomadendasein getrieben, Folgendes:

»So hatte Abraham Gott entdeckt aus Drang zum Höchsten, hatte ihn lehrend weiter ausgeformt und hervorgedacht und allen Beteiligten eine große Wohltat damit erwiesen: dem Gotte, sich selbst und denen, deren Seelen er lehrend gewann. Dem Gotte, indem er ihm Verwirklichung in der Erkenntnis des Menschen bereitete, sich selbst und den Proselyten aber namentlich dadurch, daß er das Vielfache und beängstigend Zweifelhafte auf das Eine und beruhigend Bekannte zurückführte, auf den Bestimmten, von dem alles kam, das Gute und das Böse, das Plötzliche und Grauenhafte sowohl wie das segensvoll regelmäßige, und an den man sich auf jeden Fall zu halten hatte. Abraham hatte die Mächte versammelt zur Macht und sie den Herrn genannt – ein für allemal und ausschließlich …«[87]

Man muss dabei die Doppelrichtung des Prozesses im Blick behalten: Durch das Hervordenken Gottes, durch welches Abraham *»gewissermaßen … Gottes Vater«*[88] wird, wird Gott ein Gott *»im Werden«*[89], aber was da wird, wirkt als durch und durch dringende Lebensmacht auf den Abraham und die Seinen zurück. Nochmals wörtlich:

»Denn ihm gab Gott die Unruhe ins Herz um seinetwillen, dass er unermüdlich arbeite an Gott, ihn hervordenke und ihm einen Namen mache, zum Wohltäter schuf er sich ihn und erwiderte dem Geschöpf, das den Schöpfer erschuf im Geiste, die Wohltat mit ungeheuren Verheißungen. Einen Bund schloß er mit ihm in wechselseitiger Förderung, daß einer immer heiliger werden sollte im andern, und verlieh ihm das Recht der Erberwählung, Segens- und Fluchgewalt, daß er segne das Gesegnete und Fluch spreche den Verfluchten. Weite Zukünfte riß er auf vor ihm, worin die Völker wogten, und ihnen allen sollte sein Name ein Segen sein.«[90]

In der Tat entfaltet Mann in dieser Theologie die Doppelgeschichte eines wechselseitigen Selbstwerdens Gottes und des Menschen.[91] Den Mutterboden dieses Gedankens bildet dabei ein Traditionsstrom, der von Jakob Boehme über Hegel und Schelling, sodann Heine und Hebbel bis Rilke, Bergson, Whitehead und Teilhard de Chardin reicht. Im »Josephs-Roman« wird dazu das Mythische und das Geschichtliche, *»Segen von unten und Segen von oben«*[92], wie Mann dafür sagt, ineinander gespiegelt, ohne die »wahr-falsch«-Unterscheidung in Sachen Religion aufzugeben. Und das Changieren der Erzählung *»zwischen Finden und Erfinden«*[93] eröffnet jenen Freiheitsraum, in dem allein unter den Bedingungen der Moderne Religion so etwas wie Bindekraft entfalten kann. Nicht nur eine Geschichte erzählen, sondern auch ihr *»... Erzähltwerden zu erzählen«*[94], das ist praktizierte *»zweite Naivität«*.

— *Biblisches Exempel* —

Nehmen wir uns nochmals ein Beispiel vor, ein durchaus drastisches aus dem Neuen Testament, um den Grundgedanken so klar als möglich vor Augen zu bekommen: die Figur des Herodes aus der matthäischen Kindheitsgeschichte.[95] Historisch-kritische Exegese ist sich heute durchgängig darin einig, dass der betlehemitische Kindermord nicht als historisch gelten kann, wohl aber das auch durch außer-neutestamentliche Quellen belegte Charakterbild des Herodes treffend einfängt: ein bei der Bevölkerung absolut unbeliebter Despot, der zu blindwütiger Raserei neigt, die nichts mehr schont: Wegen Verdachts auf Verschwörung ließ er drei seiner eigenen Söhne etwa im Jahre 7 v. Chr. hinrichten. Die Erinnerung an solche Ereignisse verblasst nicht so leicht. Der Protagonist war allgemein bekannt. Mit seinem Namen verbindet sich logisch notwendig das Stichwort »Kinder-Mord«. Solch hoch-pathologisches, geschichtliches Handeln hat natürlich seine wohlbestimmten Motive im Handelnden: Es entlarvt ihn als von Herrschsucht, Machtstreben und vor allem Angst getrieben. Wenn nun die historische Geburt des Jesus-Kindes als Symbol eines gottgeschenkten Lebens zu lesen ist, das ob seiner Freiheit von den Mechanismen der Angst und ihren Konsequenzen nicht mehr Sein zum Tode ist, dann gibt der historische Herodes die ideale Rohmasse für ein Kontrastbild ab, gegen das das Evangelium vom neuen Leben ins sprachliche Bild gesetzt werden kann. Diese Rohmasse wird so lange geformt und verdichtet, bis die Perikope die vom Evangelisten gewünschte theologische Tiefenschärfe gewinnt – etwa durch die Geschichte von dem Massaker, die die bis ins Mark gehende Bedeutsamkeit der Alternative Jesus-Herodes zu versinnbilden hat, oder aber auch durch die Anreicherung mit der Episode der Ägypten-Flucht, durch die die wunderbare Errettung des Mose-Knaben zum Proto-Typ des Schicksals des Jesus-Kindes wird, des neuen Mose, der später vom Berg die neue Tora – die Bergpredigt – proklamieren wird usw. usw. In diesen Verweisungszusammenhängen kommt man faktisch an kein Ende. Fängt man an, ihnen nachzugehen, verstrickt man sich in die Geschichten. Und genau das ist die Absicht solcher Theopoetik, weil sie so im Leser oder Hörer ein regelrechtes Bibliodrama in Gang setzt, in dem er selbst mitspielt – um eben das als wahr und wirklich zu erfahren, wovon die Geschichten erzählen.

— *Selbstverschuldete Defizite* —

Dass die Schriften von Dawkins, Dennett, Hitchens und den anderen bei Gebildeten unter den Verächtern der Religion wie bei Unsicheren ihrer Befürworter (auf die die Autoren besonders zielen) ausweislich ihrer Auflagen und der öffentlichen Reaktionen solche Resonanz finden, leitet sich m.E. daraus her, dass solches Lesen- und Hörenkönnen der Überlieferung in Theologie und Verkündigung nicht zureichend vermittelt und eingeübt wird. Im Wesentlichen sehe ich drei Ursachen dafür.

Die Erste: Theologie und Verkündigung haben flächendeckend bis dato nicht wirklich ihre seit der Moderne anstehenden Hausaufgaben gemacht: Die Praxis der historisch-kritischen Methode ist dafür nur ein elementarer Schritt, genügt aber nicht im Geringsten (eine Rückkehr allein zur altkirchlichen Auslegung à la Origenes natürlich genauso wenig). Treffsicher legt Dawkins zumindest diesbezüglich den Finger auf den wunden Punkt, wenn er der Theologie vorwirft, die Trennlinie zwischen wörtlichem und allegorischem Bibelverständnis in einem *»moralische[n] Blindflug«*[96] zu ziehen. Dieser Kritik entgeht nur eine Hermeneutik, die darüber Rechenschaft zu geben vermag, wie im

Zusammenspiel von Geschichte und Poesie wahrheitsfähige Sprechakte entstehen, die auch den Belastungstest der Frage aushalten, von welcher Wirklichkeit sie denn eigentlich reden.[97] Eine Exegese, die sich (wie heute nicht unüblich) stattdessen aufs Sozialgeschichtliche beschränkte, hätte angesichts dieser Herausforderung schon im Ansatz verloren und arbeitete dem fundamentalistischen Atheismus geradewegs in die Hände. Wenn ein solches poetisches Mehr als zeitbedingter Zierrat und im Prinzip nicht wahrheitsfähig abgetan wird, dann war dieser Jesus in der Tat nichts anderes als ein der stoischen Philosophie naher spätantiker Wanderprediger, der Weisheitssprüche absonderte.

Ein Zweites: Nicht minder schwer wiegt, dass die Systematische Theologie, die bereits seit Kant und dem Idealismus unüberhörbar gewordenen kritischen Fragen an die klassische Rede von Gott in erstaunlichem Ausmaß – Ausnahmen immer zugestanden – ignoriert und deswegen vom Neuen Atheismus unschwer in Sachen Gottesbild auf das Niveau eines Grundschulkatechismus festgenagelt werden kann. Es gibt schon zu denken, dass selbst laxe Agnostiker sagen, sie hätten unvergleichlich Aufschlussreicheres als aus Dawkins, Harris' und Dennetts Kampfschriften aus modernen theologischen Büchern gelernt, die sich an Kant, Spinoza und Schelling inspirieren und dann in Gedanken vorwagen wie etwa den, dass vielleicht Gottes größte Größe darin bestehen könnte, dass er sich klein macht, um anderen außer sich – also auch uns – Raum und Freiheit zu geben.

Und schließlich ein Drittes: Was mir ganz unabhängig von prinzipiellen Positionierungen in der theologischen Arbeit an der Gottesfrage zu wenig berücksichtigt scheint, ist zum einen, dass wir philosophisch den möglichen Anspruch eines Unbedingten immer nur als Echo im Medium unserer endlichen Vernunft vernehmen können. Zum anderen bleibt theologisch zu beachten, dass auch alle Gottesrede theologisch gesehen unter der Hypothek der Sünde geschieht – und darin wurzelt der Umstand, dass selbst die Rede von einem Gott der Liebe einer Logik der Parteilichkeit gehorcht, die auch noch den selbstbezogenen Tunnelblick des Sünders in die ohnehin unumgängliche Anthropomorphik aller Gottrede spiegelt. Eben dieses Problem brachte schon Johann Gottfried Herder exakt auf den Punkt, als er in einem Brief vom September 1787 ironisch seufzte: *»Die Leute wollen* *keinen Gott, als in ihrer Uniform, ein menschliches Fabelthier«*[98] – das ist Herders Variante des uralten, schon auf den Vorsokratiker Xenophanes von Kolophon zurückgehenden Anthropomorphismus-Arguments, dass sich Menschen ihre Götter nach ihresgleichen vorstellen und Tiere, hätten sie Götter, das genauso täten, gerade so, wie das 1800 Jahre nach Xenophanes und 400 Jahre vor Herder Nikolaus von Kues auf die geniale Formel bringt, so wie die Menschen in ihrem Welt- und Gottverhältnis »hominizant«, so würden *»omnes leones leonizare«* (würden alle Löwen leonisieren).[99] Feuerbach nochmals 40 Jahre später wird aus dem Motiv den Ansatz seiner wirkmächtigen Religionskritik und des ersten argumentativen Atheismus, besser: einer Anti-Theologie formen.

Anders Herder: Er nimmt die Krise des herkömmlichen Bildes von Gott, das einer über- und außerweltlichen Hyperperson, zum Anlass, einmal ganz andere Gedanken zu wagen, übrigens gar nicht so bibelfern, wenn man genau hinhört.

»Ist denn Gott nicht jenes ureine Geheimnis, das da spricht: ›Ich bin, der ich bin, und ich werde in allen Veränderungen meiner Erscheinung … sein, was ich sein werde.‹… Was Ihr, lieben Leute, mit dem ›außer der Welt existieren‹ wollt, begreife ich nicht: existiert Gott nicht in der Welt, überall in der Welt, und zwar überall ungemessen, ganz und unteilbar …, so existiert er nirgends. Außer der Welt ist kein Raum; der Raum wird nur, indem für uns eine Welt wird. Eingeschränkte Personalität paßt aufs unendliche Wesen ebenso wenig, da Person bei uns nur durch Einschränkung wird … In Gott fällt [dies] weg; er ist das höchste lebendigste, tätigste Eins – nicht in allen Dingen, als ob die was außer ihm wären, sondern durch alle Dinge, die nur als sinnliche Darstellung für sinnliche Geschöpfe erscheinen.«[100]

An anderer Stelle wird Herder noch deutlicher, spricht sozusagen existenziell:

»… was soll Dir der Gott, wenn er nicht in Dir ist und Du sein Dasein auf unendlich innige Art fühlest und schmeckest und er sich selbst auch in Dir als in einem Organ seiner tausend Millionen Organe genießet!

Du willst Gott in Menschengestalt, als einen Freund, der an Dich denket. Bedenke, daß er alsdann auch menschlich, d.i. eingeschränkt an Dich denken muß, und wenn er parteiisch für Dich ist, es gegen andere sein wird. Sage also, warum ist er Dir in einer Menschengestalt nötig? Er spricht zu Dir, er wirkt auf Dich aus allen edlen Menschengestalten, die seine Organe waren, und am meisten durch das Organ der Organe, das Herz der geistigen Schöpfung, seinen Eingeborenen. Aber auch durch ihn nur als Organ, sofern er wie wir sterblicher Mensch war; und auch in ihm die Gottheit zu genießen, mußt Du selbst Mensch Gottes, d.i. es muß etwas in Dir sein, das seiner Natur teilhaftig werde. Du genießest also Gott nur immer nach Deinem innersten Selbst, und so ist er als Quelle und Wurzel des geistigen, ewigen Daseins unveränderlich und unaustilgbar in Dir. Dies ist die Lehre Christus' und Moses', aller Apostel, Weisen und Propheten; nur nach verschiedenen Zeiten und nach dem Maß der Tiefe von der Erkenntnis und Genußkraft eines jeden anders gesaget … Machst Du mir diesen innigsten, höchsten, alles in eins fassenden Begriff zum leeren Namen, so bist Du ein Atheus (Atheist), … Du musst auch zu uns herüber.«[101]

Keine Frage: Herder war keine theologische Koryphäe, so vieles ist da erst nur angedeutet, unausgedacht. Und doch hat er einen Punkt getroffen, dem die größten seiner Zeitgenossen, ein Fichte, ein Schelling, ein Hegel und Hölderlin bohrend nachgehen mussten, weil sie nicht anders konnten, und der die Theologie im Ringen um das rechte Reden von Gott nie mehr losließ und auch nicht loslassen darf: dass es da unerachtet aller Differenz zwischen Gott und Mensch, Himmel und Erde etwas gibt, einen Punkt, da das Unterschiedene sich berührt, ineins schwingt, ja einen Moment lang eins ist, weil wir sonst in unserer Endlichkeit schlichtweg nichts wüssten von dem ganz Anderen und je Größeren. Und dass wir in diesem Lidschlag der Berührung ahnen, dass wir diesem Größeren nicht fern gegenüber stehen, sondern uns in ihm bewegen und in ihm leben, weil außer ihm gar nichts sein kann, wenn es je das Größere ist, über das hinaus also Größeres gar nicht gedacht werden kann. Und, ja dies auch: dass es gar nichts Persönlicheres geben kann als das, was mich derart im Innersten meines Daseins meint und anrührt.

— *Gegenprobe: Sensibilität für das Leid* —

In solchem Nachdenken auf ungewohntem Weg bestärkt mich sehr, dass dieser Gedanke, wir müssten Gott als persönlich und als alles in allem zugleich denken, am überzeugendsten dort laut wird, wo Menschen aus illusionsloser Klarheit über das Leben oder aus ans Mark gehender Bedrängnis von Gott oder zu Gott sprechen. So kann ein Karl Rahner etwa einem Menschen in der Gottesnot und Glaubenssorge eines scheinbar leeren Herzens tröstend sagen:

»Welcher Gott ist Dir eigentlich in dieser Leere des Herzens fern? Nicht der wahre und lebendige Gott, denn dieser ist ja gerade der Unbegreifliche, der Namenlose, damit er wirklich der Gott Deines maßlosen Herzens sein kann. Fern ist Dir nur geworden ein Gott, den es nicht gibt: ein begreiflicher Gott ..., ein sehr ehrwürdiger – Götze ... Laß in diesem Geschehen des Herzens ruhig die Verzweiflung Dir scheinbar alles nehmen ... Denn, wenn Du standhälst ..., dann wirst Du plötzlich inne werden, daß dein Grabeskerker nur sperrt gegen die nichtige Endlichkeit, daß seine tödliche Leere nur die Weite einer Innigkeit Gottes ist, daß das Schweigen erfüllt ist von einem Wort ohne Worte, von dem, der über allen Namen und alles in allem ist. Das Schweigen ist Sein Schweigen: Es sagt Dir, daß er da ist.«[102]

Dass Rahner gerade im Zusammenhang von Sorge, Not und Tod diese Intuition der Unmittelbarkeit anklingen lässt und es sich bei dieser Denkform also um alles andere als eine leid- und theodizeevergessene Schönwetter-Theologie handelt, sollte hellhörig machen – und zwar umso mehr, als Rahner dabei nicht allein steht. Wenigstens eine Stimme sei noch aufgerufen: Der von den Nazis hingerichtete Jesuit Alfred Delp schrieb am 17.11.1944 aus dem Gefängnis:

»... die Welt ist Gottes so voll. Aus allen Poren der Dinge quillt er gleichsam uns entgegen. Wir aber sind oft blind. Wir bleiben in den schönen und in den bösen Stunden hängen und erleben sie nicht durch bis an den Brunnenpunkt, an dem sie aus Gott herausströmen. Das gilt für sehr viel ..., für alles Schöne und auch für das Elend. In allem will Gott Begegnung feiern und fragt und will die anbetende, hingebende Antwort.«[103]

Von einem Gott reden, der darin persönlich ist, dass er uns in allem, was uns berührt und zuallertiefst in uns selbst im Geheimnis unseres Ichseins sozusagen erstpersönlich entgegenkommt, das ist in manchen theologischen Handbüchern immer noch nicht vorgesehen. Aber – um ein Wort Lichtenbergs abzuwandeln: Wenn ein Handbuch und ein von Herzen Gott suchender Kopf zusammenstoßen und es hohl klingt, muss es dann unbedingt am Kopf liegen? Nur dürfen wir nicht vergessen, dass Gott auch noch größer ist als der kühnste Gedanke, den wir über ihn wagen.

FÜNFTES KAPITEL

Die Ironie, der Glaube und die Wahrheit
Über ein notwendiges Formprinzip moderne-tauglichen Glaubens

1. Introitus: Kleines Florilegium

— Dichterstimmen —

Was ist Ironie? Es gibt prägnante Definitionen, etwa die des tschechischen Dichters Bohumil Hrabal: *»Jene Selbsterkenntnis, mit der die Subjektivität sich selbst überwindet, ist die Ironie.«*[1]

Wichtiges über etwas sagen, ohne dabei wichtig zu tun. Die Sache, um die es geht, kritisch treffen – aber so, dass die Distanzierung, die damit einhergeht, in das eingebettet ist, was Neil Wilson in einer Beschreibungstheorie der Eigennamen *»principle of charity«*[2] nannte, in so etwas wie einen Vorschuss von wohlwollendem Verstehen. Durch Humor verhindern, dass etwas unter der Last aufgebürdeter Würde und Bedeutung zusammenbricht. Und spielen können mit subtilen Mehrdeutigkeiten, ohne die Kenntlichkeit der eigenen Position dabei aufzugeben. Das alles fällt mir zu dieser Definition spontan ein, wenn ich mir als ihren Horizont das wunderbare Werk dieses Poeten vergegenwärtige, das von eben solcher Ironie durchwebt ist.

So könnte ich jetzt noch eine Weile fortfahren im Auflesen von Charakterzügen. Für unseren Zweck dienlicher scheint mir, ein paar Fälle gelungener Ironie in den Zeugenstand zu holen. An ihnen zeigt sich mehr, als ich hier diskursiv sagen könnte: Dazu fällt mir z.B. Eckhart Henscheid ein:

»Was ist Oper? –
Oper ist, wenn er raufsingt,
dass sie runterkommen soll.«[3]

Oder Voltaire. Er habe, so wird erzählt, einmal gesagt:

»Um es in der Welt zu etwas zu bringen, genügt es nicht, dumm zu sein, man muss auch gute Manieren haben.«[4]

Vermutlich kein Wunder, dass ich das Diktum in der Autobiographie Gilbert K. Chestertons gefunden habe, dem Autor der berühmten Geschichten von »Father Brown«, der selber als einer der brillantesten Ironiker des 20. Jahrhunderts gelten muss – übrigens am meisten dort, wo es in seinen Werken um Glaubensfragen geht, in denen er, der katholische Konvertit, keinen Spaß verstand, weil ihm alle Halbheiten zuwider waren. Aber Ironie, wir werden es sehen, geht bestens mit festen Überzeugungen zusammen. – Noch eine Blütenlese, diesmal von Friedrich Hebbel, das Geschäft der Kritik betreffend:

»Mancher findet nur dann ein Haar in jeglicher Suppe,
Weil [sic!] er das eigene Haupt schüttelt, solange er isst.«[5]

Manchmal sind sogar so staubtrockene Dinge wie Fachkongresse nicht ganz ironiefrei. Auf einer Philosophentagung über das derzeitige Spitzenthema Geist und Gehirn stand auf einem Spruchband über der Bühne:

»What is mind? – No matter.
What is matter? – Never mind.«

Natürlich ein Wortspiel, zuerst einmal. Aber eines, das ziemlich genau die Ratlosigkeit aufspießt, die auf diesem Diskussionsfeld nach wie vor herrscht.

— Tucholskys Loch-Philosophie —

Gerade Ironie und Philosophie gehören im Übrigen engstens zusammen. Auf kaum mehr zu überbietende Weise hat das der Journalist Kurt Tucholsky 1931 in einer Kolumne mit dem Titel »Zur soziologischen Psychologie der Löcher« vorgeführt. Sie taugt geradezu zu einer Einführung in die Philosophie als solche. Ich zitiere in Auszügen:

»Ein Loch ist da, wo etwas nicht ist. Das Loch ist ein ewiger Kompagnon des Nicht-Lochs: Loch allein kommt nicht vor, so leid es mir tut. Wäre überall etwas, dann gäbe es kein Loch, aber auch keine Philosophie und erst recht keine Religion, als welche aus dem Loch kommt. Die Maus könnte nicht leben ohne es, der Mensch auch nicht: es ist beider letzte Rettung, wenn sie von der Materie bedrängt werden. Loch ist immer gut.
Wenn der Mensch ›Loch‹ hört, bekommt er Assoziationen: manche denken an Zündloch, manche an Knopfloch, manche an Goebbels [notabene: geschrieben 1931; K.M.] ...
Das Merkwürdigste an einem Loch ist der Rand. Er gehört noch zum Etwas, sieht aber beständig in das Nichts, eine Grenzwache der Materie. Das Nichts hat keine Grenzwache: während den Molekülen am Rande eines Lochs schwindlig wird, weil sie in das Loch sehen, wird den Molekülen des Lochs... festlig? Dafür gibt es kein Wort. Denn unsere Sprache ist von Etwas-Leuten gemacht; die Loch-Leute sprechen ihre eigene.
Das Loch ist statisch; Löcher auf Reisen gibt es nicht. Fast nicht. Löcher, die sich vermählen, werden Eines, einer der sonderbarsten Vorgänge unter denen, die sich nicht denken lassen. Trenne die Scheidewand zwischen zwei Löchern: gehört dann der rechte Rand zum linken Loch? oder der linke zum rechten? oder jeder zu sich? oder beide zu beiden?... Wenn ein Loch zugestopft wird: wo bleibt es dann? Drückt es sich seitwärts in die Materie? oder läuft es zu einem anderen Loch, um ihm sein Leid zu klagen? Wo bleibt das zugestopfte Loch? Niemand weiß das: unser Wissen hat hier eines.
Wo ein Ding ist, kann kein andres sein. Wo schon ein Loch ist: kann da noch ein andres sein? Und warum gibt es keine halben Löcher –?
Manche Gegenstände werden durch ein einziges Löchlein entwertet; weil an einer Stelle von ihnen etwas nicht ist, gilt nun das ganze übrige nicht mehr. Beispiele: ein Fahrschein ... und ein Luftballon.

Das Ding an sich muß noch gesucht werden; das Loch ist schon an sich. Wer mit einem Bein im Loch stäke und mit dem andern bei uns, der allein wäre wahrhaft weise. Doch soll dies noch keinem gelungen sein. Größenwahnsinnige behaupten, das Loch sei etwas Negatives. Das ist nicht richtig: der Mensch ist ein Nicht-Loch, und das Loch ist das Primäre... Verzeihen Sie diesen Abschnitt; ich hatte nur zwischen dem vorigen Stück und dem nächsten ein Loch ausfüllen wollen.«[6]

Die paar Zeilen zeichnen im Grunde brillant nach, wie die abendländische Philosophie entstand und wie sie sich in ihrem Ursprung verstand: der Urakt des Staunens kommt darin vor, der Akt des Fragens, die Rolle der Sprache für das Denken, die Entdeckung der Dialektik (dass das Eine immer nur im Zusammenhang mit dem anderen seiner selbst begriffen werden kann) – und eben die Ironie selbst (zu ihr gehört auch die etwas ungewöhnliche sprachliche Form): Tucholsky beschließt seine Philosophie der Löcher mit dem an die Leserschaft gerichteten Satz: »Verzeihen Sie diesen Abschnitt; ich hatte nur zwischen dem vorigen Stück und dem nächsten ein Loch ausfüllen wollen.« Ironie nimmt nichts zurück, verharmlost und relativiert auch nicht. Eher im Gegenteil: Sie gibt dem, worauf sie sich bezieht, noch eine besondere Note, eine »Spitze«, wie man so sagt. Wer das Seine ironisch vertritt, möchte doppelt treffen – natürlich die Sache, aber auch kritisch sein Gegenüber. Zugleich erhebt sie oder er dennoch nicht den Anspruch, mit der Stellungnahme die zu verhandelnde Angelegenheit wie den Disput kategorisch und definitiv erledigt zu haben. Ironie bringt die Kommunikationssituation und das, worauf sie sich bezieht, in Schwebe: Indem sie das Ihre mit einer Gewissheit vorbringt, die sich insofern bescheidet, als sie keinerlei kategorischen Geltungsanspruch mit sich führt, appelliert sie an die Freiheit (!) ihres Adressaten, sich doch noch einmal zu überlegen, ob sich die Sache wirklich so verhält, wie er oder sie behauptet. Die Appellation geschieht dabei nicht durch eigens dafür bestimmte Worte, sondern durch die Wirkung der ironischen Redeform (in sprachphilosophischer Terminologie: sie geschieht nicht propositional, also satzhaft, sondern performativ, d.h. durch die Wirkung des Gesagten auf die Adressatenschaft). Gleichzeitig signalisiert, wer eine so eng mit der

Freiheit verknüpfte Gewissheit bekundet, dass sie oder er sich unter Voraussetzung entsprechend triftiger Argumente durchaus eines Besseren belehren ließe (wiewohl durchaus in Frage bleibt, ob es solche Argumente überhaupt gibt). Das ist der sachliche Kern des sprichwörtlich gewordenen, aber übrigens wörtlich nicht zu belegenden sokratischen »Ich weiß, dass ich nichts weiß.« Im Original, Platons »Apologie«, sagt Sokrates über sich selbst im Vergleich zu einem, der als weise gilt und sich auch dafür hält: Dieser Andere wisse zwar nichts, halte sich aber für wissend; er, Sokrates wisse genauso wenig, halte sich aber auch nicht für wissend, weshalb er doch ein wenig weiser als der Andere sei[7], was natürlich seinerseits einen Paradefall von Ironie darstellt.

— Sokrates und Kierkegaard —

Insofern kann es eigentlich gar nicht verwundern, dass sich die Ironie als konstitutives Strukturmoment in der formativen Phase der abendländischen Philosophie einschließlich der platonischen Dialektik ausgebildet hat. Kein Geringerer als Sokrates – wohlgemerkt der Sokrates der platonischen Schriften – wird dermaßen unzweideutig als Ironiker gezeichnet, dass Sören Kierkegaard zur Verteidigung seiner Dissertation mit dem Titel »Über den Begriff der Ironie« von 1841 u.a. die These aufstellte: *»X. Sokrates hat als Erster die Ironie eingeführt.«*[8]

Von ungefähr ist die These nicht. Sie kann sich auf Zeugnisse über Sokrates stützen, die andere in Platons Dialogen geben.[9] Ungleich gewichtiger sind die direkten Belege. Wenigstens zwei Kostproben:

»Ich dachte ... in meiner Einfalt, man müsse die Wahrheit sagen in jedem Stück von dem zu Preisenden ... Das war aber, wie es scheint, gar nicht die rechte Weise, etwas zu loben, sondern darin besteht sie, daß man der Sache nur so Vieles und Schönes beilege als möglich, möge es sich nun so verhalten oder nicht.«[10]

So Sokrates wörtlich im Dialog »Protagoras«. Und in der »Apologie« lässt Platon seinen Lehrer unter anderem sagen:

»Was wohl euch, ihr Athener, meine Ankläger angetan haben, weiß ich nicht: ich meines Teils hätte ja selbst beinahe über sie meiner selbst vergessen; so überredend haben sie gesprochen.«[11]

Kierkegaard war im Übrigen überzeugt, dass die ganze »Apologie« ironisch konzipiert sei. Er schließt das vor allem daraus, dass sie gar keine Verteidigungsrede enthält, sondern ironische Attacken auf die Ankläger und geradezu gemütliche Unterhaltungen mit den Richtern. Dazu passe auch die von Diogenes Laertius überlieferte Anekdote, Lysias habe dem Sokrates eine Verteidigungsrede geschrieben. Dieser jedoch habe nach dem Durchlesen erklärt, es sei gewiss eine ausgezeichnete Rede, aber er sehe keinerlei Anlass, von ihr Gebrauch zu machen.[12] Zeitgenössische Platon-Interpreten verweisen im Übrigen eigens darauf, dass die Ironie das charakteristische Merkmal von Platons Dialog *Parmenides* darstelle, einen Text über die letzten Prinzipien des Wirklichen von einer derart herausfordernden sprachlichen und argumentativen Form, dass spätere Interpreten, die das Ironische an ihm übersahen, in ihm den Ausdruck einer geistigen Krise Platons zu entdecken meinten. Doch weit gefehlt: Für Platon fungiert Ironie als inneres Moment der Dialektik als dem weitreichendsten Zugang zur Wahrheit.

Mit Bezug auf Sokrates gesagt: Mittels der Ironie macht er sich zum Unwissenden gegenüber denen, die alles zu wissen glauben, und versucht, diese durch sein bohrendes Nachfragen auf ihr eigenes Nichtwissen zu stoßen; dann kann gemeinsam gesichertes Wissen gewonnen werden. Sokrates selbst spricht bezüglich dieser seiner Methode nicht von »Ironie«, sondern von »maieutikhe techne«, zu Deutsch: Hebammen-Kunst.[13] Er stellt sein Wissen, das er im Vergleich zur Wahrheit als solcher als Nichtwissen weiß, im Gewand der Ironie in den Dienst ebendieser Wahrheit, um ihr buchstäblich herauszuhelfen, damit sie zu sein vermöge, was sie ist: »aletheia« wörtlich übersetzt »Unverborgenheit«. So schützt Ironie vor dem Schein, schon der ganzen Wahrheit teilhaft geworden zu sein. Gleichzeitig bleibt allein so das Streben nach Wissen, die Liebe zur Weisheit überhaupt virulent. Hätte ich nichts mehr an Wahrheit zu gewinnen, weil ich ohnehin schon über alles verfüge, brauchte ich nach nichts mehr zu streben. Anders gesagt: Philosophie kann es ihrem eigenen Begriff nach eigentlich nur unter der Bedingung der Ironie geben. Diese ist tatsächlich so etwas wie die Grenzwacht gegen einen Totalitarismus von Geltungsansprüchen, ohne deshalb den Gedanken der Gewissheit als solchen abweisen zu müssen. Authentisches Philosophieren verrät sich darum an seinem immer wieder aufblitzenden Verstellen zum Geringeren hin (so kann man Ironie sprachlich charakterisieren) und daran, dass die Gedankenschärfe durch diesen rhetorischen Zug nicht nur nicht beeinträchtigt, sondern erst eigentlich vervollständigt wird.

Wenn Ironie derart konstitutiv sozusagen ins Betriebsgeheimnis echten Philosophierens hineingehört, dann wird sie natürlich auch und erst recht dort nicht fehlen, wo die Philosophie zu ihren Spitzenthemen kommt. Und zu denen gehören auch und im Grunde an erster Stelle, seit die Philosophie durch Sokrates ihre Wendung von der Naturuntersuchung zur Frage des rechten Lebens nahm, die Götter bzw. der Gott, also die Religion. Darum ist kein Zufall, dass genau derjenige Dialog Platons, der ausdrücklich von dieser Thematik handelt, einen Paradefall sokratischer Ironie bietet.

2. Platonische Bilderbuch-Gemeinheit: Euthyphron

Der Dialog »Euthyphron« gehört zu den frühen Dialogen Platons. Für diese ist typisch, dass sie aporetisch, also ohne Lösung enden. Sokrates versucht dabei, seine Gesprächspartner auf den Weg zu einer Lösung des gestellten Problems zu führen, die diese selbst finden. Tun sie das nicht, bleibt der Dialog offen (auch das gehört schon zur Ironie). In der Auslegungs- und Wirkungsgeschichte spielt der Dialog seit je deshalb eine besondere Rolle, weil in ihm erstmals bei Platon von den »Ideen« die Rede ist und außerdem Sokrates hier zum ersten Mal von seiner Methode des Philosophierens spricht.[14] Benannt ist der Dialog nach seiner Hauptfigur (neben Sokrates), einem Athener Priester. Sokrates begegnet dem Euthyphron vor dem Gerichtsgebäude, wo die Richter amtieren, vor denen er selbst – Sokrates – von einem Dichter namens Meletos unfrommer Umtriebe angeklagt wurde – weil er neue Götter erfinde und damit die jungen Leute, mit denen er Kontakt habe, zum Unglauben an die alten Götter der Stadt verführe. Auf »asebeia« – Gottlosigkeit – lautet die Anklage, für die Sokrates am Ende ein Todesurteil kassieren wird. Das ist die Ausgangsszene.

— *Was ist Frömmigkeit?* —

Auch der Priester Euthyphron ist eben dabei, zum Gericht zu gehen, aber nicht als Beklagter, sondern als Kläger – und zwar unter Umständen, von denen er selber sagt, dass sie ihn in den Augen Dritter verrückt erscheinen lassen müssen. Er verklagt nämlich seinen eigenen Vater, weil der einen von Euthyphrons Taglöhnern, der seinerseits im Suff zum Totschläger geworden war, gefangen genommen, in der Gefangenschaft aber vernachlässigt hatte, so dass er starb. Und jetzt geht Euthyphron seinen Vater des Totschlags anklagen, denn nichts zu unternehmen wäre gleichbedeutend damit, die Tat selbst verübt zu haben, also vor den Göttern als ruchlos zu gelten.

Das kompromisslose Wissen darum, was das Fromme und das Ruchlose ist, das sich an Euthyphrons Klagewilligkeit verrät, lässt den Sokrates sein Gegenüber um Belehrung bitten, was denn näherhin das Fromme sei. Aber damit setzt ein seltsamer Wirbel ein. Zunächst bestimmt Euthyphron das Fromme als das, was dem Beispiel der Götter folgt. Aber die führen doch untereinander Krieg und hegen Feindschaft, wendet Sokrates ein. Er als Profi in Sachen Religion könne ihm noch Spektakuläreres von »Gottens« erzählen, hält Euthyphron dagegen, ist aber dann einverstanden, das Fromme als das den Göttern Willkommene zu bestimmen – was freilich dem Sokrates als Antwort noch immer nicht taugt, sofern doch die Götter untereinander verschiedenster Ansicht seien. Darum zeigt sich Euthyphron bereit, das Fromme als das zu definieren, dem alle Götter zustimmen – aber das ist noch immer keine Lösung. Denn hinter dieser Fassung des Problems tut sich eine neue Frage auf: die nämlich, ob das Fromme fromm sei, weil die Götter es gutheißen, oder ob die Götter es gutheißen, weil es fromm ist. Das aber nun lässt sich klar entscheiden: Geliebt wird etwas, weil es liebenswürdig ist, und nicht umgekehrt ist es liebenswürdig, weil es geliebt wird. Also muss auch das Fromme von den Göttern seines eigenen Wesens wegen geliebt werden und nicht deswegen, weil es gottgefällig ist. Wenn es damit aber etwas gibt, das gewissermaßen über den Göttern steht, ergibt sich von selbst die Herausforderung, nun dieses Wesen des Frommen näher zu bestimmen.

— Aporetisches Ende —

Das Resultat, zu dem Sokrates und Euthyphron dabei gelangen, nimmt sich freilich misslich aus: Das Fromme wird – im ersten Augenblick durchaus plausibel – als eine Art von Gerechtigkeit gefasst. Bei der Folgefrage, was denn »gerecht« seitens des Menschen in Bezug auf die Götter näherhin meine, schnappt die Falle zu: Euthyphron definiert diesbezügliche Gerechtigkeit nämlich als das, was gemäß dem religiösen Ritual korrekt ist, und diese Korrektheit führt er ihrerseits wieder auf das den Göttern Genehme zurück. Das aber genau war der Punkt, von dem die ganze Klärung ihren Ausgang nahm: also ein circulus vitiosus (ein Teufelskreis) – und die Natur des Frommen bleibt völlig ungeklärt, obwohl Euthyphrons Handeln nicht weniger als eine unbedingte Gewissheit in der Sache voraussetzt. Der Theologie-Profi (dumm ist er nicht!) merkt das auch. Doch Sokrates lässt nicht locker. Er möchte die ganze Sache nochmals aufrollen, gibt er sich doch überzeugt, dass der Spezialist – noch dazu in dem gegebenen dramatischen Fall – nicht nicht Bescheid wissen kann:

»SOK.: ... Denn kenntest du nicht ganz bestimmt das Fromme und das Ruchlose: so hättest du auf keine Weise unternommen, um eines Tagelöhners willen einen betagten Vater des Totschlags zu verklagen; sondern sowohl vor den Göttern hättest du dich gefürchtet, so etwas zu wagen, falls es doch vielleicht nicht recht getan wäre, als auch die Menschen hättest du gescheut. Daher weiß ich gewiß, daß du ganz genau zu kennen meinst, was fromm ist und was nicht. Sage daher, bester Euthyphron, und verbirg nicht, was du davon hälst.
EUTH.: Ein anderes Mal denn, o Sokrates; denn jetzt eile ich wohin, und es ist Zeit, daß ich gehe.«[15]

Hochwürden gibt Fersengeld. Die Schlussszene: eine sokratisch-platonische Bilderbuch-Gemeinheit. Der Professionsfromme ist im Begriff, vor Gericht einen Prozess wegen Gottlosigkeit anzustrengen, wird dabei von einem des gleichen Delikts Bezichtigten aufgehalten und um Auskunft in der Sache gebeten, vermag das aber nicht, flieht deswegen die Situation, während der ohne Antwort Gebliebene bald vor dasselbe Gericht treten und ohne Wenn und Aber – und selbst gegen Fluchtangebote – sein Todesurteil wegen Gottlosigkeit annehmen wird, er, der doch gar nicht weiß, was das ist, weil es ihm Euthyphron nicht gesagt hat oder sagen wollte oder konnte.

Der Dialog »Euthyphron« ist so etwas wie die komödiantische Eröffnung einer Tetralogie, die über den »Kriton« und den »Phaidon« hinweg in der »Apologie«, also der Verteidigungsrede des Sokrates und seiner Abschiedsszene vom Leben gipfelt. Aber würde Sokrates im so leicht zu verlassenden Gefängnis verharren, wenn er sich nicht unter einen unbedingten Spruch durch das Fromme gestellt wüsste, also nicht wüsste, was es mit diesem zuinnerst auf sich hat – und also er, der vorderhand unwissend Scheinende nicht der wirklich Wissende wäre, auch wenn dieses Wissen im Disput mit Euthyphron keinen diskursiven Ausdruck findet?

— *Unausgesprochenes Wissen ums Unbedingte* —

Das ist es, worauf die »Gestalt Sokrates« philosophisch in diesem Fall hinausläuft. An ihr wird fassbar: Die tradierte Religion kann keine Antwort mehr geben. Die Sophisten wissen auf den Wellen dieser Krise trefflich (und gewinnbringend) herumzusurfen. Obwohl methodisch gesehen gar nicht so weit von ihnen entfernt, verweigert sich Sokrates der von den Sophisten vertretenen Skepsis und dem Relativismus, der alles gelten lässt und dem darum alles gleich gültig werden muss. Nur setzt er dem, was Euthyphron vorbringt, nicht ein irgendwie alternatives Wissen auf gleicher Ebene entgegen und genauso wenig eine begriffliche Strategie, die diesen in Bedrängnis brächte. Stattdessen stößt »Sokrates« darauf, dass es so etwas wie ein Wesen, eine Natur des Frommen geben muss – ohne dass diese diskursiv ausgeleuchtet werden könnte. Gleichwohl orientiert sich an ihm das menschliche Handeln – darin sind sich alle einig: Euthyphron nicht weniger als Sokrates und natürlich auch der im Dialog ganz im Hintergrund bleibende, jedoch beständig präsente Sokrates-Ankläger Meleton. Es gibt also so etwas wie ein unbedingtes Wissen, das ganz und gar ins menschliche Handeln eingelassen ist, ja in diesem allererst seine ihm spezifische Bindekraft zur Geltung bringt. Gleichzeitig bezieht sich dieses Wissen auf etwas, was über den Diskurs hinausreicht. Sogar noch die Götter richten sich danach. An der Figur »Sokrates« manifestiert sich ein Unbedingtes, zugänglich allein im Handeln, also auf der Ebene der Ethik.

— Paradebeispiel der Ironie —

Wenn ich im Titel dieses Abschnitts von »platonischer Bilderbuchgemeinheit« sprach, war das selbst ein Fall dessen, was mit etwas offiziellerem Namen »Ironie« heißt. Ironie resultiert daraus, dass von der normalen Sprache auf eine Weise Gebrauch gemacht wird, die ineins damit zur Geltung bringt, wie unangemessen das Zu-Sagende durch sie zu Wort kommt. Insofern dient die sokratische Ironie exakt der Versprachlichung dessen, worum es geht, ohne dass man es sagen könnte. Von selbst liegt auf der Hand, dass das am meisten dann zutrifft – von etwas reden zu müssen, was man nicht sagen kann –, wo das Thema wird, was den Menschen herausfordert, weil es die Grenzen seiner alltäglichen Erkenntnis- und Sprachkompetenz übersteigt, aber wegen seiner Bedeutsamkeit trotzdem nicht abgeschüttelt werden kann und darum der Reflexion und Versprachlichung bedarf. Der Kurztitel für diesen prekären Bereich heißt »Religion«. Und wenn wir den vorausgehenden Überlegungen am Leitfaden Platons trauen, wird man gerade erwarten müssen, dass Religion und Theologie prinzipiell wegen der ihrer Rede wesentlichen Begrenztheit eine innere Verbindung zur Form des Ironischen haben.

3. Zur Logik der Gottrede

— Ein prekäres Verhältnis —

Glauben heißt: nicht wissen – sagen die Leute gern. Oder aber: Weißt Du, was Philosophie ist? Philosophie ist: In einem fensterlosen Raum eine schwarze Katze suchen. Und was ist Theologie? Theologie ist, wenn einer in einem fensterlosen Raum eine schwarze Katze sucht und mittendrin schreit: Ich hab' sie! Ich hab' sie!

Auch eine Ironie, allerdings eine leicht gallige, zumindest in den Ohren derer, die von Berufs wegen über ihren Glauben nachdenken. Dabei tun das Christinnen und Christen seit je und bis heute auf eine Weise, die einmalig ist. Natürlich: Auch Juden, Muslime und Hinduisten etwa denken über das nach, was ihre Religion sagt und was zu ihr gehört. Aber Christen tun das mit dem Anspruch, Wissenschaft zu treiben. Das klingt im ersten Moment verwegen. In Wirklichkeit verhält es sich genau andersherum: Die Theologie – also das genaue Nachdenken über Gott und alles, was dazugehört – war so etwas wie die Urwissenschaft und die Keimzelle unserer heutigen Universitäten und der uns vertrauten Form von Wissenschaft. Und das gründet im Letzten darin, dass sich das Christentum von seinen Anfängen an als Erkenntnis verstanden hat, als etwas, das nicht aus Politik und Poesie hervorgeht, sondern an die Wahrheitsfrage gebunden ist.[16] Wie kam es dazu?

Eigentlich ganz einfach. Christinnen und Christen waren von Anfang an überzeugt, nicht nur ein Bekenntnis ablegen, sondern auch dazusagen zu sollen, warum sie das glauben, was sie glauben. *»Seid stets bereit, jedem Rede und Antwort zu stehen über die Gründe für die Hoffnung, die euch beseelt!«*, heißt es schon im Neuen Testament (1 Petr 3,15). Die Christinnen und Christen haben Gründe für ihre Hoffnung genannt. Und Gründe haben mit Denken zu tun.

Keine Frage: Man kann Glaube nicht durch Wissen ersetzen. Glaube ist zuallererst einmal Vertrauenssache. Wir trauen einem Zeugnis, das andere ablegen. Wir glauben ihnen, was sie von Gott und über das Leben sagen. Die ganze Bibel etwa ist im Grunde nichts anderes als eine Sammlung von Zeugnissen, genauer von Zeugnissen, die Menschen so glaubwürdig und überzeugend schienen, dass sie sie festgehalten, selbst sozusagen ausprobiert und dann weitergegeben haben, auf dass auch andere von ihnen erfahren. Auch die Kirchengeschichte enthält – trotz der dunklen Episoden, die sich in sie mischen – solche Zeugnisse. Und nicht anders gibt es sie in der Gegenwart, wenn ein Mensch durch sein Handeln einsteht für das, wovon er sagt, dass er es glaubt.

— *Vertrauensvorschuss* —

Einer der größten Religionskritiker zur vorletzten Jahrhundertwende, William James, hat diesen Zusammenhang ins Grundsätzliche geweitet: Für ihn gibt es offenkundig Bereiche, in denen uns eine Wahrheit verborgen bliebe, wenn wir ihr nicht gleichsam auf halbem Wege entgegenkämen. Charles Taylor, herausragender Religionsphilosoph unserer Tage, kommentiert diesen Gedanken von James mit Beispielen, etwa:

»Magst du mich oder nicht? Wenn ich darauf festgelegt bin, dies herauszufinden, indem ich eine Haltung einnehme, die ein Maximum an Distanz und Argwohn beinhaltet, besteht die Gefahr, dass ich die Möglichkeit einer bejahenden Antwort verwirke. Ein entsprechendes Phänomen auf der Ebene der Gesamtgesellschaft ist das soziale Vertrauen; wird man es von vornherein in Frage stellen, dann wird man es zerstören.«[17]

Solches Vertrauen ist also gar keine Besonderheit des religiösen Glaubens. Man muss sogar sagen: Sämtliches Wissen – sogar das naturwissenschaftliche und das mathematische – gründet letztendlich auf Vertrauen. Die Grundlagen des Wissens, die letzten Prinzipien kann man nicht beweisen; man kann ihnen nur trauen. Dass etwas zugleich und unter derselben Hinsicht nicht sein und nicht-sein kann, ist z.B. für Aristoteles ein solches Prinzip, das man einerseits nicht nochmals beweisen kann und ohne das es andererseits überhaupt kein Wissen gäbe, weil wir nicht sagen könnten, dass etwas so und nicht anders, ja nicht einmal, dass dies das Eine und jenes das Andere ist. So im Kern verschiedene Denker wie Friedrich Heinrich Jacobi, Johann Gottlieb Fichte Ende des 18. Jahrhunderts und dann nochmals vor gut 80 Jahren Ludwig Wittgenstein haben auf je ihre Weise herausgearbeitet, dass alles Wissen im Letzten auf Anerkennung beruht, wie Wittgenstein formuliert.[18] All unser Wissen steht und fällt damit, dass wir unserer Vernunft und ihren Regeln trauen. So gesehen sind also Wissen und Glauben im Kern gar nicht so verschieden – unter anderem mit der Folge, dass man sich sehr wohl auch wissenschaftlich mit dem Glauben beschäftigen kann.

Doch wozu das überhaupt? Eine erste Antwort lautet: Nicht aus Neugier und nicht, um über den Glauben sozusagen hinauszukommen, sondern um des Glaubens selber willen. Wissenschaft treiben heißt: nach dem Warum und Wieso, den Ursachen und größeren Zusammenhängen, schließlich auch nach dem Ganzen fragen. Christinnen und Christen sagen sich: Wenn wahr ist, was wir von Gott glauben – dass er die Welt geschaffen, dass er sich in Jesus von Nazaret auf einzigartige Weise zu erkennen gegeben hat und all das andere –, wenn das wahr ist, dann muss es ja mit allem, was es sonst von der Welt und vom Leben zu wissen gibt, etwas zu tun haben. Wahrheit kann es ja nur eine geben. Zwei Wahrheiten sind gar keine Wahrheit. Darum interessieren sie sich für das, was die anderen Wissenschaften tun, und denken nach, wie alles, was man so wissen kann, mit dem Glauben zusammenhängt – so entsteht die Theologie. Und klar auch: Je mehr solche Zusammenhänge aufgedeckt werden, desto überzeugender wird das Geglaubte. Wem an seinem Glauben gelegen ist, der und die werden darum nicht der Theologie aus dem Weg gehen, obwohl diese ziemlich oft auch lieb gewordene Vorstellung zerbricht, sondern sie werden sich lebhaft für die Theologie interessieren. Je mehr ich die besten Kräfte meines Intellekts auch für meinen Glauben in Anspruch nehme, desto überzeugter werde ich glauben und desto überzeugender für andere sein. Keinem Menschen fiele ein, etwa in Sachen seiner persönlichen Bildung, der Erziehung seiner Kinder oder aber in Fragen der Gesundheit auf mögliche Erkenntnis zu verzichten. Dass genau das im Fall des Glaubens, also dem, worin für einen Glaubenden das Ganze des Lebens zur Debatte steht, nicht gelten sollte, nimmt sich wenig glaubhaft aus – und umso erschreckender der religiöse Analphabetismus unserer angeblichen Wissenskultur. Glaube, der sich darum auf das Forum der Vernunft und ihrer Wissensprozesse, den Marktplatz wagt, wo Argumente ausgetauscht und gewogen werden, ist das Gegenteil von Fundamentalismus. Wer sich dieser Öffentlichkeit der Vernunft stellt, muss darum Gründe haben, gute Gründe.

Fundamentalismus ist dadurch definiert, dass er für seine Position keine guten Gründe hat und darum hinter der forschen, dogmatischen Präsentation seiner Ansprüche nur seine Unsicherheit versteckt.[19] Fundamentalismen sind darum prinzipiell ironiefrei. Gleichzeitig aber – das darf nicht übersehen werden – sind fundamentalistische Positionen besonders marktgängig, weil sie dem ökonomischen Gesetz gehorchen, dass sich im Spiel von Angebot und Nachfrage starke Marken gut verkaufen. In der Sprache des relativ jungen wissenssoziologischen Ansatzes der »Religious economics« gesagt:

»Aggressives God selling und das Angebot harter, streng bindender Religion sind insgesamt erfolgreicher als die konventionelle Vermarktung von Produkten hoher Mehrdeutigkeit und Unbestimmtheit ... [H]arte Religionen [bieten] den Konsumenten sehr viel ... Indem sie hohes religiöses Engagement, dichte Vergemeinschaftung, strikt zu beachtende moralische Normen und erhebliche Finanzmittel fordern, erschließen sie den in ihnen vergemeinschafteten Menschen in pluralistischer Unübersichtlichkeit und verängstigender Unsicherheit eine starke, stabile Identität, krisenresistente Welt- und Zeitdeutung, geordnete Familienstrukturen und dichte Netzwerke der Solidarität. Im Himmel ihres autoritären Vatergottes herrschen die klaren Verhältnisse unumstößlich evidenter Wahrheit, die im Diesseits schon antizipiert werden.«[20]

Daher rührt im Übrigen das Phänomen, dass autoritäre Sinnstiftungsangebote quer zu allen intellektuellen Milieus auch in weithin säkularen und erst recht in postsäkularen Gesellschaften wie der unseren immer wieder ihre Klientel finden. Zugleich ist damit die Wegscheide erreicht, von der her die Aufgaben einer Theologie als Glaubensverantwortung religiöser Wahrheitsansprüche formuliert werden können. Und Ironie wird sich dabei als ein inneres Formprinzip der Gottrede herausstellen.

4. Der Dienst einer kritischen Glaubenswissenschaft

— Fundamentalistischer Selbstwiderspruch —

Genau besehen verstrickt sich jeder religiöse Fundamentalismus im Ansatz bereits in einen Selbstwiderspruch. Denn zum Selbstverständnis aller Hochreligionen gehört die Überzeugung, sich Gottes und seiner Wahrheit niemals bemächtigen, sie niemals begreifen zu können und allenfalls den Spuren seines Durchgangs durch die Welt und das Leben nachgehen zu können. So sagt das etwa in größter Eindringlichkeit jene Stelle im alttestamentlichen Buch Exodus 33,18–23, wo Moses, der größte der Propheten, Gott bittet, sein Angesicht schauen zu dürfen, und er darauf zur Antwort bekommt:

» ›Mein Angesicht kannst du nicht schauen, denn kein Mensch sieht mich und bleibt am Leben.‹ Und JHWH sprach: ›Siehe bei mir ist ein Platz, da magst du dich auf den Felsen stellen. Wenn dann meine Herrlichkeit vorübergeht, will ich dich in die Höhlung des Felsens stellen und meine Hand über dich decken, bis ich vorüber gegangen bin. Wenn ich meine Hand zurück ziehe, wirst du meinen Rücken schauen.‹ « (Ex 33,20–23)

Gotteserfahrung ist immer a posteriori, im Nachhinein, nur entzifferbar an den Spuren des Vorübergangs, allem Fassen und Begriff entzogen. Die Kirchenväter haben die Stelle auf verblüffende Weise typologisch, also allegorisch, ausgelegt und die Gotteserkenntnis – beinahe wie Epochen später Immanuel Kant – aus der theoretischen in die praktische Dimension transponiert. So schreibt etwa Gregor von Nyssa: Von Gott nur den Rücken sehen zu können, bedeute nichts anderes, als in die Nachfolge Jesu einzutreten, die ein Gehen hinter seinem Rücken und damit dem Rücken Gottes her sei, so dass das Erkennen Gottes sich als existenzielles Unterwegssein auf Gott hin in der Spur Jesu vollziehe.[21]

— *Analogie* —

Aber auch theoretisch schafft sich das Bewusstsein der Begrenztheit menschlicher Rede von Gott kontinuierlich Ausdruck. »Theologia negativa« oder »Analogie« oder einfach »Schweigen« sind die Kürzel, unter denen das geschieht. Das IV. Laterankonzil findet 1215 im Streit darüber, was man denn von Gottes Geheimnis wissen könne, die Spitzenformulierung:

»... zwischen dem Schöpfer und dem Geschöpf kann man keine so große Ähnlichkeit feststellen, daß zwischen ihnen keine noch größere Unähnlichkeit festzustellen wäre.«[22]

Und Thomas von Aquin – um noch einen Zeugen aufzurufen – schreibt 150 Jahre später lapidar, von Gott könnten wir, statt zu wissen, wer oder was er ist, vielmehr nur wissen, was er nicht ist.[23] Das kommt der sokratisch-platonischen Ironie strukturell ausgesprochen nahe. Alles zusammen ist programmatischer Antifundamentalismus, der in der Einschränkung von Erkenntnis- und Wahrheitsbehauptungen besteht, ohne den Anspruch auf Wahrheit als solche preiszugeben.

Denn natürlich redet die Theologie von Gott und muss es ja. Er ist sogar ihre Mitte. Und ihr Gang auf das Forum der Vernunft schließt ein, dass sie das, was sie zu sagen hat, ins Verhältnis zu dem bringt, was sonst an Gewusstem auftritt und behauptet wird. Wenn Theologie danach fragt, wie und was die Wirklichkeiten der Welt und des Lebens mit Gott zu tun haben, dann kann Gott für sie nur die Wirklichkeit sein, die alles andere Wirkliche bestimmt und begründet – sonst wäre Gott nicht Gott, sondern irgendetwas neben dem vielen anderen, das es in der Welt sonst auch noch gibt. Gott als die alles bestimmende und begründende Wirklichkeit zu denken, heißt natürlich: nach dem Ganzen zu fragen. Und das führt die Theologie in engste Nachbarschaft zu einer anderen Disziplin, die auch nach dem Ganzen fragt, weil sie das, was ist, bedenkt, sofern es ist: die Philosophie (jedenfalls haben ein Platon, ein Aristoteles das unter Philosophie verstanden).

— *Wechselseitige Provokation* —

Das ist auch der Grund, warum zum Geschäft der Theologie eine intensive Auseinandersetzung mit der Philosophie gehört und gleichzeitig die Philosophie – wörtlich übersetzt: die liebende Suche nach Weisheit – von der Theologie einen ganz entscheidenden Anstoß erhält. Die Philosophie mit ihrem bohrenden Fragen sorgt dafür, dass es sich die Theologie mit dem, was sie sagt, nicht zu leicht macht. Und umgekehrt provoziert die Theologie mit ihrer Rede von Gott die Philosophie, dass diese ihre Aufgabe – nach allem, was ist, in seiner Gesamtheit zu fragen – nicht zu klein anlegt: Wenn sie wirklich tut, was sie tun soll, kann die Philosophie gar nicht darauf verzichten, auch danach zu fragen, ob denn nicht alles, was ist, von einer alles bestimmenden und begründenden Wirklichkeit herkommt, also dem, was die Theologie Gott nennt. Theologie und Philosophie zusammen sorgen dafür, dass wir es uns mitsamt den Wissensgebirgen, die die Wissenschaften erzeugen, nicht zu einfach machen. Insofern hat Theologie nicht nur für den Glauben und die Glaubenden Belang. Sie ist ein Dienst am Denken über Welt und Leben – auch noch für die, die nicht an Gott glauben oder, wie man heute gern in Anlehnung an ein Diktum Max Webers sagt, religiös unmusikalisch sind. Das aber kann sie nur, wenn sie sich einem Formprinzip verpflichtet, das dem durch eine Art methodischer Einklammerung ihres Wahrheitsanspruchs entspricht, ohne dabei diesen selbst aufzugeben, d.h. wenn sie in ihrer Tiefenstruktur dem Prinzip der Ironie folgt. Das aber kann und darf die Theologie umso mehr, als sie sich dafür auf einen innerbiblischen Anhalt beziehen kann, der sich beim Apostel Paulus findet. Darum:

5. Das paulinische »als ob nicht« als Formprinzip theologischer Wahrheit

— *Heidegger interpretiert Paulus* —

Jetzt muss ich natürlich zuerst erklären, was es mit diesem paulinischen »hos me« – meist übersetzt mit »als ob nicht« – auf sich hat. Und ich kann mich dafür auf eine erstrangige philosophische Basis stützen, nämlich die – man wird heute sagen müssen – spektakulären (aber als solche damals nicht wahrgenommenen), religionsphilosophischen Vorlesungen des jungen Martin Heidegger. Dieser hatte als Privatdozent im Wintersemester 1920/21 in Freiburg eine Vorlesung mit dem Titel »Einleitung in die Phänomenologie der Religion« gehalten und darin u.a. längere Passagen aus dem Ersten Thessalonicherbrief, dem ältesten Stück des Neuen Testaments – und dem Galaterbrief ausgelegt. Erst als diese Vorlesung 1995 veröffentlicht wurde, kam zur Gänze ans Licht, in welchem Umfang sich der von Heidegger gesuchte radikale Neuanfang der Philosophie aus in diesen Quellen aufzuspürenden urchristlichen Motiven speist. Vor allem der Gedanke der Parusie, der unmittelbar bevorstehenden Wiederkunft Christi, schlug Heidegger in Bann. Und von ihm her auch entwickelt er seine zentrale These vom Fehlgang der gesamten abendländischen Metaphysik, der darin besteht, dass sie alles Seiende und sogar das Sein selbst als Gegenwärtiges, Vorhandenes, also Verobjektiviertes und damit in Verfügung Genommenes auffasst und so in seinem Wesen verkennt. Ihr Zentrum, so Heidegger weiter, habe diese falsche Metaphysik in der Ontotheologie, einer Theologie, die Gott als das höchste Seiende, eine »causa sui« denke, vor der der Mensch weder beten noch opfern, weder in die Knie fallen noch musizieren und tanzen könne, wie er später in seinem berühmten Doppelessay »Identität und Differenz« schreiben wird.[24] Das kritische Gegenmodell findet Heidegger wörtlich in 1 Kor 7,29ff., wo Paulus schreibt:

»Dies aber sage ich euch, Brüder: Die Zeit ist begrenzt: dass künftig die, die Frauen haben, seien, als hätten sie keine, und die Weinenden, als weinten sie nicht, und die sich Freuenden, als freuten sie sich nicht, und die Kaufenden, als behielten sie es nicht, und die die Welt Nutzenden, als benutzten sie sie nicht …«

Um das, was da gemeint ist, scharf herauszuarbeiten, lehnt Heidegger sogar die Übersetzung des »hos me« mit »als ob nicht« ab, weil ihm das immer noch zu objektivistisch, zu sehr in das Verfügen des Menschen gestellt klingt. Er übersetzt die beiden Wörtchen darum mit »dass nicht«. Wörtlich Heidegger:

»Dies hos bedeutet positiv einen Sinn, der dazukommt. Das mẹ betrifft den Vollzugszusammenhang des christlichen Lebens. Alle diese Bezüge erfahren jeweilig beim Vollzug eine Retardierung, so dass sie dem Ursprung des christlichen Lebenszusammenhanges entspringen. Das christliche Leben ist nicht geradlinig, sondern ist gebrochen: Alle umweltlichen Bezüge müssen hindurchgehen durch den Vollzugszusammenhang des Gewordenseins, so daß dieser dann mit da ist, aber die Bezüge selbst und das, worauf sie gehen, in keiner Weise angetastet werden. Wer es fassen kann, der fasse es.«[25]

— Kann ein »als ob« wahr sein? —

Daraus zieht heute der italienische Philosoph Gianni Vattimo in seiner ihrerseits aufregenden Religionsphilosophie den Schluss, dass sich christliche Existenz von ihrem Ursprung her per se jeder positiven dogmatischen wie ethischen Inhaltlichkeit und Definibilität entzieht. Jedes Beharren auf inhaltlicher Buchstäblichkeit sei demgegenüber so etwas wie ein Werk des Antichrist, ein

»… satanische[s] Verfallen in das repräsentative Denken, welches auch die Sünde der objektivierenden Metaphysik ist, gegen die man das Hören auf das Sein wieder finden muss.«[26]

Insofern stelle sich die hermeneutisch-philosophische Aufgabe, gerade vom authentischen Christentum her, so Vattimo wörtlich, *»einen Glauben ohne ›Inhalte‹ … zu denken.«*[27]

Die geschichtliche Notwendigkeit, diese Aufgabe einzulösen, sieht Vattimo nicht zuletzt in der Herausforderung begründet, in einer so global wie pluralistisch gewordenen Welt gewaltfrei der Überzeugung von letzten Bindungen folgen zu können.[28]

Trotz dieses Gewinns *kann* man das paulinische hos me philosophisch und *wird* man es als Theologe anders verstehen als Vattimo. Nicht zufällig hat ihm sein Plädoyer für einen Glauben ohne Inhalte mittlerweile den Vorwurf eingetragen, auf diese Weise ein Vakuum zu schaffen, das – gänzlich entgegen seiner Absicht – zwangsläufig zum Treibhaus fundamentalistischer Attitüden werde. Ein solches anderes Verständnis des »als ob nicht« zieht dann aber zwangsläufig die aufregende Frage nach sich, ob und in welchem Sinn solchen Als-ob-Ansprüchen – also Fiktionen, die poetologisch gesprochen nichts anderes als ironische Brechungen sind – Wahrheit zugeschrieben werden darf.

Theoretisch ist diese Debatte der Theologie seit Kant ausdrücklich aufgegeben, sofern für ihn gerade die obersten, alles zusammenhaltenden Begriffe der Vernunft und an deren Spitze der Gottesbegriff genau so verfasst sind: weil die Vernunft sie niemals los wird und notwendig denken muss, ohne von ihnen strenge Erkenntnis gewinnen zu können (wegen der Beschränkung menschlicher Erkenntnis auf sinnesgestützte Erfahrungserkenntnis). Diese Debatte trieb schon Kantianer zu Zeiten ihres Namensgebers um: ob Kants These, dass wir unbeschadet des Ausschlusses gegenständlicher Erkenntnis des Absoluten und entsprechender Beweise zu notwendigen Annahmen über es kommen müssen, nach sich zieht, dass diese Annahmen unter ein »als ob« zu stellen und mithin als *»... unausweichliche und zugleich lebensspendende und nur als solche wohlmotivierte Fiktionen«*[29] zu behandeln seien. Oder ob – etwa mit Fichte – dafür zu votieren sei, dass Überzeugungen so tiefreichender Lebensbedeutung, durch die sich überdies alle anderen Überzeugungen zu einem Ganzen fügen, gegen einen solchen Vorbehalt Wahrheit zugesprochen werden muss.

Diese Debatte, die ihre wohl zugespitztesten Ausprägungen in der »Philosophie des Als Ob« des großen Kantforschers Hans Vaihinger[30] und ganz anders in Franz Rosenzweigs Pamphlet mit dem Titel »Das Büchlein vom gesunden und kranken Menschenverstand«[31] fand, ist der Sache nach nicht nur nicht beendet. Sie steht heute unter dem Vorzeichen des »iconic turn«, dem dritten Paradigmenwechsel nach Kants eigener Kopernikanischer Wendung und dem »linguistic turn« Anfang des 20. Jahrhunderts, unter verschärften Bedingungen von Neuem an. Die Verschärfung rührt daher, dass dabei medientheoretisch im Gedanken der Virtualität die Differenz zwischen Sein und Schein ausdrücklich eingezogen und einer Unentscheidbarkeit überantwortet wird.[32] Die Frage, ob und inwiefern nicht auch Fiktionen so etwas wie ein Wahrheitssinn zuzusprechen oder – je nachdem – abzuringen sei, legt sich dadurch nahe, dass selbst noch den entschiedensten Distanzierungen von einem letzten gründenden Wirklichkeitsgehalt Auskunft darüber abverlangt ist, *»aus welchem Leben sie hervorgehen und was es heißen würde, in ihrem Sinne ein Leben zu führen«*[33], weil das Leben, auf das solche Distanzierungen bezogen sind und aus dem die an diese anschließenden Fragen aufkommen, kraft seiner Bewusstheit um sich und darin um sein Wirklichsein weiß.

Wenn es sich bei der Fiktion nicht einfach um eine Funktion im Dienst eines bestimmten Zwecks handelt, sondern um so etwas wie einen Abschlussgedanken, in dem sich sammelt, was ein bewusstes Leben als solches bewegt, dann kommt es, wenn Subjektivität sich nicht selbst dementiert[34], zu einer Wirklichkeitskontinuierung zwischen dem, was ist und wahr ist, und dem, was um dieses Wahr- und Wirklichseins willen angenommen wird. Natürlich ist damit keine metaphysische oder gar religiöse Einsicht erschlichen, denn:

»Ein solcher Wahrheitsbezug, in den sich das bewußte Leben als solches einfügt, kann nur dadurch eintreten, daß es die Synthesis aller seiner Lebenstendenzen, die es zunächst als eigene Leistung zu vollziehen hat und erfährt, zuletzt als Vollzug eines Geschehens begreift und neu orientiert, in das alle seine eigenen Vollzüge einbegriffen sind.«[35]

Das besagt: Wahrheit kann Fiktionen im Horizont einer holistischen Denkform zugesprochen werden, einer also, die alle theoretischen und praktischen epistemischen Leistungen und damit alle Weisen von Wissen im Letzten in einer Ganzheit von Verstehen zusammenführt.[36] Jedenfalls ist das die Option des Philosophen Dieter Henrich, dessen einschlägigen Überlegungen ich zubillige, das Ausgereifteste zu bieten, was derzeit für unseren Fragezusammenhang aufgeboten wird.[37] Praktisch ausgetragen wird dieses komplexe Problem der Wahrheit von Fiktionen – man könnte auch sagen: der Wahrheit des Poetischen – primär nicht anders als in Form der ironischen Brechung. Man könnte sagen: Ironie ist Wahrheitsanspruch, der aus dem Wissen um seine Grenze die Demut kennt.

6. Ironie als Wahrheit in Demut

— Theologische Ironiepraxis —

Man könnte von hier aus nun so etwas wie eine Spurenlese der theologischen Ironiepraxis starten, der es um ein ambitioniertes, aber gleichzeitig präpotenzfreies Eintreten für ihre Sache geht. Ich vermute, dass einem solchen Unternehmen reicher Fund beschert wäre, beschränke mich hier aber aus Gründen der Prägnanz auf wenige Beispiele aus der philosophischen und literarischen Moderne, weil es zur Grundcharakteristik dieser Epoche gehört, wegen der Autonomie des Subjekts Verbindliches überhaupt nur in der Form der Brechung behaupten zu können, um dem Akt der freien Zustimmung nicht vorzugreifen.

Nebenbei bemerkt, gilt das nicht nur für den Bereich theologischer, sondern genauso philosophischer Wahrheitsansprüche – das ließe sich etwa gut am Umgang Goethes mit der kantischen Philosophie zeigen und später dann beispielsweise an der Art, wie Thomas Mann in der Gestalt des Doktor Faustus in seinem gleichnamigen Roman sich ins ironisch gebrochene Verhältnis setzt zur Philosophie Theodor W. Adornos (von dem er sich gleichwohl die musiktheoretischen Teile des Romans sozusagen vor-schreiben ließ).[38] Dies ist insofern von Belang, als es zeigt, dass das Formprinzip der Ironie nicht auf das Gebiet von Religion und Theologie beschränkt auftritt.

— Heinrich Heine —

Dort aber tut es das in besonderer Eindrücklichkeit. Mein erster Zeuge dafür soll Heinrich Heine sein.[39] Der Dichter, der sich ausweislich seiner Schrift »Zur Geschichte der Religion und Philosophie in Deutschland«[40] von 1834 in den einschlägigen Debatten bestens auskannte und auch Stellung bezog, – Heine, zum evangelischen Christentum konvertierter Jude, ist zwischen 1831 und 1848 glühender Kritiker der traditionellen jüdisch-christlichen Religion und deswegen ein von der griechischen Götterwelt hingerissener Pantheist gewesen. Und zugleich die vielleicht scharfzüngigste, ironischste Spottdrossel deutscher Sprache. Ein Beleg aus zahllosen anderen, die möglich wären:

»Die Hebräer denken sich Gott als einen donnernden Tyrannen, die Christen als einen liebenden Vater, die Schüler Rousseaus, die ganze Genfer Schule, denken sich ihn als einen weisen Künstler, der die Welt verfertigt hat, ungefähr wie ihr Papa seine Uhren verfertigt, und als Kunstverständige bewundern sie das Werk und preisen den Meister dort oben.«[41]

Das aber ist für Heine nach Spinoza und mit Kant vorbei:

»Man sagt es nicht, aber jeder weiß es; der Pantheismus ist das öffentliche Geheimnis in Deutschland. In der Tat, wir sind dem Deismus entwachsen. Wir sind frei und wollen keinen donnernden Tyrannen. Wir sind mündig und bedürfen keiner väterlichen Vorsorge. Auch sind wir keine Machwerke

eines großen mechanikus. Der Deismus ist eine Religion für Knechte, für Kinder, für Genfer, für Uhrmacher.«[42] *[»Deismus« ist bei Heine der Ausdruck für jede Form der Annahme eines weltjenseitigen Gottes, also auch Name für »Theismus«, d.h. den Gedanken eines personalen Gottes; K.M.].*

Das ist auch der Hintergrund für Heines teils bissigste Bibel- und Kirchenkritik, wie er ihr in seiner »Denkschrift« mit dem Titel »Ludwig Börne«[43], in Wirklichkeit ein Hetztraktat, Ausdruck gibt. Und dort entfaltet er auch in kategorischer Prinzipialität seine These eines radikalen Antagonismus zwischen *»judäische[m] Spiritualismus gegen hellenische Lebensherrlichkeit.«*[44] Das klingt wie seitenverkehrt zum Kirchenvater Tertullian mit seiner giftigen Entgegensetzung von Athen und Jerusalem[45], für den Philosophie und biblischer Glaube nichts, aber auch gar nichts miteinander zu tun haben und sich Wahrheit ausschließlich auf einer Seite, nämlich der zweiten, findet.[46] Genau umgekehrt Heine, der mit dem Vorgänger in der Polemik freilich unschwer gleichzieht, bloß dass eben in diesem Fall Jerusalem als hoffnungslos unterlegen dasteht:

»[A]lle Menschen sind entweder Juden oder Hellenen, Menschen mit aszetischen, bildfeindlichen, vergeistigungssüchtigen Trieben oder Menschen von lebensheiterem, entfaltungsstolzem und realistischem Wesen ... die Nazarener haben zuweilen eine gewisse springende gute Laune, eine witzige eichkätzchenhafte Munterkeit, gar lieblich kapriziös, gar süß, auch glänzend, worauf aber bald eine starre Gemütsvertrübung folgt: es fehlt ihnen die Majestät der Genußseligkeit, die nur bei bewußten Göttern gefunden wird.«[47]

In der Sache und im Poetischen – bis in einzelne Motive hinein – hat Heine darin durchaus einen Vorgänger: Schiller mit seinem Gedicht »Die Götter Griechenlands« von 1788, das die lebensfrohe Götterwelt der Hellenen einem einsamen, finsteren, Schuldgefühle einimpfenden Christengott gegenüberstellt.[48] Im Konkreten aber setzt Heine noch eins drauf und spottet über das, was Leute tun, denen

»... der Ärger ... ins Hirn stieg und die Vernunft zu fliehen zwang und die arme Vernunft ihnen beim Abschied nur noch den Rat gab: wenn ihr

doch verrückt sein wollt, so werdet katholisch, und man wird euch wenigstens nicht einsperren wie andere Monomanen.
›Aus Ärger katholisch werden‹ – so lautet ein deutsches Sprichwort, dessen verflucht tiefe Bedeutung mir jetzt erst klar wird. – Ist doch der Katholizismus die schauerlich reizendste Blüte jener Doktrin der Verzweiflung, deren schnelle Verbreitung über die Erde nicht mehr als ein großes Wunder erscheint, wenn man bedenkt, in welchem grauenhaften peinlichen Zustand die ganze römische Welt schmachtete ...
Für Menschen, denen die Welt nichts mehr bietet, ward der Himmel erfunden... Heil dieser Erfindung! Heil einer Religion, die dem leidenden Menschengeschlecht in den bittern Kelch einige süße, einschläfernde Tropfen goß, geistiges Opium, einige Tropfen Liebe, Hoffnung und Glauben.«[49]

Dem stellt Heine nicht die kalte All-Einheit der materialistischen Denkungsart entgegen, wie es der eine Generation jüngere Marx tun wird, sondern – ich nenne es so – die »heiße All-Einheit« einer Zuerkennung von *»Gottesrechten«*[50] an den Menschen, der zwar in besonderer Weise gegen alle Spiritualisierung eine Dignität der Materie und des Fleisches verbürgt, aber sich nicht auf eine sozial-utopisch revolutionäre Versöhnung des Diesseits beschränkt, sondern ins Metaphysische ausgreift. In einem Poem aus den »Neue[n] Gedichten« von 1844 heißt es bezeichnend:

»Auf diesen Felsen bauen wir
Die Kirche von dem dritten,
Dem dritten neuen Testament;
Das Leid ist ausgelitten.

Vernichtet ist das Zweierlei,
Das uns so lang betöret;
Die dumme Leiberquälerei
Hat endlich aufgehöret.

Hörst Du den Gott im finstern Meer?
Mit tausend Stimmen spricht er.

Und siehst du über unserm Haupt
Die tausend Gotteslichter?

Der heilge Gott der ist im Licht
Wie in den Finsternissen;
Und Gott ist alles was da ist;
Er ist in unseren Küssen.«[51]

Ein Gott, der im Licht *und* in den Finsternissen webt – Chiffre jener alles durchwaltenden Versöhnung, die ihren menschlichen Resonanzraum in der Liebe – den Küssen – findet.

Vom Beobachterstandpunkt her nimmt es sich als eine bittere Ironie der Geschichte aus – sozusagen als eine Ironie zweiten Grades –, dass Heine selbst in den Jahren 1848 bis zu seinem Tod 1856 unter dem Eindruck schlimmster persönlicher und politischer Erfahrungen – elendes Krankenlager und Scheitern der 48er Revolution – zum Gott der hebräischen Bibel zurückfindet. In seiner Schrift »Geständnisse«[52] von 1854 legt er von dieser *»Heimkehr zu Gott«*[53] ungeschminkt Zeugnis ab – natürlich immer noch im Ton jener ironischen Sprache poetischer Brechung, mit der er in einem Brief von 1823 JHWH als *»... alte[n] Freyherrn von Sinai ...«*[54] titulieren konnte, aber es ist ein authentisches Zeugnis:

»Ich hatte Moses früher nicht sonderlich geliebt, wahrscheinlich, weil der hellenische Geist in mir vorwaltend war und ich dem Gesetzgeber der Juden seinen Haß gegen alle Bildlichkeit, gegen die Plastik, nicht verzeihte. Ich sah nicht, daß Moses trotz seiner Befeindung der Kunst dennoch selber ein großer Künstler war und den wahren Künstlergeist besaß. Nur war dieser Künstlergeist bei ihm wie bei seinen ägyptischen Landsleuten nur auf das Kolossale und Unverwüstliche gerichtet. Aber nicht wie die Ägypter formierte er seine Kunstwerke aus Backstein und Granit, sondern er baute Menschenpyramiden, er meißelte Menschen-Obelisken, er nahm einen armen Hirtenstamm und schuf daraus ein Volk, das ebenfalls den Jahrhunderten trotzen sollte, ein großes, ewiges, heiliges Volk, ein Volk Gottes, das allen andern Völkern als Muster, ja der ganzen Menschheit als Prototyp dienen konnte: er schuf Israel!«[55]

Über diese Wiederentdeckung des Mose-Motivs kommt Heine schließlich im Blick auf sein Leiden und das Revolutionsgemetzel von 1848 in Paris zu der Überzeugung:

»In solchen grässlichen Augenblicken reicht der Pantheismus nicht aus; da muß man an einen persönlichen Gott, an eine Fortdauer jenseits des Grabes glauben.«[56]

Der Tübinger Theologe und Literaturwissenschaftler Karl-Josef Kuschel hat diesen Weg Heines eindringlich beschrieben[57] und bringt ihn auf den Nenner, das Widerfahrnis der privaten und der politischen Katastrophe habe dem Dichter die Wiedereinsetzung der mosaischen Unterscheidung zwischen wahrem Gott und falschen Göttern abgezwungen.[58] Ja mehr noch: Heines Wandlung scheint Kuschel sogar als orientierendes Paradigma geeignet, um postsäkular eine religiöse Bewusstseinsstellung mit den unhintergehbaren Resultaten moderner Religionskritik zu vermitteln, weil für Letztere die durchgängige ironische Brechung aller religiösen Sprache aufzukommen vermöge.[59] Da ist etwas daran. Aber ich wäre mir gleichzeitig bei Weitem nicht so sicher, sehe vor allem keinen überzeugenden Grund, einem monistisch formierten, also auf All-Einheit ausgerichteten Denken so kategorisch die Möglichkeit abzusprechen, sich mit der Not gelebten und erlittenen Lebens versöhnen zu können – sei es nur für den flüchtigen, fragilen Augenblick – und denke dabei nicht zuletzt an Hölderlin.[60] Zu ungeschützt dünkt mich Kuschels Votum – obwohl mit Heine im Rücken – gegen Attacken wie die eines Rudolf Augstein, der schon 1972 in seinem Jesus-Buch meinte, Israel habe umso unterwürfiger an seinem Gott gehangen, je schlechter es von diesem behandelt worden sei.[61] Und ich frage mich auch, ob dem biblischen Zeugnis wirklich Genüge getan ist, wenn mit Heine *»... Zwiespalt und Unversöhntheit am Ende«*[62] das letzte Wort behalten. Für Heine ist gewiss – da hat Kuschel recht – die Versöhnung des Antagonismus von Athen und Jerusalem, von Vernunft und Glaube, in der sich emblematisch die Frage nach dem Versöhntsein-Können menschlichen Daseins überhaupt spiegelt, Traum geblieben.[63] Eine modernetaugliche Theologie von heute geht da weiter, muss sich dafür aber ihrerseits konsequent auf das Formprinzip des Ironischen einlassen.

— Thomas Mann —

Zur Herausforderung wird die Frage des hos me von religiösen, also letztbindenden Überzeugungen am meisten dort, wo die Grundlagen der Humanität ins Wanken geraten. Als Thomas Mann im kalifornischen Exil 1943 um einen Text über den Dekalog und seiner Pervertierung durch die Nationalsozialisten gebeten wurde, schrieb er seine Novelle »Das Gesetz«[64]. Sie handelt vom Gesetzgeber Mose, aber unter den Bedingungen der Religionskritik, also so, dass die Gebote nicht von Gott offenbart werden, sondern Mose diesen Gott und seine Weisung gleichsam hervordenkt – aber zugleich kann der Mensch nach Manns Überzeugung auf keinem anderen Weg zum Sittlichen auf letztverbindliche Weise motiviert werden.[65] Es ist die Kunst des Dichters, das Unbedingte der universalen Wahrheit mit der geschichtlichen Brechung ihres Anspruchs in Balance zu halten.

— Aber: Die Wahrheitsfrage —

Genau in diese Richtung denkt auch der schon einmal erwähnte Vattimo, wenn er in einem Gespräch auf die Frage des Interviewers, ob denn bei ihm Gott nicht auf die Geschichte der Verwendung des Wortes »Gott« reduziert werde, antwortet:

»Ich glaube ja. … Meiner Meinung nach hängen wir als denkende Wesen … nicht deshalb von Gott ab, weil dieser uns erschaffen hat (obwohl uns die Bibel davon berichtet), sondern, weil wir ohne diese Texte nicht denken könnten, was wir denken. Ohne das Alte und das Neue Testament wäre unsere ganze westliche Geschichte nicht denkbar. Insofern hängen wir als denkende Wesen vom Gott der Bibel ab, denn unsere Wirklichkeit ist durch Texte vermitteltn … Das bedeutet, dass ich Christ bin … Ich glaube, dass es viele Wege zum Heil gibt in unserer Welt; meiner Meinung nach besteht die wesentliche Aufgabe darin anzuerkennen, dass es sich bei der Wahrheit um die Überlieferung von Botschaften handelt und nicht um die Erkenntnis von Tatsachen. Insofern ist der Gott, an den ich glaube, der Gott der Bibel im doppelten Sinn des Genitivs.«[66]

Diese Rede vom doppelten Sinn des Genitivs (die auf Heidegger zurückgeht) zielt genau auf jenes Zwischen von Dichtung und Wahrheit, das Vattimo in seinem Programm eines »schwachen Denkens« (pensiero debole) vergegenwärtigen möchte. Philosophisch ist das eine legitime Option. Für eine Theologie freilich reicht das nicht, sie kommt um die Wahrheitsfrage bezüglich des Gottes, von dem sie redet, nicht herum. Allerdings gilt umgekehrt aber auch: Glaubwürdig wird eine Theologie heute erst dann sein können, wenn sie der von Vattimos doppelten Genitiv markierten Spannung, die eine solche zwischen Allgemeingültigkeit und freier Selbstbindung ist, ihrerseits in sich selbst mit Argumenten zu entsprechen weiß.

In der Praxis der Gottrede geht das wohl nur, wenn sich Theologie auf das einlässt, was der Philosoph Paul Ricœur mit einem glücklichen Ausdruck *»zweite Naivität«*[67] genannt hat. Gemeint ist damit Folgendes: Natürlich müssen wir auch und gerade religiös normative Texte – z.B. die Bibel – zuerst einmal mit dem Instrumentar der Text- und Geschichtswissenschaften, der Kommunikationsphilosophie und Ideologiekritik usw. lesen, um sie angemessen zu verstehen. Aber dann, wenn das geschehen ist, dürfen wir – mit dieser Aufklärung im Rücken – nochmals in einem vom »principle of charity« geleiteten Lesen auf sie unmittelbar zurückkommen und gleichsam poetisch von Herz zu Herz zu uns sprechen lassen. Erst dann versteht man etwa, was die Weihnachtsgeschichten am Anfang des ersten, dritten und vierten Evangeliums, in denen kaum Historisches steht, wirklich sagen wollen. Und dass das, was da poetisch, fiktional verdichtet zu Wort kommt, religiös wirklicher ist als historische Fakten.

Die abendländisch-westlichen Theologien des Christentums haben diese Lesart schon ein gutes Stück gelernt. Dem Islam steht sie noch gänzlich bevor. Das aber ist kein Grund zu christlicher Überheblichkeit. Denn erstens gibt es immer wieder mal so etwas wie fundamentalistische Regressionen. Und zweitens gibt es ein paar Themen, zumal (aber nicht nur) im katholischen Kontext, da ist es noch weit zur Offenheit der poetisch-ironischen Brechung: allem voran von den Themen »kirchliches Amt« und »Sexualität« gilt das. Den bisherigen amtlichen Verlautbarungen ist diesbezüglich im ersten Fall Ideologieverblendung, in letzterem Belästigungscharakter zu attestieren. Dabei wäre die Form der »zweiten Naivität« oder wohlwollenden Ironie beide Male so leicht zu gewinnen, weil es für beides unmittelbare biblische Ansatzpunkte gibt: für das Thema »Kirchliches Amt« das kleine alttestamentliche Büchlein des Propheten Jona, ein biblischer Comic-Strip gleichsam, und für das zweite Thema eines der wunderbarsten erotischen Bücher der Weltliteratur, das alttestamentliche Hohelied der Liebe. Weiter erklären muss ich das jetzt gar nicht. Wer sich beides einmal zum Lesen vornimmt wie einen kleinen Gedichtband, wird von selbst spontan alles wieder finden, was ich vorausgehend zu erläutern suchte.

SECHSTES KAPITEL

Kirche unterwegs in die Welten von morgen

1. Kleine theologische Klarstellung zum Thema »Gemeinde«

Vielleicht mag es im ersten Moment überraschen: Das Brisanteste im Titel der nachfolgenden Überlegungen sind nicht »die Welten von morgen« und auch nicht die »Klarstellung«, sondern: das Wort »Gemeinde«. Die meisten Christinnen und Christen meinen selbstverständlich zu wissen, was eine Gemeinde ist, denken an eine örtlich umschriebene Gemeinschaft von Gläubigen, die ihren Glauben bekennt und feiert, mit Kirche, Pfarrhaus, Kindergarten und zugehörigem Personal. Aber genau dies ist ein einigermaßen defizitäres Verständnis von Gemeinde – und es ist gut möglich, dass dieses Defizit im Verständnis von Gemeinde dafür verantwortlich zeichnet, dass es um viele Gemeinden nicht sonderlich gut bestellt scheint derzeit.

— *Orientierendes Fremdwort* —

Weiterhelfen kann uns vielleicht, wenn wir uns an einen Namen für Kirche erinnern, ein Bildwort, das in den ersten Jahrhunderten der Glaubensgeschichte weit verbreitet war. Wenn ich zunächst die griechische Urform des Namens ins Spiel bringe, wird dessen deutsche Übersetzung zunächst befremden, aber zugleich unmittelbar den Zusammenhang mit unserem Thema herstellen. Der Name heißt »paroikia«. Wer italienisch kann, fühlt sich dabei natürlich sofort an »parocchia« erinnert und fragt sich jetzt, wie um alles in der Welt denn »Pfarrei« – denn das heißt »paroikia« im deutschen Lehnwort – ein Bild für Kirche als solche hat sein können – und wenn es das wäre, was es dann zu bedeuten habe.

— *Biblische Wurzeln* —

»paroikia« gehört zu denjenigen frühchristlichen Bildern für Kirche, die ihre Wurzeln im Alten Testament haben. »paroikia« wurzelt sogar im Zentrum des Alten Bundes. Dieses Zentrum bilden bekanntlich Exodus, Bundesschluss und Landnahme. Dtn 26,5b–9 formuliert darum folgendes Glaubensbekenntnis – abzulegen bei der Darbringung der Erstlingsfrüchte:

»Mein Vater war ein heimatloser Aramäer. Er zog nach Ägypten, lebte dort als Fremder mit wenigen Leuten und wurde dort zu einem großen, mächtigen und zahlreichen Volk ...«

In diesen beiden ersten Sätzen des deuteronomistischen Glaubensbekenntnisses kommt »paroikia« dem Wort nach zweimal vor, denn »paroikia« heißt wörtlich übersetzt »Fremde«, »Heimatlosigkeit«. Jetzt kann man natürlich fragen: Wie um alles in der Welt kann dieses »paroikia« ein Bild für Kirche sein? Nach dem Zeugnis des Neuen Testaments war »paroikia« zunächst allgemein kennzeichnend für das frühe Selbstverständnis von Christen und Christinnen. Christsein bedeutet so viel wie: In dieser Welt fremd sein. *»Unsere Heimat ist im Himmel«*, heißt es in Phil 3,20. – 1 Petr bezeichnet im ersten Vers die Adressaten als Fremde in der Zerstreuung und ermahnt sie 1,17, in dieser Fremde ein gottesfürchtiges Leben zu führen, ähnlich 2,11. Der Hebräer- und der Epheserbrief weisen in die gleiche Richtung.

— *Frühchristliches Selbstverständnis* —

Frühkirchlich nun wird dieses Fremdsein der Christen in der Welt auf die Gemeinden als solche übertragen. 1Clem nennt als Absenderin die in Rom als »paroikia« wohnende Kirche Gottes. Bereits im Bericht über das Martyrium des Polykarp tritt »paroikia« als Bezeichnung der christlichen Gemeinde auf. Mit der Anerkennung des Christentums als Staatsreligion schwindet dieses Bewusstsein der Fremdheit. Verstärkt wird das zudem dadurch, dass Amtsträger seit der Völkerwanderung nicht selten soziale und politische Verantwortung für den Bestand des Gemeinwesens übernehmen.

— *Und heute?* —

Jedoch: Verantwortung für die Welt, in der sie lebt, kann Kirche sehr wohl aber auch dann wahrnehmen, wenn sie sich in eben dieser Welt als »paroikia«, als fremd, als nicht daheim versteht. Vielleicht kann sie das gerade dann erst im eigentlichen Sinn, wenn ihr die Distanz zum Gegebenen die Möglichkeit zu so etwas wie kritischer Solidarität eröffnet. Ist sie Teil des Establishments geworden, büßt sie mit dem Wesenszug der »paroikia« auf Dauer jegliche kritische Kraft ein. Der Wiederentdeckung des uns westlichen Christen weitgehend fremdgewordenen »paroikia«-Bildes als Ausdruck authentischen Selbstverständnisses von Kirche und Gemeinde käme eine geradezu reformatorische – also die Form, die Wesensgestalt wiederherstellende – Funktion zu. Überdies hätte das wohl in vielerlei Hinsicht eine entlastende Wirkung zur Folge: Es gestattete der Kirche, sich von den Standards der ihren Lebenskreis bildenden Gesellschaften unabhängig zu halten. Der ernst genommene Wesenszug »paroikia« erlaubte keine Arrangements – weder politische noch ökonomische noch administrative. Er bewahrte Kirche davor, intern Strukturen zu reproduzieren, die sie von ihrer Botschaft her eigentlich kritisiert. Und es erinnerte sie daran, dass sie noch etwas vor sich hat, dass sie noch nicht fertig ist, dass sie aber auch auf etwas hoffen darf. *»Peregrinamur a Domino«* schrieb Augustinus: Wir pilgern fern vom Herrn. Das Kirchen-Bild »paroikia« könnte durch heute erneuerten Gebrauch der kritischen Identitätssicherung von Kirche dienen. Es leistete das unter unmittelbarer Rückbindung an das Urdatum des Selbstverständnisses biblischen Glaubens, den Exodus, und hielte gleichzeitig das Bewusstsein wach, dass wir als Christen und Kirche noch nicht daheim sind, stünde also für die Differenz von Kirche und Reich Gottes ein. Das alles begänne damit, dass wir anfangen, bewusster – und im erläuterten Sinn – von »paroikia«, von Pfarrei und Gemeinde zu sprechen.

Der Schluss, den ich daraus ziehe, heißt: Auf neuen Kurs in die Welten von morgen ist die Gemeinde nicht dadurch, dass sie Verwaltungsstrukturen strafft, größere Einheiten konstituiert, intern die gesellschaftlich bereits Standard gewordene Mobilität reproduziert und finanziell bzw. personell Synergien schafft. Auf neuem Kurs ist Gemeinde erst dann, wenn sie sich wieder aufmacht in die »paroikia«, ins Nicht-Daheimsein, in die Fremde, wenn sie weder bloß wiederholt, was ringsum gesellschaftlich passiert und auch nicht bloß in dem verharrt, was angeblich immer schon so war – als ob nicht alles auch in der Kirche geschichtlich wäre und in den vergangenen 2000 Jahren gewaltige Verwandlungsprozesse erfahren hätte – auch die Liturgien, die Ämter, die Frömmigkeitsformen. Nichts hat geschichtlich so kommen müssen, wie es gekommen ist. Dass es so gekommen ist, wie es kam, gibt uns Anlass, gut darüber nachzudenken, warum etwas so gewollt war und geworden ist, und etwas Überliefertes, Vertrautes festzuhalten. Aber es könnte aus solchem Nachdenken genauso gut auch das Motiv entstehen, es heute anders zu machen. Das diesbezüglich Aufregendste hat die Kirche ohnehin schon 1950 Jahre hinter sich: Der Sprung ins nie Dagewesene, Fremde, den Paulus und seine Mitapostelinnen und -apostel wagten, als sie das Evangelium über die Grenzen Israels hinaus den Unbeschnittenen, den Heiden, verkündeten, auf deren Schultern wir Heutigen Glaubende sind, – dieser Sprung ist unvergleichlich größer und riskanter gewesen als alles, was heute nach Überprüfung und Veränderung verlangt. Ohne Angst ab in die Fremde!, heißt es darum für die Kirche von heute. Wie aber sieht diese Fremde näherhin aus?

2. Panorama der Fremde

— *Zeitdiagnosen* —

Für die Lebenswelten, in denen christliche Gemeinden oder Glaubensgemeinschaften der westlichen Hemisphäre meist wie ein Relikt aus vergangenen Zeiten wirken, sind eine ganze Reihe von Charakterisierungen im Umlauf. Von Risikogesellschaft ist da zum einen die Rede. Das ist eine Kennzeichnung soziologischer Herkunft. Die Risikogesellschaft zeichnet aus, dass der Einzelne in ihr kaum mehr lebenslang in Geltung bleibende Entscheidungen fällen kann, beruflich und persönlich kalkulierte Risiken eingehen muss, in einen lebenslangen Lern- und Bildungsprozess hineingezogen wird und selbst abschätzen muss, was ihm dabei wie viel wert ist.

Dann die Erlebnisgesellschaft. Sie stylt alles zum Event: Erholung und Urlaub werden durch Animationsprogramme strukturiert. Erziehung und das Sich-Informieren transformieren sich in Edutainment und Infotainment, will sagen: Inhalte werden in kleinen, leicht verdaulichen, also unterhaltsamen Portionen aufbereitet. Am intensivsten zum Event gemacht worden ist längst der gesamte Konsumbereich. Die großen Kaufhäuser sind mit Bistros, Champagnerecken, Espresso-Bars und Internet-Treffs durchsetzt, Life-Performances mit Models und Stars aus der Musik- und Video-Branche kommen hinzu. Autofirmen bauen Glaspaläste, in denen die künftigen Fahrzeugbesitzer bei Prosecco und einem noblen Menü die letzten Arbeitsgänge an ihrem künftigen Untersatz mitverfolgen können, um ihn dann – beobachtet von anderen – an der einem Tempelportal ähnelnden Auslieferungsrampe quasiliturgisch in Empfang zu nehmen.

Ein drittes Kennwort gegenwärtiger Zeitdiagnostik heißt Globalisierung. Der ganze Globus ist vor allem Kraft der Beschleunigung von Kommunikationsprozessen durch die Digitalisierung und die Neuen Medien zum »Weltdorf Babel« geworden. Sekundenschnell werden Billionenbeträge international verschoben, wird spekuliert, gezockt. Die einen streichen sagenhafte Gewinne ein, andere verlieren alles, was sie haben. Bisweilen werden ganze Volkswirtschaften durch gezielte Börsen- und Devisenaktionen bis an den Rand des Zusammenbruchs ausgenommen. Die traditionellen Kontrollmechanismen können unschwer mittels der Anonymität vieler Kommunikationsprozesse unterlaufen werden. Ein ungebremster Neokapitalismus feiert sich nach dem Untergang der staatssozialistischen Experimente vor allem Osteuropas als den Sieger der Geschichte. »Kosten« und »Nutzen«, »Effizienz« und »Rentabilität« heißen die einschlägigen Zauberworte, denen alles zu gehorchen hat. Das Spielmaterial dieser

Marktkriterien sind dabei nur in geringem Umfang Waren im herkömmlichen Sinn, sondern weit mehr Dienstleistungen und vor allem Information.

— *Information und Wissen* —

Genau dies macht ein Weiteres – und vielleicht das wichtigste – Kennzeichen unserer gegenwärtigen kulturellen Nahsituation aus: Wir leben in einer Informations- und Wissensgesellschaft. Die Art und Weise, wie sich diese Informations- und Wissensgesellschaft konstituiert und geriert, erzeugt m.E. den Hauptanteil jener Fremde, in der sich heute die bewegen müssen, die die christliche Glaubensüberzeugung tragen und vermitteln. Aber zugleich liegt darin die Chance, dass die christliche Gemeinde in dieser Situation ihre eigene Bestimmung neu entdeckt. Das möchte ich an einigen konkreten Beobachtungen erläutern:

(a) Zu unserer praktischen Standarderfahrung gehört, dass Gegenstände des täglichen Lebens, Prozesse, Regelungen immer komplexer und komplizierter werden – so komplex und kompliziert, dass man für alles und jedes Experten braucht. Es gibt nichts mehr – vom Waschmittel über die Kaffeesorte bis zur Partnersuche –, das nicht auf wissenschaftliche Vorhersagen, Erhebungen, Expertisen gestützt wird und damit den Adressaten bzw. Kunden den Eindruck der Seriosität vermitteln soll. Wissenschaft selbst ist ein *»Massenartikel«*[1] geworden. Jedes geschmacklose Wasser protzt auf der Rückseite des Flaschenetiketts mit einer von einem Dr. Sowieso unterzeichneten chemischen Analyse, die kein Mensch außer einem Chemiker zu lesen vermag – wenn es sich denn nicht ohnehin um eine Finte handelt. Durch die Verwissenschaftlichung unserer Lebenswelt wissen wir von immer mehr immer weniger – und wissen wir auch nicht mehr, ob es sich überhaupt um Wissen und Wissenschaft handelt. Was aber sind dann Wissen und Wissenschaft?

(b) Eine zweite Beobachtung, die das soeben in Blick genommene verschärft: Unser Wissen ist gerade in den letzten Jahrzehnten und zuletzt immer schneller sowohl in der Perspektive des Makrobereichs – also der Kosmologie – wie in der des Mikrobereichs bei der Suche nach den letzten Bausteinen der Welt und des Lebens gigantisch gewachsen.

Beinahe legendär geworden ist der Wissenschaftsfilm »Powers of Ten«, den es auch abgewandelt in gedruckter Form gibt: Gezeigt wird ein Paar, das auf einer Wiese ein Picknick hält: Eine Kamera entfernt sich von dieser Szene in Intervallen der Zehnerpotenz nach oben: Das Paar wird winzig klein, dann sieht man eine Großstadt aus der Flugzeugperspektive, dann einen Kontinent, dann den Erdball, dann die Galaxien. Und dann geht die Kamera im Zehnerschritt zurück zu dem Paar, zeigt die mikroskopische Vergrößerung der Hautporen eines der beiden, dringt ins Körperinnere bis auf die molekulare Ebene hinab.[2] Unglaublich, was wir alles wissen können! Aber was genau wissen wir denn mitsamt diesem Wissen überhaupt? Gianni Vattimo schrieb treffend:

»Die Wissenschaft spricht von Objekten, die immer weniger mit denen der Alltagserfahrung in Beziehung gesetzt werden können, weshalb ich nicht recht weiß, was ich ›Wirklichkeit‹ nennen soll – das, was ich sehe und fühle, oder das, was ich in den Büchern über Physik und Astrophysik beschrieben finde ...«[3]

Die Veränderung des Wissens- und Wissenschaftsbegriffs ergreift kraft seiner eigenen Dynamik auch den Begriff der Wirklichkeit.

(c) Gerade in dieser Hinsicht aber gibt es längst eine nochmalige Radikalisierung – meine dritte Beobachtung: Sie betrifft zugleich das, was die Ökonomisierung von Wissen und Wissenschaft derzeit so vorantreibt wie nichts anderes: die sogenannten »Neuen Medien«, speziell das Internet. Jeder und jedem mit ein bisschen Geld, Hardware und Software stehen per Netzanschluss auf dem Bildschirm im Prinzip regelrechte Informationsgebirge offen, zu dem der User zugleich auch aktiv beitragen kann, indem er neue Informationen anbietet. Eine andere Frage ist, inwieweit diese Gebirge überhaupt für den Einzelnen noch begehbar sind. Weit gravierender freilich: Nach welchen Kriterien werden Informationen dann selektiert? Was kommt für ihre Verlässlichkeit auf? Ja: Lässt sich – ist die Erfahrung, getäuscht worden zu sein, einmal gemacht – die Differenz von Realität und Fiktion überhaupt noch aufrechterhalten? Das gelingt nicht einmal mehr bei Bildmaterial, weil sich längst perfekte Fakes (digital manipulierte Bilder) produzieren lassen, und Theoretiker der sogenannten Cyber-Philosophy erheben ausdrücklich den Anspruch, den Unterschied von Realität und Virtualität ausgehebelt und mit ihr zugleich die vertraute Differenz von wahr und falsch als Illusion enttarnt zu haben.[4] *»Halbarchaische Konfliktfolklore«*[5] nennt es der Philosophie-Entertainer Peter Sloterdijk, wenn jemand heute noch die Wahrheitsfrage stellt.

Die wissenschaftliche Wissenserzeugung, -speicherung und -vermittlung haben die Begriffe »Wissen«, »Wissenschaft« und ihren Gegenstand – die »Wirklichkeit« – gewissermaßen verdunsten lassen. Wenn diese Begriffe aus der Eigendynamik der Wissenschaft – wie angedeutet – ihren wohlbestimmten Sinn einbüßen, bleibt eigentlich nur ein Zweifaches übrig: zum einen die Informationsgewinnung und -verarbeitung voranzutreiben, zu beschleunigen und zu perfektionieren, zum anderen sie mit ökonomischen Anreizen zu verkoppeln. So entsteht die technizistisch-ökonomistische Lebensform, deren Wurzeln zwar bis in den Anfang der Neuzeit zurückreichen, die es aber in unserer Epoche zu einer vorher so nie da gewesenen Monopolstellung gebracht hat.

— *Auswege aus der Überforderung* —

Dieser total gewordene instrumentelle Rationalismus freilich überfordert eine immer größer werdende Zahl von Menschen. Deshalb haben drei mögliche Auswege aus dieser Druckkulisse Hochkonjunktur: Die einen stürzen sich auf die Angebote der Unterhaltungsindustrie mit ihren medialen Seifenopern, den Skandalgeschichten um »sex and crime«, den Kitzel der Erlebnisgesellschaft einschließlich der psychedelischen Beruhigungsmittel von Techno-Musik bis Ecstasy. Andere entwickeln eine bis zum Fundamentalistischen gehende und selbst den Terror nicht scheuende Technikfeindlichkeit. Dritte treibt die stressige Langweiligkeit der technizistisch-ökonomistischen Welt genau auf jenen Psycho-, Esoterik- und Spiritualitätsmarkt, der seit Jahren boomt und dem die traditionell zuständigen Sinnstiftungsagenturen namens »Kirchen« völlig hilflos gegenüberstehen und mit dem dilettantischen Mittel der »Sektenbeauftragten« beizukommen suchen.

Es ist alles andere als ein Zufall, dass sich auf diesem Markt auffallend häufig Leute als Anbieter herumtreiben, die sich zuvor einen Namen als Informatiker oder Naturwissenschaftler gemacht haben.[6] Eigentlich ganz logisch: Wo man vor lauter Wissen nicht mehr weiß, was Wissen ist, da ist offenbar jenes vorwissenschaftliche Wissen abhanden gekommen, das es offenkundig braucht, um sich im Leben zu orientieren. Ist das der Fall, so wird dieser Mangel entweder vertuscht oder regressiv zum Verschwinden gebracht. Oder aber dieses Orientierungswissen wird kurzerhand in Eigenregie zu produzieren gesucht.

Und woher kommt der Mangel an diesem Orientierungswissen in unserer doch von einem Wissensübermaß geprägten Lebenswelt? Meine Antwort fällt mehrstufig aus: (a) Für dieses sogenannte Orientierungswissen sind die Geistes- und Sozialwissenschaften und ist in einem nochmals ganz spezifischen Sinn die Philosophie zuständig. (b) Letztere hat den Mangel an Orientierungswissen dadurch mit heraufbeschworen, dass sie seit Langem ihre eigene Wesensbestimmung dadurch unterbietet, dass sie sich in kein angemessenes oder in gar kein Verhältnis zur Theologie setzt. Und (c): Dafür, dass es zu einer solchen Verhältnisbestimmung von Philosophie und Theologie kommen kann, dass aus ihr philosophischerseits ein Mangel an Orientierungswissen resultiert, trägt die Theologie Mitverantwortung. Zum Geschäft der Theologie gehört nämlich nicht nur das Zeugnis von Gott als der alles begründenden und bestimmenden Wirklichkeit, sondern ineins damit auch die denkerische Rechenschaft darüber, was das denn bedeutet. Bündig lässt sich diese Beschreibung – »alles begründend und bestimmend« – zusammenfassen im Begriff des Unbedingten oder Letztgültigen. Eine Verkündigung und Theologie, die sich selbst ernst nehmen, werden nicht umhin können, an diesem Begriff festzuhalten, seine Vernünftigkeit auszuweisen und für ihren Gehalt zu beanspruchen. Würde sie sich mit weniger bescheiden, würde sie der Informationsgesellschaft nur eines jener Geschichtchen mehr anbieten, von denen der Himmel ohnehin voll hängt. Zu sagen freilich hätte sie der ihrerseits in die Krise geratenen Vernunft schlichtweg nichts mehr. Not täte freilich genau das Gegenteil. Theologie und Verkündigung schulden der Welt Orientierungswissen, und das hat mit ihrem missionarischen Grundzug zu tun. Aber – leichter gefordert als getan. Denn Faktum ist:

3. »Welt« gibt es nur noch in der Mehrzahl

— *»Viel-Fall«, auch christlich* —

Normalerweise sprechen wir mit großer Selbstverständlichkeit von *dem* Christentum und *der* Kirche. Jedoch muss man sich Rechenschaft darüber geben, dass diese sprachliche Gewohnheit ziemlich verwirrend ist, auch wenn es vielleicht einmal eine Epoche gab, in der die kulturelle Vorherrschaft bestimmter christlicher Ideen eine solche Redeweise plausibel erscheinen ließ. Heute dagegen sehen wir auf klare Weise, dass ein solches Reden höchst ungenau ist. Denn *das* Christentum gibt es nicht und hat es nie gegeben, und ich denke im Augenblick nicht an die historischen Transformationen, sondern schaue auf die großen heute simultanen Christentümer: Da begegnet ein Christentum der orthodoxen Denominationen, sodann das von den westlichen Schismen in katholisch und reformatorisch gespaltene Christentum, das von der modernen Philosophie imprägnierte und speziell von den Aufklärungen herausgeforderte Christentum, also jenes, das für die Länder Westeuropas typisch ist, für Nordamerika und das seit einigen Jahren auch die christlichen Traditionen des vom Staatskommunismus befreiten Osteuropa zu verändern beginnt. Und es gibt die gerade derzeit explosionsartig anwachsende Zahl sogenannter Freikirchen neben den Großkirchen, namentlich in Lateinamerika und Afrika. Um nur ein Beispiel aufzurufen: In dem weitgehend katholisch geprägten kleinen Ruanda gab es zur Zeit des letzten großen Krieges (1994) 30 christliche Bekenntnisse, derzeit sind es etwas über 800.

Vor allem die westlichen Christentümer im eben umschriebenen Sinn sind seit Jahren derart von internen Problemen und möglichen Reformvorhaben in Anspruch genommen, dass bislang nur einige Spezialisten das Aufkommen eines neuen Typs von Christentum oder einer »dritten Kirche«, wie der deutsche Missiologe Walbert Bühlmann schon seit Jahren formuliert, überhaupt wahrgenommen haben: Ich meine das Christentum des Südens – und diese Veränderung im Typ des Denkens und Auftretens betrifft die Großkirchen genauso wie die eben genannten Freikirchen. Mir scheint, das Interesse der Religionswissenschaften konzentrierte sich in den vergangenen Jahren so exklusiv auf das Wachstum des Islam, die Tendenzen seiner Radikalisierung und die Konflikte mit anderen Religionen, vor allem mit dem Hinduismus und dem Christentum, dass sie bislang vergaßen, sich über dieses Phänomen Rechenschaft zu geben. Philip Jenkins, Historiker und Theologe an der Pennsylvania State University, ist überzeugt, dass sich das Gravitationszentrum des Christentums bereits jetzt von Europa und den Vereinigten Staaten in die südlichen Länder verlagert habe.[7] Demographische und religionssoziologische Daten stützen seine aufregende These. Um wieder nur einen kleinen Ausschnitt der Situation zu konkretisieren[8]: Im Jahre 1900 befanden sich in Afrika ca. zehn Millionen Christen, das waren neun Prozent der Gesamtbevölkerung. Heute sind es etwa 360 Millionen oder 46% aller Afrikaner. Für die katholische Kirche zählte man in den 50er Jahren des vergangenen Jahrhunderts ca. 16 Millionen afrikanischer Christen, heute sind es in etwa 120 Millionen, für das Jahr 2025 wird für den afrikanischen Kontinent eine katholische Kirche von 228 Millionen Gläubigen prognostiziert. Die »World Christian Encyclopedia« suggeriert, dass gegen 2025 etwa drei Viertel aller katholischen Christen in Afrika, Asien und Lateinamerika leben werden. Die jährliche Zahl katholischer Taufen auf den Philippinen ist heute schon größer als die Gesamtzahl katholischer Taufen in Italien, Frankreich, Spanien und Polen zusammen. Und wohlgemerkt: Zeitgleich ist in europäischen Ländern auf allen kulturellen Ebenen ein rasanter Prozess der Dechristianisierung im Gang. Genuin westliche Christinnen und Christen werden mittelfristig zu einer Minderheit innerhalb der christlichen Weltreligion, überdies schulden sie einen Teil des ihnen noch verbleibenden öffentlichen Gewichts den Glaubensgeschwistern, die aus südlichen Ländern immigrieren, wie man in vielen Gemeinden säkularer Großstädte wie Brüssel, Amsterdam oder Berlin unschwer wahrnehmen kann. Über Jahrzehnte gingen tausende deutscher, niederländischer und belgischer Missionare nach Afrika und Asien, um das Wort des Evangeliums auszusäen, heute hat sich der spirituelle Verkehrsstrom umgekehrt: *»The empire strikes back«*[9], kommentiert Jenkins – und das ist alles andere als ironisch gemeint, weil sich unter unseren üblichen Ungenauigkeiten und hinter den soeben aufgerufenen Daten ein ganzes Bündel philosophischtheologischer und praktisch-pastoraler Probleme verbirgt. Natürlich kann und muss man sich fragen, warum die Christentümer des Westens – also diejenigen in Westeuropa und den Vereinigten Staaten, die untereinander nochmals sehr verschieden sind – an jenem neuen und so lebendigen Christentum des Südens so offenkundig desinteressiert sind. Mir scheint, Jenkins hat recht, wenn er dafür zwei Motive[10] unterstellt, die auch untereinander zusammenhängen, wie ich eigens hinzufügen möchte: Zum einen gehört die Mehrheit der Gläubigen des neuen Christentums des Südens zu den Ärmsten der Armen innerhalb der Weltbevölkerung, und viele Repräsentanten der politisch-ökonomischen Mächte der nordwestlichen Länder zeigen unter dem Regime der Globalisierung wenig Absicht, auch nur ein Minimum an Gerechtigkeit etwa auf den internationalen Märkten zu realisieren. Das zweite Motiv für das Desinteresse der alten Christentümer des sogenannten alten Westens scheint Folgendes zu sein: Nicht zuletzt provoziert von der soeben erinnerten sozialen Situation entwickeln sich im Christentum des Südens eine Spiritualität und Theologie eines auf das Übernatürliche zugespitzten Zuschnitts, die sich oft ohne große Schwierigkeit mit vorchristlichen Traditionen jener Kulturen verknüpfen lassen, etwa mit Ahnenkulten oder mit Praktiken der Heilung körperlicher und psychischer Erkrankungen oder der exorzistischen Befreiung von dämonischen Mächten. Verwurzelt in einer strikt am Buchstaben bleibenden Lektüre der Bibel entsteht so ein christliches Denken, das seitens abendländischer Theologien gern als traditionell, prämodern oder reaktionär qualifiziert wird.

— *Theologische Spannungsherde* —

Das alles steht so gut wie gar nicht auf der thematischen Agenda der Christentümer des Westens. Dort diskutiert man – etwa im katholischen Kontext – quälende Probleme wie Priestermangel, Zölibat, Frauenordination, die sittliche Qualifikation homosexueller Beziehungen, sexuellen Missbrauch von Jugendlichen durch Kleriker usw. Und im strikt theologischen Bereich folgt die Lektüre der Bibel entweder den Normen der historisch-kritischen Exegese oder diversen Auslegungen, die die Bibel nicht buchstäblich, sondern übertragen nehmen, beispielsweise in der psychologischen Bibelinterpretation, also das, was ein Eugen Drewermann, ein Anselm Grün oder Willigis Jäger praktizieren. Das Christentum des Südens empfindet solche Tendenzen ohne Einschränkung als Ausdruck moralischer und spiritueller Dekadenz, als Gefahr liberalistischer Häresie. Während in westlichen Kontexten schon länger die Idee eines III. Vatikanischen Konzils umgeht, um überfällige Reformen auf den Weg zu bringen, schaffen sich im Christentum des Südens stattdessen Stimmen Gehör, die so etwas wie eine neue Gegenreformation fordern, die sich von einer Hochschätzung der Begriffe der Autorität, der Tradition und der Gemeinschaft leiten lässt. Und es ist auch kein Geheimnis, dass die Sympathie schon Johannes Pauls II. wie auch Benedikts XVI. letzterer Form von Christentum gehört – im Übrigen mit der Konsequenz eines beunruhigenden Pessimismus im Hinblick auf das alte Europa.

Das alles zeigt m.E., dass wir uns in einer Situation erheblicher Spannungen befinden, die sich unschwer in einem harschen Konflikt entladen können – und wohl gemerkt: das gilt bereits für den binnenchristlichen Bereich. Vielleicht erwartet uns an diesem Punkt eine noch größere Herausforderung als jene der Begegnung und des Dialogs mit den nichtchristlichen Religionen, vor allem zwischen Christentum und Islam. In jedem Fall macht es die bisherige Analyse nicht unwahrscheinlich, dass es binnen einiger Jahrzehnte außerordentlich schwierig sein könnte, dass sich die abendländischen Christentümer einerseits und das Christentum des Südens andererseits wechselseitig als im vollen Sinne christlich und authentisch anerkennen.[11] Der einzige Weg, ein solches Zerbröckeln zu vermeiden, eröffnet sich durch die Wiedergewinnung der Idee, dass die christliche Botschaft von einer letztgültigen Bindung an Gott redet, die alle Menschen angeht und über die man auf dem Forum der Vernunft auch öffentlich Rechenschaft geben und über die man debattieren kann. Unter diesen Bedingungen müssen sich die Christinnen und Christen, die Gemeinden bewähren, indem sie in der Fremde und für die Welten, in denen sie leben, ihr Orientierungswissen kenntlich machen, anbieten und gegebenenfalls mit Argumenten verteidigen. Was aber gehört zu diesem Orientierungswissen der christlichen Gemeinde?

4. Geschuldetes Orientierungswissen

— Christlicher Einspruch »Gott« —

Ich möchte es gleich markig sagen: Orientierungswissen christlicher Provenienz kennzeichnet, dass das Evangelium nicht darauf aus ist, uns unsere Fragen zu beantworten. Stattdessen fordert es uns auf, manche unserer Fragen, naheliegende sogar, fallen zu lassen und andere, ja ganz andere zu stellen. In der Bergpredigt steht:

»Macht euch ... keine Sorgen und fragt nicht: Was sollen wir essen? Was sollen wir trinken? Was sollen wir anziehen? ... Euer himmlischer Vater weiß, dass ihr das alles braucht. Euch aber muss es zuerst um sein Reich und um seine Gerechtigkeit gehen; dann wird euch alles andere dazugegeben«. (Mt 6, 31–33)

Man muss heute in der Kirche weit, sehr weit gehen, bis man einen findet, der nach Gott fragt. Ich sage: fragen, nicht mit Worthülsen um sich werfen. Bischöfe, die Pfarrer, die Theologieprofessoren, die Pastoral-Assistenten, Gemeindereferenten und Kapläne sind mit anderem beschäftigt und ausgelastet: mit Repräsentieren und Verwalten und Sozialarbeit und Religionsunterricht und Studienreformen und anderem mehr. Aber Gottesfrage? Manchmal hat man den Eindruck, dass selbst in Kreisen Hauptamtlicher das Wort »Gott« mit Peinlichkeit behaftet ist und darum vermieden wird und viele noch gar nicht gemerkt haben – wie Arnold Stadler bemerkt –, dass der Gedanke an einen personalen Gott längst in einem kulturkritischen Kreuzfeuer steht, wie es heißer nicht sein könnte.

Aber das ist der Punkt. Christen sind Christen nur dadurch, dass sie beharrlich nach Gott fragen vor anderem, auch über die Sprachregelungen der Tradition und der amtlichen Instanzen hinaus. Die sind immer nur eine Hilfskonstruktion zur Rückfallsicherung, nach vorne ist das Fragen offen! Das hat Konsequenzen für die sichtbare Gestalt ihres Lebens. Und auf diesem Weg stößt das Gottfragen der Christen an und zieht es an. Das beharrliche Gottsuchen nämlich hält die geistigen Quellen offen, aus denen Menschen im Kleinen ihres individuellen Lebens Glück und Not zusammenhalten können wie in den großen Dimensionen gesellschaftlichen Zusammenlebens die Überlebensfragen von Gerechtigkeit, Freiheit, Solidarität und Friede – kurz: die Standards echter Humanität – bewahren können. Natürlich folgen auch Atheisten und Agnostiker, die ein bewusstes Leben führen, einem ethischen Impetus. Aber Sensible unter ihnen, die durchaus sagen, dass sie selbst religiös unmusikalisch seien, sind überzeugt, dass im Strom der religiösen Überlieferung Deutungs- und Handlungspotenziale beschlossen liegen, auf die auch die postsäkulare, aufgeklärte Gesellschaft angewiesen bleibt und die sie doch nicht aus sich selbst freisetzen kann.

— Fragen eines bewusst geführten Lebens —

Inhaltlich konkretisiert kann man das vielleicht so sagen: Der Mensch, der immer weiter und weiter nach Gott sucht und fragt, der also immer tiefer sich hineinarbeitet in das Geheimnis, woher er kommt, wohin er geht und wer er ist, der erst hat überhaupt die Chance, freizukommen von der Angst um sich selbst, die in jeder und jedem steckt. Das hat zu tun mit unserem Erwachen zu eigenem Bewusstsein, dass wir vergänglich, fehlbar, verletzlich sind. Erst in einem Vertrauen, mit diesem unseren Wesen in einem größeren Ganzen geborgen zu sein, verliert diese Angst ihre zerstörerische Macht; zerstörerisch dadurch, dass sie uns gegeneinander hetzt, statt füreinander da zu sein; und dadurch, dass sie uns zwingt, alles an uns zu reißen, was immer geht; und auch dadurch, dass sie uns so auf uns selbst fixiert, dass wir unempfindlich dafür werden, was alles rings um uns geschieht, und zu Narzissten werden lässt. Gottvertrauen allein beruhigt diese Angst. Das steht so schon poetisch gefasst im Buch Genesis, ein Philosoph wie Sören Kierkegaard hat es bestätigt, dezidiert nicht-religiöse Humanisten wie ein Albert Camus und ein Jean-Paul Sartre haben eben daran für ihre Gegenentwürfe Maß genommen.[12]

— Horizonte der Gottesfrage —

Ich verschweige dabei nicht, dass es gar nicht so einfach ist, beharrlich an dieser Gottesfrage zu bleiben. Denn diese Frage stellt sich für uns heute nicht so wie für vergangene Epochen. Das hat zwei Gründe.

Das große Ganze, in dem alles, auch unser Leben, eingebettet ist und von dem alles abhängt, ist für uns nicht mehr einfach Gott, sondern: die Gesellschaft mit ihren unendlich vielen und komplizierten Querverbindungen. Und der zweite Grund: Nach Gott suchen und Gott denken hat zutiefst zu tun mit unseren Vorstellungen, mit Phantasien und Träumen und mit unserer Sprache, also dem, was aus dem Innersten der Menschenseele hervorgeht.[13] Aber diese Quelle geistiger Vitalität wird heute wie noch niemals vorher verschüttet durch die Masse künstlicher Bilder, der Bilder aus den Medien, die auf uns eindringen und uns überfluten. Schon längst ist bewiesen, dass Menschen, besonders Kinder, durch überhöhten Medienkonsum sprach- und erzählunfähig werden. Die sogenannten *»sekundären Analphabeten«*[14] sind längst schon Massenerscheinung geworden.

— *Gotteserzählung im Zeitraffer* —

Gegen solchen Zerfall die Gottesfrage lebendig zu erhalten, ist eben darum nur möglich durch eine Kultur des Erzählens von Gottesgeschichten. Darin gründet für Christinnen und Christen der Rang der Bibel. Die Evangelien lesen und hören heißt: Nach Gott so fragen und von ihm so reden lernen, wie Jesus von Nazaret nach ihm gefragt und von ihm gesprochen hat. Wie der also, von dem die Zeitgenossen bezeugen, dass er auf einzigartige Weise Gott kannte und mit ihm vertraut war. Sie sagen dafür: Er ist Gottes Sohn. Das ist für uns heute eine leere Floskel geworden. Aber was sie meint, darin ist das unterscheidend Christliche enthalten: dass das Entscheidende, das es von Gott zu wissen gibt, durch Jesus und sein Leben ausgesprochen wurde.

Und weil dieser Jesus nicht vom Himmel fiel, sondern zu einer bestimmten Zeit und unter bestimmten Umständen, nämlich als gläubiger Jude lebte, darum gehört für uns Christen auch das heilige Buch des jüdischen Glaubens, das Alte Testament, zur Bibel. Dieses Buch ist in allem, was es erzählt, auch in den historischen Ereignissen, die es erzählt, ein religiöses Geschichtenbuch, also ein Buch vom unendlich facettenreichen Gottsuchen und -denken und -finden des Menschen. Alle Geschichten darin sind im Detail wahr. Wahr nicht in dem Sinn, dass alles haargenau so gewesen ist – davon redet die Bibel nur sehr am

Rande. Sondern wahr in dem Sinn, dass sie in Bildern und Symbolen, also überzeitlich wie Märchen erzählt, was der Mensch auf der Suche nach der Wahrheit, also der Suche nach sich und Gott und der Welt erlebt. Nicht bloß erleben kann, sondern erlebt. Jede und jeder!

Die Schöpfungsgeschichte vom Paradies über den Sündenfall bis zum Turmbau von Babel erzählt vom dramatischen Ringen zwischen Angst und Vertrauen, das jeder durchmacht, der zu Bewusstsein kommt. Die Abrahamsgeschichte angefangen vom Weggang aus Ur bis zur Opferung Isaaks redet unglaublich aufgeklärt vom Ringen des Menschen um das Gottesbild. Die Geschichte vom Auszug aus Ägypten fasst den Prozess des Erwachsen- und Selbstständigwerdens, den ein jeder durchmachen muss, um er selbst zu werden. An der Geschichte vom babylonischen Exil wird klar, dass dieser Weg nicht nur individuell, sondern auch kollektiv, also auf der Ebene menschlicher Vergemeinschaftung, gegangen werden muss. Die Königsgeschichten von Saul, David und Salomo meditieren Höhe und Tiefe, Glück und Not, durch die ein Menschenleben hindurchgeht, und dass es in allem – in allem! – von Gott begleitet ist. Und dazu gibt es die Einzelfiguren wie Judit, Esther, Jona, Ijob und Kohelet, in denen sich all jene Grundfragen als persönliche Geschichte wie in Brennpunkten verdichtet – und all das immer im Horizont der bedrängenden Erfahrung, dass selbst die großen leuchtenden Gestalten nicht unangefochten blieben vom Misstrauen und erst recht nicht das Volk Israel als Ganzes – bis an den Rand seines nach eigenem Geständnis durch Untreue verschuldeten Untergangs.

Darum stellt sich an diesem Punkt – schon tief in der Glaubensgeschichte des ersttestamentlichen Gottesvolkes selbst – notwendigerweise die Frage: Gibt es einen Weg, die ursprüngliche Ordnung wiederzugewinnen? Das ist die heimliche Mitte der dramatischen Glaubensgeschichte des Alten Bundes von Abraham an. Kann die alte Ordnung, der bergende Kosmos wiedergewonnen werden? Antwort: Ja. Aber nicht aus eigener Kraft; das wäre noch einmal Ausdruck menschlicher Selbstermächtigung und müsste darum wieder schief gehen, sondern: Gott selbst muss von sich aus die Ordnung wieder aufrichten. Ob und wie er das tut, darum ringt das Hoffen und Fragen des Alten Testaments, immer dichter, immer existenzieller, wie an den Gestalten des – von gläubigen Juden bis heute – erwarteten Messias oder Menschensohnes greifbar wird.

Christlicher Glaube – das ist gleichsam seine kürzeste Wesensbestimmung – besteht darin, genau diese Frage für definitiv entschieden zu halten, entschieden durch das Ereignis Jesus von Nazaret. Sein Dasein, sein Leben, Tun, Leiden und Sterben bezeugen, dass sogar noch mitten im Chaos der aus Misstrauen gegen Gott geborenen Unordnungen Gottvertrauen menschlich möglich ist – möglich ist, weil Gott selbst trotz des Misstrauens gegen ihn der Treue und Verlässliche, also der gut Meinende vom Anfang bleibt. Jesu Botschaft ist eine einzige Einladung zum Gottvertrauen; die Wundertaten sind symbolische Aufrichtungen der Ordnung, in der die Dinge zwischen Himmel und Erde wieder ins Lot kommen, Menschen mit sich selbst und untereinander wieder zum Einklang finden. Man nehme nur die Seligpreisungen der Bergpredigt: Sie sind ein einziges Portrait des Menschen, der so ist, wie Gott ihn gemeint hat: der nicht leugnen muss, dass er zutiefst arm ist; der nicht die Trauer verdrängt und keine Gewalt anwendet, weil er Gott traut, dass er es trotz der Armut, trotz der Trauer gut mit ihm meint und dass er darum nichts verliert, wenn er sich nicht mit Gewalt durchsetzt.

Dieses alles unterfangende Vertrauen in Gott ist die innerste Mitte der Existenz und Gestalt Jesu. Durch es hat er lebendiges Gleichnis Gottes sein können. Vor allem hätte ohne das unbedingte Gottvertrauen sein Leben nicht so geendet, wie es geendet hat: Jesus hätte vor dem Kreuz fliehen können und Petrus hat das ja auch vorgeschlagen auf dem Weg nach Jerusalem hinauf (vgl. Mk 8,32). Aber eine solche Flucht hätte genau die Botschaft, die er brachte und die er war, wieder dementiert. Stattdessen steht er zu seiner Botschaft vom Gottvertrauen genau dadurch, dass er für diese Botschaft sein Leben drangibt, weil er vertraut, dass dieser Gott auch und erst recht sich gerade in dem Augenblick als der Treue, der Verlässliche, der Tragende erweisen wird, da ihm selbst alles und das Letzte genommen wird, er sich selbst. Auch im Ende, da jede vermeintliche Selbstmacht als Trug offenkundig wird, stürze ich nicht ins Nichts. Gott hält mein Leben mitsamt dem Sterben in seiner Hand. Und darum muss mich das Ende nicht ängstigen, weil ich auch im Ende bei Gott lebendig bleibe. Das ist die Verheißung der Osternacht. Gottvertrauen heißt darum im Tiefsten: Ich glaube an eine Innenseite meines Lebens, die an die Ewigkeit rührt. Dieser Glaube beruhigt die Angst. Und erst in solcher Freiheit von der Angst kann ich wirklich leben: ohne Hast, zu kurz zu kommen, sensibel für die leisen Töne und die Schönheit der Geschöpfe, behutsam im Umgang mit ihnen, geschwisterlich gegenüber meinesgleichen und – nicht zu vergessen! – fähig, mich selbst in rechter Weise zu mögen. Dann verstehe ich auch, dass die in meinem Wesen angelegte Ordnung, von der die Schöpfungsgeschichten erzählen, mich nicht einengt und knechtet, sondern freimacht, frei zum Leben.

— Fest und Feier —

Und weil Menschen aus Fleisch und Blut und nicht bloß aus Geist diese Geschichten erzählen und erleben, deswegen fassen sie einige der grundlegenden Ereignisse aus diesen Gottesgeschichten nicht nur in Worte, sondern auch in Zeichen und Riten und Feste: Das sind die Sakramente, jedes mit seiner besonderen und detailgenauen Stimmigkeit gemäß einer Logik der Seele. Auch sie dienen genau demselben Ziel wie die biblischen Geschichten: das menschliche Leben menschlich und lebendig zu erhalten. Daher versteht sich dann auch von selbst, warum tätige Nächstenliebe und soziale Solidarität nicht äußerlich zu den Gottesgeschichten hinzutreten, sondern in diesen selbst vorkommen und durch diese vor dem Vergessen bewahrt bleiben.

Trotzdem erscheinen vielen Christen die Feier der Sakramente und das Gotterzählen oft blutleer und weltfremd und belanglos. Das hat wesentlich damit zu tun, dass das, was beides will, oftmals im Grunde gar nicht wirklich ernst genommen und so im Verkünden und Handeln jenes innere Geschehen des Gottsuchens veräußerlicht wird. Früher hat man die Glaubensgeschichten und -symbole vermoralisiert, mit verheerenden Folgen. Heute werden sie auf Unterhaltungswert getrimmt in der Hoffnung, dass das dann bei einigen von denen ankomme, die gefragt haben: Was bringt mir das? Die Folgen sind genauso verheerend. Denn auf diese Weise unterbricht das pastorale Tun nicht die Verhältnisse, die Menschen krank machen, sondern reproduziert sie. Darum haben Seelsorge und Verkündigung nahezu völlig ihre seelische Heilkraft eingebüßt. Sie muss gegen jene Veräußerlichung von Grund auf neu erkämpft werden. Und notabene: Pastorales Tun ist niemals neutral. Entweder heilt es oder es macht krank.[15]

Wenn diese Heilkraft des Glaubens wiedergewonnen ist, dann muss diese – das ist ein zweiter Schritt – von den Menschen, jeder und jedem Einzelnen (wieder) entdeckt, muss der Einzelne von ihr angezogen werden. Das hängt davon ab, dass Christen, vielleicht nur wenige, ganz unter der Faszination der Gottesfrage stehen und darum so leben, dass an ihnen von selbst sichtbar wird, was ihnen das Wichtigste ist. Eine uralte religiöse Erfahrung weiß:

Wem Gott wichtig ist, der braucht verblüffend wenig, um glücklich zu sein. Darum wird gelebtes Christsein immer einhergehen mit einer Einfachheit im Leben und Handeln. Unter unseren heutigen Voraussetzungen ist solche Einfachheit nicht zu haben ohne ein Bescheidenwerden, ja ich sage es einmal so altmodisch: ohne eine Enthaltsamkeit, die in dem Wissen gründet, dass unser Glück nicht davon abhängt, alles haben und tun zu müssen, was man haben und tun kann. Wahrscheinlich werden wir alle in ziemlich absehbarer Zeit erleben, wie fundamentale Bereiche unseres bisherigen Lebensstils unter den Folgen der »Was-bringt's-mir-Haltung« zusammenbrechen. Die Christen werden dann begründet einen Stil aufzubieten haben, der nicht nur alternativ, sondern buchstäblich überlebensnotwendig sein wird. Jesu Gleichnisrede vom Salz der Erde (vgl. Mt 5,13) und vom Sauerteig (vgl. Mt 13,33) ist so unverbraucht wie in der Geburtsstunde unseres Glaubens. Aber nicht vergessen: Gleichnisse informieren nicht über etwas, sie treffen ihre Hörerschaft! Die offenen Ohren, die es dafür braucht, die zwar sind unser Part. Aber um sie beten dürfen wir auch.

SIEBTES KAPITEL

Werte in der Diskussion

1. Kleiner Vorspann

— Zweischneidiges Wort —

Gleich eine schlechte Nachricht vorweg: Die Rede von »Werten« hat in der Philosophie seit Längerem eine schlechte Presse. Im langen Schatten Nietzsches zieht, wer von Werten redet und solche urgiert, fast automatisch den Verdacht auf sich, mehr oder weniger explizit Nihilist zu sein, weil er mit den Werten und ihrer Normativität gegen den Willen zur Macht – und das meint: gegen den spontanen, von Instinkten getragenen Willen zum Leben und gegen das Wissen um dieses Betriebsgeheimnis der Kultur – zu Felde zieht.

— Nervöse Suche nach Verbindlichem —

Zwar hatte das Erschrecken über den I. und II. Weltkrieg und die Barbarismen der roten und braunen Diktatur die Konjunktur dieses ethischen Naturalismus bei uns eine Weile gehemmt. In der Nachkriegszeit speiste sich Ethik weitreichend aus den Ressourcen der am wenigsten beschädigten Traditionsträger, also der christlichen Kirchen (das war die Hoch-Zeit eines Romano Guardini, Peter Wust, August Brunner, Johannes Hessen, um nur wenige Namen zu nennen). Anfang der 70er Jahre kam es dann – durchaus nicht unverbunden mit der kritischen Infragestellung von Autorität überhaupt durch die 68er – zu einer Wiederentdeckung der Praktischen Philosophie als eines Pluralismus eher geschmeidiger sogenannter »angewandter Ethiken« unter aristotelischem Vorzeichen (für Aristoteles' Ethik ist der Bezug auf die konkrete, begrenzte Polis konstitutiv). Angesichts der nahezu lawinenartigen Ausdifferenzierung solcher Teilbereichsmoralen stellt sich aber rasch das Problem der Segmentierung und Fragmentierung humaner Lebenswelten, am unübersehbarsten dadurch, dass für alles und jedes nach Spezialisten gerufen wird. Dementgegen kommt es zu einer neuen Suche nach universalen, die durchschnittliche humane Lebenswelt umgreifenden, normativen Kräften. Und diese scheinen unter den Bedingungen weltanschaulicher, religiöser und politischer Pluralität sowie freiheitlicher Demokratien am ehesten im Rahmen einer Theorie kommunikativen Handelns formulierbar, nämlich in der Gestalt der sogenannten Diskursethik, die, im Wesentlichen von Karl-Otto Apel und Jürgen Habermas grundgelegt, als das einflussreichste Modell philosophischer Ethik in unserem kulturellen Raum gelten kann. Nahezu die gesamte deutschsprachige christliche Sozialethik der Gegenwart ist der Diskursethik verpflichtet. Will man heute über Werte und Wertewandel diskutieren, scheint mir sinnvoll, bei diesem Stand der Ethikdiskussion anzusetzen, nicht zuletzt, weil sich je länger, je mehr gerade bei Habermas eine zunehmende Sensibilität für das abzeichnet, was er prädiskursive Ressourcen von Normenproduktivität nennt, worunter auch das fällt, was man religiöse, sapientiale oder ästhetische Grundüberzeugungen oder Werte nennen könnte.

2. Diskursethik für Eilige

— Ethik und Sprache —

Der Grundgedanke der Diskursethik nimmt sich dabei ausgesprochen einfach aus. In Apels eigener (und typischer) Diktion lautet er:

»Diejenigen Präsuppositionen des Argumentierens können als letztbegründete Prinzipien angesehen werden, die ohne performativen Selbstwi-

derspruch nicht bestritten und eben deshalb auch nicht ohne Zirkel (petitio principii) logisch begründet werden können.«[1]

Der scheinbar komplizierten Rede einfacher Sinn: dass wir – wenn wir argumentieren – unausgesprochen Voraussetzungen in Anspruch nehmen, die wir, wenn wir sie bestreiten wollten, selbst noch für diese Bestreitung in Anspruch nehmen müssten – weshalb sie eben unhintergehbar sind und ihre Bestreitung den Bestreiter in einen sogenannten performativen (handlungsvollziehenden) Selbstwiderspruch verwickelte. Letzteres wäre z.B. der Fall, wenn jemand in einer Diskussion auf das Argument seines Gegenübers antwortete: »Du hast recht, aber das interessiert mich nicht. Denn Argumente sind Unsinn.« Dann hätte ich mit dem Inhalt meiner Rede etwas zum Ausdruck gebracht, was im Widerspruch zu dem steht, was ich gleichzeitig mit diesem sprachlichen Ausdruck getan habe; konkret: Ich hätte dafür argumentiert, dass Argumentationen belanglos sind. Wenn ich ernsthaft in eine Argumentation eintrete, habe ich aber anerkannt, dass Argumente, die akzeptabel sind, zählen. Ich kann sie nicht durch Bekundung meines Desinteresses entkräften, sondern nur durch argumentative Widerlegung oder bessere Alternativargumente. Der andere Weg führt lediglich zum Kommunikationsabbruch. Formal unterscheidet Apel (in enger Nähe zu Habermas) vier Geltungsansprüche, die der oder die Sprechende in jedem argumentativen Sprechakt erhebt:

(a) einen Anspruch auf Wahrheit;
(b) einen Anspruch auf Wahrhaftigkeit;
(c) einen Anspruch auf normative Richtigkeit;
(d) einen Anspruch auf Verständlichkeit der Aussage, wobei dieser vierte Geltungsanspruch den anderen drei zugrundeliegt.

Damit solche Ansprüche aber von Diskurspartnern gegeneinander überhaupt erhoben werden können, müssen folgende Voraussetzungen für alle Beteiligten gelten:

(a) Die Kommunikationspartner müssen sich gegenseitig unterstellen, einen Wahrheitsanspruch zu erheben.
(b) Sie müssen sich wechselseitig für wahrhaftig halten.

(c) Sie gehen davon aus, dass nur die Qualität eines Arguments und nicht etwa Machtansprüche oder Machtmittel Geltungskriterien sind.
(d) Konsens ist Resultat der Zustimmung zum stärksten aufgebotenen Argument. Und
(e) die Zustimmung muss frei, also ausschließlich aus Vernunftgründen erfolgen.

— *Schwachstellen* —

Apel selbst ist sich darüber im Klaren, dass diese Voraussetzungen vollständig nur in einer idealen Kommunikationsgemeinschaft erfüllt werden, hinter der die reale immer ein Stück zurückbleibt. Darum fügt er der Prinzipienebene seiner Diskursethik einen sogenannten »Teil B« an, den er als »Verantwortungsethik« bezeichnet. Dieser dient dazu, in Situationen, in denen nicht-ideale Kommunikation herrscht, aber dennoch Entscheidungen gefällt werden müssen, zu moralisch gerechtfertigtem Handeln zu kommen. Als Kriterium für diesen Bereich nicht aufschiebbaren Handeln-Müssens gilt: Ich muss so handeln, dass jeder andere, der in dieselbe Lage gerät, prinzipiell meinem Handeln nachträglich zustimmen könnte.[2] Diese Formulierung erinnert stark an Kants »Kategorischen Imperativ«. Apel will aber gerade über den formalen kantischen Universalismus hinaus zu einer gewissen Konkretheit und Inhaltlichkeit seiner Ethik kommen. Das versucht er dadurch, dass er der realen Kommunikationsgemeinschaft die ideale Kommunikationsgemeinschaft als Maßstab vorgibt, weil ja alles Argumentieren auf Wahrheit und Verstehen angelegt sei. Daraus zieht Apel eine Art geschichtsphilosophisches Postulat: Alles Handeln muss darauf gerichtet sein, letztendlich die ideale Kommunikationsgemeinschaft in der realen zu verwirklichen; dazu gehört aber unabdingbar auch, in diesem Handeln jetzt schon um das Überleben der Menschheit als realer Kommunikationsgemeinschaft Sorge zu tragen (hinter der Idee der idealen Kommunikationsgemeinschaft stehen für Apel im Übrigen der sokratische Dialog und die christliche Urgemeinde gleichermaßen Pate).

Manche haben Apel wegen dieses idealistischen – oder anders gesagt: utopischen – Zuges der Diskursethik vorgeworfen, zur Erreichung des Zieles auch sogenanntes strategisches – also nicht-konsensuelles und nicht-kommunikatives – Handeln wie Tricks oder Lüge oder im Extremfall Terrorismus (zur Durchsetzung der idealen Kommunikationsgemeinschaft) zuzulassen, weil alle utopischen Konzepte dazu tendierten. Ihnen erwidert Apel in einer Art Vertiefung des eben erwähnten geschichtsphilosophischen Postulats nur: Eine reale Kommunikationsgemeinschaft dürfe auf dem Weg zu ihrer Idealität niemals den kommunikativen Standard aufgeben, den sie bereits erreicht habe. Dabei dürfte es sich um einen Fall des sogenannten »naturalistischen Fehlschlusses« handeln, der darin besteht, dass daraus, dass etwas so und so ist, geschlossen wird, dass es so und so sein soll. Wenn damit behauptet wird »Gut ist – also sein soll – , was kommunikativ ist«, setzt das voraus, dass Kommunikation prinzipiell gut ist. Das aber bedeutet, das im Vordersatz stehende Prädikat »gut« dadurch zu bestimmen, dass es im Nachsatz implizit wieder in Anspruch genommen wird, also ein typisches Zirkelargument.

3. Die Achillesferse kommunikativer Ethik

— *Verhandelbarkeit* —

Wie schwach dieser letztere Zug in Wirklichkeit ist, zeigt sich heute – ein paar Jahrzehnte nach Grundlegung der Diskursethik – unübersehbar. Im Horizont einer zum Prinzip erhobenen formal-diskursiven Konsensbildung ist mit ganz, ganz wenigen Ausnahmen inhaltlich schlichtweg alles verhandelbar geworden. Die trefflichsten Belege finden sich im Mediensektor. Man kann heute öffentlich über beinahe alles reden, sich zu beinahe allem bekennen. Ob er denn seiner Stute treu bleibe oder gelegentlich auch wechsle, fragte die Moderatorin einer nachmittäglichen Talkshow im Privat-TV vor einigen Jahren ihren Studiogast, den sie wegen seiner erotischen Vorliebe für Pferdeweibchen eingeladen hatte.

Sucht man nach den eigentlichen Wurzeln des Phänomens der praktizierten, prinzipiellen, diskursiven Verhandelbarkeit, ist durchaus auf der falschen Fährte, wer primär die Jagd der privaten Sender nach Einschaltquoten und entsprechendem Profit dafür verantwortlich macht. Die Wurzeln finden sich ganz woanders, nämlich in der Praktischen Philosophie selbst. Anfang der 90er Jahre handelten die Studierenden des eher liberalen College Antioch in Ohio, USA, im Studentenparlament einen neuen Verhaltenskodex aus. Das Folgende ist kein Beispiel, das ich (typisch katholisch sozusagen) ausgesucht hätte, sondern war der originale materiale Einsatzpunkt des Phänomens: Im Zug des Political-Correctness-Movement – also dem Bestreben einerseits Minderheiten und andererseits Frauen gesellschaftlich gleiche Chancen und Rechte einzuräumen – beschlossen jene Studentenkreise, dass jede erotische oder sexuelle Aktion (egal ob hetero- oder homosexuell) nur durch explizite Fragen des einen und explizite Antworten des anderen Partners legitimiert sein sollten. Darf ich mich neben Dich setzen?. Ja/Nein. – Darf ich Dir in die Augen schauen? Ja/Nein. – Darf ich Dich an der Schulter berühren? Ja/Nein. – Darf ich etc... Ja/Nein. Die Prozedur ist in den USA mit unglaublicher Geschwindigkeit zum öffentlichen Standard geworden. Ein um wenige Sekunden zu langer Blick in die Augen einer Kollegin oder gar einer Untergebenen (ohne dieses Frage-Antwort-Pingpong) kann einem Mann eine dollarmillionenschwere harassment-(Belästigungs)-Anklage eintragen, spezialisierte Anwälte stehen in Legion bei Fuß.

Das wirkt zwar auf den ersten Blick abstrus und sehr amerikanisch, aber das ist gar nicht der Punkt. Vielmehr vollzieht sich in diesem Vorgang und seiner Verbreitung eine tiefreichende Umstellung von Moral überhaupt. An die Stelle dessen, was »man« in einer Gesellschaft tut oder nicht tut, was also in ihr gilt, ohne ausgesprochen werden zu müssen, tritt eine Verhandlungsmoral, die damit steht und fällt, dass ausdrücklich artikuliert wird, was die konkreten Verhandlungspartner als für sie geltend aushandeln. Die Inhalte der Verhandlungen selbst werden dabei verrückterweise vollständig belanglos, gleichsam moralisch wertneutral. Darum auch kann man problemlos und mit allen Details öffentlich über die von einem selbst bevorzugte Form sexueller Praxis berichten (egal ob Pferdeliebhaberei, Sado-Masochismus oder sonst etwas). Nicht mehr sexuelle Praktiken werden im ethischen Diskurs bewertet, sondern ihr korrektes oder nicht-korrektes Zustandekommen durch verbal ausgehandelten Konsens. Herauskommen kann dabei Sex ohne Beziehung genauso gut wie Beziehung ohne Sex, Letzteres exakt belegt im Übrigen durch die amerikanische neue Keuschheitsbewegung (die allerdings längst einer Verlogenheit überführt ist, die ihresgleichen sucht). Gleichzeitig verschwindet das, was in der bisherigen Moral als »Perversion« galt. Jede Form sexueller Performance ist in Ordnung, solange sie zwischen den involvierten Partnern korrekt ausgehandelt wird. Eine einzige Ausnahme – also Perversion – bleibt: Sex mit Kindern und Kinderpornographie. Warum? Weil das Ungleichgewicht der kommunikativen Möglichkeiten zwischen einem Erwachsenen und einem Kind eine konsensuell verfasste Verhandlungsmoral nicht zulässt.

— *Unbeabsichtigte Folgen* —

Über die Folgen dieser Transformation für die Tiefenstruktur von Beziehungen, Erotik, Sexualität und Gesellschaft wäre viel zu sagen, z.B. darüber, dass – wie gerade das Beispiel der Pädophilie verrät – die Verhandlungsmoral Machtgleichgewichte voraussetzt, also vom Machtbegriff gesteuert wird. Oder dass die diskursethische Regelung von Sexualität diese dem Versuch einer radikalen Rationalisierung unterwirft. Worte wie »Leidenschaft«, die erotische Poesie des alttestamentlichen Hoheliedes oder das Verrücktsein Liebender nacheinander, wie es Botho Strauß in seinem Bühnenstück »Der Park« von 1984 in Hör- und Schaubilder setzt, wirken vor diesem Hintergrund wie Hieroglyphen von einem anderen Stern. Und genauso natürlich auch der Begriff der »Sünde«. Die katholische Kirche ist noch die einzige Institution, die dieses Wort im Zusammenhang der Sexualität gebraucht. Manche Kulturdiagnostiker von heute erblicken wegen dieser *»rebellischen Antiquiertheit«*[3] in der katholischen Kirche die letzte Anwältin einer als Abenteuer verstandenen Erotik – verkehrte Welt, und doch im Kern richtig: Wo verhandlungsmoralisch alles möglich wird, ist eigentlich auch alles egal und darum binnen kürzester Zeit langweilig. Womit ich in keiner Weise der katholischen Sexualmoral einen Persilschein ausgestellt haben möchte – zu lange ging zu viel Krankmachendes mit ihr in der Praxis einher (und in Restbeständen tut es das manchmal immer noch).

4. Jenseits der Verhandelbarkeit

— *Überforderung* —

Verhandlungsmoral erklärt für legitim und moralisch, was zwei (oder mehrere) konsensuell vereinbart haben. Dabei dürfen sie sich – wenn sie wollen – auch bis zum Letzten erniedrigen, sogar quälen; was Traditionen, Religionen, Philosophien und Sitte über das Menschsein sagen, muss sie nicht behelligen. Ob sich dieses ganze Sediment menschlicher Selbstverständigungen jenseits gewisser Grenzbereiche ungestraft ignorieren lässt, steht auf einem anderen Blatt. Mehr als genug spricht dagegen. Zahllos sind die Zeugnisse von Betroffenen, die sich nach exzessivem Erleben extremer Beziehungsformen in ihrem durchschnittlichen Alltag nur noch mit therapeutischer Hilfe zurechtfinden. Es scheint mir kein Zufall, dass Soziologen in verhandlungsmoralisch imprägnierten Gesellschaften einen Trend aufgespürt haben, den sie – wohl aus Mangel an besseren Namen – »intimate citizenship« nennen. Der kaum zu übersetzende Ausdruck umschreibt eine auch das Sexuelle einbegreifende, demokratisch-pluralistische Einstellung, in der gleichberechtigte Subjekte ihre Intimität – vom eigenen sexuellen Selbstverständnis bis zur Kinderaufzucht – selbstbestimmt leben, dabei aber die Grenzen, die durch die entsprechenden Ansprüche anderer entstehen, achten. Frage: Warum aber soll ich denn solche Grenzen respektieren? Antwort: Weil sich offenkundig noch und gerade unter dem Vorzeichen radikaler Gleich-Gültigkeit von Lebensentwürfen und Praktiken ein Gespür dafür meldet, dass es nicht gleichgültig ist, was ich mit anderen und sie mit mir machen, kurz: dass es jenseits der Verhandlungsmoralen offenkundig Limits, Bestimmungen oder altmodisch gesprochen so etwas wie ein Wesen des Menschen gibt. Genau das ist der philosophische Ort, wo meiner Ansicht nach eine sogenannte »Wertdediskussion« anzusetzen hätte – also nicht primär präskriptiv, sondern deskriptiv in Gestalt rationaler Anthropologien, die zugleich etwas vom Unverfüglichen, von den Grenzlagen und der Würde des Humanen gerade in Stadien seiner Verletzbarkeit oder Verletztheit zur Geltung bringen.

— *Religiöse Sinnressourcen* —

Eine solche im Blick auf Ethik skizzierte Anthropologie muss nicht notwendig a priori religiös grundiert sein, wenngleich solche Ethiken ihre Leitmotive, die sie natürlich auch haben, bisweilen recht positivistisch oder dezisionistisch einführen.[4] Aber mir scheint alles andere als ein Zufall, dass ein so sensibler und kritischer Zeitgenosse wie Habermas damals in seiner Paulskirchenrede[5] 2001, erneut bei seiner Diskussion mit Kardinal Ratzinger Anfang 2004[6], dann wieder bei der Entgegennahme des Kyoto-Preises Ende 2004[7] sowie in einem im gleichen Jahr mehrfach gehaltenen Vortrag über Kants Religionsphilosophie[8] angesichts von Herausforderungen wie etwa derjenigen der Humangenetik die Forderung erhebt, mit prädiskursiven, normativen Ressourcen wie namentlich dem jüdisch-christlichen Gedanken der Gottebenbildlichkeit schonend umzugehen, um überhaupt verstehbar bleiben zu lassen, warum man mit Menschen an ihrem Lebensanfang, im Gang ihrer Biographie und am Lebensende nicht alles machen darf, was man prinzipiell machen kann. Die Verlustgeschichte der Moderne – so Habermas – bedürfe um deren Fortschreibung willen der Konterkarierung durch die – wie ein Kommentator zusammenfasste –

»... säkularisierende[n] Entbindung religiös verkapselter Bedeutungspotentiale [auf eine Weise, dass dabei; K.M.] der ursprünglich religiöse Sinn ... nicht auf eine entleerende Weise deflationiert und ausgezehrt werde.«[9]

— *Übersetzungsarbeit* —

Damit solche Übersetzungsprozesse zustande kommen können, müssen jene Bedeutungspotenziale freilich seitens ihrer Traditionsträger präsent und für den öffentlichen Diskurs anschlussfähig gehalten werden. Das scheint mir nur unter dem Vorzeichen einer intensiven Hege des Verhältnisses von Vernunft und Glaube und einer wohlprofilierten philosophisch-theologischen Anthropologie und Theorie des Subjekts möglich (in dieser Hinsicht wird derzeit theologisch kräftig gesündigt). Andernfalls schlägt – wie derzeit in den USA – das Pendel auf die Gegenseite aus, und zwar in Gestalt eines rigiden, bisweilen militant-christlichen Kommunitarismus, der von der Geltung seines materialen Normenkodex so überzeugt ist, dass dieser keiner weiteren Begründung als der seiner geschichtlichen Bindekraft und seiner sozialen Ordnungsmacht bedarf (darum dreht sich die schon lange anhaltende, hitzige Debatte in der US-amerikanischen christlichen Sozialethik zwischen Stanley Hauerwas und Jeffrey Stout).

— Der Appellallergie gegensteuern —

Was das Praktische betrifft, muss man sich darüber klar sein, dass gerade für diesen Fall einer solchen Kommunikation prädiskursiver Bedeutungspotenziale gilt, dass (a) nur existiert, was in den Medien nachhaltig vorkommt, und (b) solche Potenziale primär eingelassen in lebensweltliche Geschichten, also indirekt – dafür aber umso nachhaltiger – kommuniziert werden durch ihre überzeugende literarisch-ästhetische Repräsentanz, nicht durch ihre reflexive Traktierung. Das heißt konkret: Die Eröffnung einer Wertediskussion oder die Beteiligung an ihr wird für die Kirchen primär über die Bewusstseinsweckung, Kompetenzbildung und Förderung von im Medienbereich Tätigen auf geeigneten theologischen und ästhetischen Foren laufen. Die Vertiefung der Debatte auf einer Metaebene und für Multiplikatoren gehört in den typischen Aufgabenbereich der Hochschulen, Akademien und Fortbildungsinstituionen pastoral und pädagogisch Tätiger. Allgemeinen theoretischen Verlautbarungen zu Werten an die Adresse der breiten Öffentlichkeit dürfte unter den gegebenen Umständen eher Belästigungscharakter eignen.

Kommunikationstheoretisch ist zu beachten, dass es in Wertfragen generell und gegenüber kirchlichen Verlautbarungen speziell eine weit reichende Appellallergie gibt. Appelle werden von vielen Hörerinnen und Hörern als Diebstahl am eigenen Copyright empfunden. Auch gut gemeinte Appelle berauben den Empfänger des Urhebererlebnisses, das sich dadurch einstellt, dass sie oder er von selbst auf die normative Konsequenz einer Aussage kommen (daher ist in Wertfragen die indirekte Kommunikation so wichtig). Das Merken der Absicht, das – laut Goethes »Torquato Tasso« – ästhetisch zur Verstimmung führt, endet ethisch im Boykott. Schon Jugendliche reagieren infantil oder destruktiv, wenn ihnen als gut vorgeschrieben wird, was sie selbst als gut entdeckt haben. Präskriptive Diskretion wirkt wie eine Rätselzeichnung, bei der die oder der Betrachtende durch das Ausziehen der Verbindungslinien zwischen gegebenen Punkten die gemeinte Gestalt erst selbst sichtbar macht. Selbstbeteiligung an der Normfindung beflügelt bei der Normverwirklichung. Und Werte gewinnen ihre Plausibilität nicht zuletzt, sondern weitreichend durch das Vertrauen, das ihre Träger in deren Selbst-Performanz setzen.

ACHTES KAPITEL

»Sei du dein und ich werde dein sein« oder: Über die Kunst christlicher Subjektwerdung

1. Subjekt-Geschicke

— Dreifache Entthronung —

Der Subjektgedanke hat in Theologenkreisen derzeit keine sonderlich gute Presse. Von außen gesehen wirkt das ein wenig kurios – wie ein verspätetes Echo aus der binnenphilosophischen Diskussionslage der ersten zwei Drittel des 20. Jahrhunderts. Ohne Übertreibung lässt sich nämlich konstatieren: Die Philosophie des letzten Jahrhunderts als solche bereits setzt mit einer radikalen Attacke auf das Subjekt ein. Drei philosophische Werke markieren diesen Neueinsatz symbolisch: Ludwig Wittgensteins »Tractatus logico-philosophicus« (1921), Georg Lukács' »Geschichte und Klassenbewußtsein« (1923) und Martin Heideggers »Sein und Zeit« (1927). Unbeschadet der gänzlich verschiedenen und kompliziert verlaufenden Wirkungsgeschichten treffen sich die drei Bücher in einem systematischen Resultat: Der »Tractatus« initiiert eine sprachanalytische Dezentrierung des Subjekts, »Geschichte und Klassenbewußtsein« eine ideologiekritische und »Sein und Zeit« eine ontologische. Diesen Vorgang »Dezentrierung«, also Vertreibung aus der Mitte, zu nennen, scheint mir fast noch zu schwach. Die langfristigen und bis in die unmittelbare Gegenwart wirksamen Folgeprozesse der Rezeptionsgeschichte dieses dreifach-einen Frontalangriffs auf den

Subjektgedanken nötigen vielmehr dazu, umstandslos von Subjekt-Destruktion zu sprechen: Ein wichtiger Teil der Analytiker wollte das Ich, diesen Sündenfall der Alltagssprache gegen alle wissenschaftliche Genauigkeit, dieses Gespenst in der biologischen Maschine, ganz aus der Weltbeschreibung eliminieren. Die Ideologiekritiker suchten alles Geistige, Subjektive aus intersubjektiven Anerkennungsakten abzuleiten oder in informationsverarbeitende Prozesse umzuformen. Und die ontologische Dezentrierung, die von Heidegger herkommt, von Levinas, aber auch von Gadamer noch zugespitzt wird, entlarvt das angebliche Herrschersubjekt, diesen vermeintlichen Herrn im Haus des Lebens, als narzisstische Selbsttäuschung und stutzt das Subjekt auf *»... ein Flackern im geschlossenen Stromkreis des geschichtlichen Lebens«*[1] zurück, wie Gadamer einmal bezeichnend schreibt.

— *Postmodernes* —

Die Auseinandersetzung mit der zweiten und dritten dieser drei Quellen der Subjektkritik erspart nahezu gänzlich die Beschäftigung mit all jenen Abgesängen auf das Subjekt, die heute üblicherweise unter dem Etikett »postmodern« kursieren. Bei Lukács und Heidegger, auch bei Adorno noch lässt sich unschwer hinter den subjektkritischen Theoremen als deren Treibsatz die damals hochwirksame, ganz und gar von Nietzsche durchherrschte Lebensphilosophie ausmachen – also genau das, was das Gros postmoderner Wortmeldungen in Sachen Subjektivität beflügelt. Im Vergleich mit dem, was Heidegger und Adorno diesen Motiven in Absicht einer *»Rehabilitierung der Philosophie nach ihrem Ende als Metaphysik«*[2] abgewannen, handelt es sich bei den meisten Verlautbarungen der diesbezüglichen Nachfahren um einen Epigonalismus, der seine Überväter auf Infotainment-Niveau herabmoderiert. Das hat aber nicht verhindert, dass ganze Kohorten von Theologen mit teils unverhohlener Genugtuung in die Trauermärsche einstimmten, die das Subjekt zu Grabe geleiteten – in verblüffenden Konstellationen im Übrigen, die vom liberalen David Tracy über einen Edward Schillebeeckx, einen – ja auch das – Joseph Ratzinger bis zur Neuen Politischen Theologie auf der Linken und dem Thomismus strikter Observanz am rechten Rand des Spektrums reichen konnten.

— Rehabilitierung —

Diesem breiten Konsens, der in Teilen noch immer besteht, ist freilich entgangen, dass philosophisch schon Mitte der 60er Jahre dort, wo man es am wenigsten erwartete, nämlich mitten in der sprachanalytischen Philosophie, so etwas wie eine Gegenbewegung, eine Rehabilitierung des Subjektgedankens einsetzte. Das hatte zur Folge, dass der Gedanke einer Unhintergehbarkeit, also Letztgeltung des Subjektgedankens in der menschlichen Selbstbeschreibung gerade aus seinen radikalsten Bestreitungen gehärtet hervorging. Die Weise, in der das geschah, machte diese sprachanalytische Subjekttheorie zur natürlichen Gesprächspartnerin derer, die bis heute in kritischem Anschluss an Kant, Fichte, Hegel, Schelling und Hölderlin zu einer äquivalenten Position kommen. Das gilt auf herausragende Weise für Dieter Henrich und einige seiner Schüler. Sie kommen dabei zu einem Begriff von Selbstbewusstsein, der Letzteres als unhintergehbar und als vorpropositionales, d. h. als nicht durch Sätze über Sachverhalte vermitteltes, Mitsichvertrautsein oder Beisichsein des Subjekts bestimmt. Letzteres deckt sich bis in die sprachliche Form mit der Weise, in der auch der frühe Karl Rahner Subjektivität zu fassen pflegte. Die zum Teil sich schon über Jahrzehnte erstreckenden Bemühungen beider Forschungsstränge um Selbstbewusstsein und Subjektivität verraten dabei etwas von deren Komplexität und von den Grenzen des Wissens, an die man dabei offenkundig stößt. Trotzdem wird solches Bemühen um eine vertiefte Selbstverständigung nirgends zum Erliegen kommen, wo jemand es als seine oder ihre Aufgabe begreift, ein bewusstes Leben zu führen.

Diese Herausforderung stellt sich umso mehr, als ganz unabhängig von der eben beschriebenen innerphilosophischen Wende zum Subjekt seit etwa Mitte der 80er Jahre so etwas wie eine Inflation von Einlassungen diversester Couleur und Provenienz über das Subjektsein und Subjektwerden im Gange ist, die Henrich nicht ohne Ironie als gegenwendigen Pendelschlag zur Konjunktur von wie auch immer angelegten Naturalisierungsprogrammen interpretiert, wenn er schreibt:

»Betont lässige Indifferenz, auch gegen jedes sich Mühen um Begründungen, und die Bereitschaft zur Unterwerfung in einer der Sektenre-

ligionen des Selbst sind somit zwei Ausdrucksformen ein und derselben Bewußtseinslage.«[3]

Solchen Subjektivitätssurrogaten, wie sie vor allem in Gestalt von Körperkulten und spirituellen Wellness-Angeboten auftreten und nicht unerhebliche Teile des religiösen Marktes besetzen, wird darum mit Grundlagenbesinnungen entgegenzutreten sein, die die klassischen Traditionsressourcen kritisch aneignen wie gleichermaßen zeitdiagnostisch sensibel auf ihre Anschlussfähigkeit an neue Herausforderungen vernünftiger Selbst- und Weltbeschreibung achten. Und genau hier harrt eine hochbrisante philosophisch-theologische Aufgabe ihrer Erfüllung. Denn außer Zweifel steht, dass es ein ganzes Bündel von modernen philosophischen Theoriezusammenhängen gibt, die ohne den Einfluss der drei großen monotheistischen Religionen niemals so ausgebildet worden wären, wie wir sie kennen und bis heute in Gebrauch nehmen. Auf herausragende Weise gilt das gerade für den Gedankenkomplex der Subjektivität. Mit gutem Recht hat Theo Kobusch seinem Buch über »Christliche Philosophie« den lapidaren Untertitel »Die Entdeckung der Subjektivität« gegeben.[4] Denn das – die Idee des inneren Menschen – war und ist in der Tat der zentrale christliche Beitrag zum abendländischen Philosophieren, und zwar auch dort noch, wo Philosophie die Form von Traditions- und Religionskritik annimmt, also in der Moderne. Eine Verständigung über Subjektivität und Subjektwerdung wird also gut beraten sein, diese Wurzeln der Denkfigur zu vergegenwärtigen.

2. Jüdisch-Christliches zu Subjektivität

— *Altes Testament* —

Unumstritten handelt das Alte Testament ab Gen 12 zentral vom Werden und Weg des Volkes Gottes. Dennoch tritt Gott vom ersten Augenblick an immer gleichsam durch das Nadelöhr der Beziehung zu einem Einzelnen in Verbindung mit seinem Volk: Abraham, Mose,

Aaron, Mirjam, Saul, David, Samuel, Amos, Hosea, Jesaja – jedes Mal wird ein Einzelner gerade in seiner ureigenen Einmaligkeit und Subjektivität für das charismatische Leitungs-, für das Königs- oder Prophetinnen- und Prophetenamt in Anspruch genommen.

Verdichtet begegnet dieses Prinzip, wodurch die scheinbar absolut kontingente Biographie einer Einzelperson – sei es historischer Provenienz, sei es literarischen Charakters – Heilsgeschichte vorangebracht oder direkt Gottes Mysterium zugänglich wird, bei Jeremia, Rut, Esther, Judit, Tobit und Jona. Für den rabbinischen Philosophen M.-A. Ouaknin setzt etwa mit dem 6. vorchristlichen Jahrhundert in der jüdischen Tradition eine regelrechte Substitution *»... des Kollektives durch das Einzelne, Besondere ...«*[5] ein. Die Figuren begegnen als persönliches, einmaliges, subjektives Gegenüber zu dem Gott, der sich in einem der Spitzenworte des Alten Bundes – Ex 3,14 – buchstäblich und eminent als Subjekt bekundet. Diese These stützt sich nicht auf die schwierige Semantik des Verses bzw. des Tetragramms JHWH. Zu leicht könnte eine solche Abstützung des Subjektgedankens durch das ohnehin schon nicht unproblematische »Ich-bin-da« der (Einheits)-Übersetzung der Sprachverführtheit geziehen werden. Andererseits – das muss auch hinzugefügt werden – gibt es einen absolut faszinierenden und unglaublich reichen Traditionsstrom christlicher und jüdischer Auslegungen von Ex 3,14, die das unzweifelhaft in diesem Satz auftretende »Ich« umspielen.[6] Gleichwohl beziehe ich mich hier nur auf den für diese Offenbarung des Gottesnamens wahrscheinlich zu machenden theologischen Gehalt: die dynamische, geradezu sakramentale Präsenz der Befreiungstat Gottes im Exodus, die ihn sich immer neu als daseiend bekunden lässt. Das Tetragramm JHWH ist ja grammatisch gesehen ein unvollständiger Kurzsatz (»Er erweist sich als...«), der durch je neue Einzelerfahrungen vervollständigt werden kann, und diese Namenstheologie impliziert – wenn man theologisch näher zusieht – drei Dimensionen: die Verlässlichkeit dieses Gottes, der da spricht, seine Unverfügbarkeit und seine Ausschließlichkeit.[7] Insofern kann mit Blick auf diese Stelle in der Tat von einem *»souveräne(n) Ur-Ich«*[8] gesprochen werden, dessen Wesen (qua Name) ausmacht, der »Ich-bin-da(-bei-euch)« zu sein.

— *Talmud* —

Neben dieser biblischen Quelle des Gedankens des Individuums gibt es noch eine ganz wichtige andere sozusagen aus der gleichen Ecke, und zwar eine, die gewöhnlich nicht so bekannt ist: Dem Talmud nämlich als dem »... *Wesentliche(n) des hebräischen Denkens*«[9], ausgearbeitet in der Zeit vom 2. Jh. vor bis zur Mitte des 6. Jh. nach Chr., ist die Dimension der Subjektivität zum eigentlichen Leitfaden geworden. »Talmud« (wörtlich übersetzt »Studium«, »Lehre«, »Belehrung«) ist der Name für das grundlegende Werk des Judentums, in dem Gesetzesauslegungen von Schriftgelehrten festgehalten wurden. Die Exegese weiß seit Langem, dass den in der schriftlichen Tora festgehaltenen Überlieferungen über lange Zeit mündliche Varianten vorausgingen, ebenso, dass es nach der Verschriftlichung neben dieser weiterhin auch mündliche Traditionen gab. Schon ab dem zweiten vorchristlichen Jahrhundert wurden aber auch solche Traditionen ihrerseits wieder aufgezeichnet. Nach der Zerstörung des zweiten Jerusalemer Tempels im Jahr 70 n. Chr. wurde diese Praxis zu einer Säule jüdischer Identitätsstiftung. So kam es zu denjenigen Sammlungen, Systematisierungen und Ergänzungen der mündlichen Tora, die Talmud heißen. Er versteht sich bis heute als Subjektphilosophie, die den Einzelnen in seiner Einmaligkeit zur Mitte hat, und löst den Anspruch der Subjektivität nahezu ausschließlich in Gestalt der für ihn charakteristischen Hermeneutik ein.[10] Der Einzelne, das Individuum mit seinen unendlich vielen Zügen, Sorgen, Nöten, Freuden und Gefühlen steht im Mittelpunkt. Nur nebenher erwähne ich, dass es – gerade jüdische – Autoren gibt, die auf Koinzidenzen zwischen Talmud und Internet verweisen, sofern es sich in beiden Fällen um ein ganzes Meer (»jam«) von Verweisungszusammenhängen handle, das sich nie ausschöpfen lasse und darum den Gedanken des Individuellen fundiere.[11]

— *Neues Testament* —

Natürlich gibt es neben Altem Testament und dem Talmud noch eine Quelle für den Gedanken der Subjektivität und des Individuums, die – symbolisch gesprochen – nicht in Athen, sondern in Jerusalem liegt: das Neue Testament. Denn dieses durchzieht auf beiden Seiten (der göttlichen wie der menschlichen) des heilsgeschichtlichen Gegenübers eine andere Radikalisierung der Subjekthaftigkeit. Der formal-hermeneutischen des Talmuds gegenüber kann sie als materiale bezeichnet werden: Der trotz aller Selbstbekundung absolut unbegreifliche Gott teilt nicht etwas, sondern sich selbst mit in der Gestalt des Menschen Jesus von Nazaret. In seinem Menschsein unter Menschen, durch sein einmaliges, subjektives Einzelner-Sein legt der verborgene, durch kein Bild zu fassende Gott sich selbst aus. Kraft seiner Subjektivität und Individualität ist Jesus Gleichnis Gottes, Exeget des Vaters (vgl. Joh 1,18). Ohne Rekurs auf den dieses Kerygma systematisch fassenden Gedanken der Inkarnation kann der Hervorgang der abendländischen Bewusstseinsstellung – selbst noch in seiner neuzeitlich-säkularen Version – nicht verstanden werden. Es kann überhaupt nicht überschätzt werden, was die christliche Kernüberzeugung denkerisch anstößt: dass Gott sich dadurch bis zur eigensten Mitte zugänglich macht, dass er sich abhängig macht von dem, was zutiefst sich von ihm abhängig weiß – das ist eine philosophische Reformulierung des Gedankens der Menschwerdung. In gewissem Sinn spektakulär hat diesen Gedanken in unseren Tagen Gianni Vattimo philosophisch in Anspruch genommen, indem er darauf hinwies, dass durch diesen Gedanken eines Sich-klein-Machens Gottes überhaupt die Idee in die Welt kam, dass etwas seine größte Größe im Zurücknehmen seiner selbst und damit im Raumgeben für Anderes erweisen könne.[12]

Auf der menschlichen Seite vollzieht sich diese Radikalisierung dadurch, dass die Zuwendung Gottes, die in Jesus geschenkt wird, Einzelne nicht mehr nur um ihres Auftrags für das Volk willen meint – wie etwa im Fall der Jünger –, sondern oft einfach um ihrer selbst willen in ihrer unableitbaren, ihnen aufgegebenen und geschichtlich von ihnen zu verantwortenden Subjektivität. Der zuvorkommenden, vergebungsbereiten Sympathie Gottes ist der Einzelne in seiner faktischen Existenzverfassung – gerade wenn diese angeschlagen ist! – so wichtig wie und wichtiger als 99 andere zusammen, deren Existenz sich gleichsam im Lot befindet (vgl. Mt 18,12–14 parr.). Die Auseinandersetzung um das Sabbatgebot (vgl. Mk 2,23–3,6 parr.) geschieht in der Fluchtlinie eben dieses Gleichnisses. Jesu Pastoral geht kompromiss-, d.h. voraussetzungslos aus von der Subjekthaftigkeit und Individualität des Einzelnen, um diesen durch die Erfahrung der Gnade qua ungeschuldeter Selbstmitteilung Gottes zur Umkehr zu befähigen, so im Gleichnis vom verlorenen Sohn (vgl. Lk 15,11–32), der Zachäusperikope (vgl. Lk 19, 1–10) sowie der von der Ehebrecherin (vgl. Joh 7,53–8,11).

Was solchermaßen das Kerygma, also den Verkündigungsgehalt prägt, fehlt folgerichtig auch nicht in der paränetischen, das Ethische betreffenden, Summe des Neuen Testaments. Das zwiefältige Hauptgebot Mk 12,28–34 parr. (gebildet aus Dtn 6,4–5 und Lev 19,18) – *»Liebe Gott und den Nächsten wie dich selbst«* – spricht ja von drei Weisen der Liebe, und Jesus stimmt darin der von Lev 19,18 ausgesprochenen Gewichtung der Selbsterfahrung des Einzelnen (»...wie dich selbst«) ohne Vorbehalt zu.

Über diese generelle Zentralität des Subjektiven im NT hinaus lassen sich auch die Wurzeln einer der basalen Intuitionen moderner Subjekttheorie bis ins Evangelium zurückverfolgen: dass sich das Subjekt gleichzeitig und irrreduzibel in und gegenüber seiner Welt findet und weiß, setzt bereits Johannes voraus, um das spezifische Profil des Christus und der Christen als zwar in der Welt, aber nicht von der Welt (vgl. etwa Joh 17,11.14) zu zeichnen.

— *Gespür der Kritiker* —

Man mag es als eine Ironie der Geschichte empfinden, dass neuzeitliche Kritiker des Christentums und Repräsentanten einer – im zumindest religiösen Sinn – post-christlichen Gesellschaftsdiagnose deutlicher als die westlich neuzeitlichen Christen und ihre autoritativen Instanzen den Gedanken individueller Subjektivität als das absolute Spezifikum der christlichen Tradition erfasst haben. Walter F. Otto etwa hat das Christentum ob seiner Hochschätzung des Individuellen gegenüber dem heidnischen Prinzip des Allgemeingültigen als substanzlos verachtet – und mit ihm die ganze Moderne als ein bloß der Religion entfremdetes Christentum.[13]

An diesem Punkt der Individualität bricht die wohl schärfste Differenz zwischen Antike und Christentum auf, und sie hat damit zu tun, dass sich christlich das Individuelle auf einzigartige Weise – ich sage es mal so emphatisch – mit dem Fleischlich-Materiellen verbindet, natürlich im Gedanken der Menschwerdung Gottes. Dieser Gedanke der Inkarnation hat allem Leiblichen samt seinen Grenzen und Schwächen eine vorher niemals da gewesene Dignität verliehen – was im Übrigen gerade die scharfsinnigen Christentumskritiker vom Neuplatoniker Kelsos angefangen über Friedrich Nietzsche bis zu Émile Cioran sehr genau sahen.[14] Schon als das Christentum im zweiten Jahrhundert in den Raum kultureller Öffentlichkeit trat, lautete in dem diesen Raum beherrschenden neoplatonischen Milieu einer der schärfsten Einwände, die neue Religion sei wegen des menschgewordenen Gottes, der dann auch noch am Galgen stirbt, schlichtweg geschmacklos – also ein ästhetischer Verstoß – und darum höchstens etwas für Idioten, ganz entsprechend dem – so wörtlich – *»idiotischen Charakter«*[15] des Stifters dieser Religion, bei dem es sich um einen gewissen Chrestos handle, so der eben erwähnte Kelsos.

— Springender Punkt »Menschwerdung« —

Die christliche Denkform steht und fällt mit ihrem inkarnatorischen Fundament, denn nur so kann sie den für sie konstitutiven Bezug nicht nur zum Konkreten, sondern auch zum Ungestalten und Zerbrochenen aufrechterhalten. Christliches Kerygma verstand sich – bedingt durch die zu Jesu Gleichnishaftigkeit für Gott gehörende »deformitas Christi« – immer auch als »sermo humilis«. Nur als solcher eröffnet christliche Gottrede auch *»die Möglichkeit, einer Wahrnehmung des einzelnen, unableitbaren, faktischen Zerstörens und Leidens Ausdruck zu geben.«*[16]

Es kann kein Zweifel daran bestehen, dass sich schon seit einiger Zeit ein alle Bereiche übergreifender Prozess der Ästhetisierung der Lebenswelt in Gang befindet, dem daran gelegen ist, Widersprüche, nicht aufgehende Gleichungen durch Blendwerk zu kaschieren. Nicht bezweifelt werden kann auch, dass dieser Verhübschungstrieb in den Neuen Medien und ihren Möglichkeiten einen idealen Mutterboden findet. Und der Kampfplatz für diese Auseinandersetzung: der Leib. Während er christlich durch Askese zum geeigneten Ort der Gotteserfahrung werden soll, stigmatisiert ihn die Cyberszene – nachdem er in frühen Phasen der menschlichen Evolution notwendig war – nunmehr als *»überflüssiges Accessoire«*[17], das es durch Askese auszuschalten gilt. Am anderen Ende des Spektrums zeigt sich Jürgen Habermas im Rahmen seiner Fortschreibung des Diskurses der Moderne überzeugt, dass die Idee der Individualität, *»die den moralischen Gehalt des Christentums ausmacht«*[18], ihrer Substanz nach angeeignet bleiben oder wieder werden muss. Nur dann könne dem Projekt der Aufklärung nach dem Durchgang durch die Phase einer Selbstaufklärung noch Aussicht auf Gelingen zuerkannt werden.[19] Einige Angelpunkte für eine solche Aneignung möchte ich benennen.

3. Exemplarischer Gang in philosophisch-theologische Reflexionen

— Christliche Subjektivität, theoretisch und praktisch —

Angesichts der Zentralität in der Grundlegung kann die binnenchristliche Karriere der um den Ichgedanken als ihrem Zentrum angelagerten Begriffe nicht mehr überraschen. In großer Bandbreite sind diesem Prozess Phänomene in Praxis wie theologischer Theorie des Christentums der ersten Jahrhunderte zuzuordnen. In Bezug auf das Verhältnis der einzelnen unsterblichen Seele zu ihrem Gott entwickelt sich nachgerade eine Kultur der Innerlichkeit. Diese schlägt sich vor allem in der geistlichen Theologie, besonders der Mystagogie einerseits, andererseits in den Techniken der Gewissenserforschung und Selbsterkenntnis nieder. Letztere ermöglichen dann ihrerseits allererst so etwas wie Bekenntnis- und Beichtpraxis in größerem Umfang. Nicht vergessen werden darf allerdings, dass im Maß einer solchen Spiritualität des Subjektseins dieses unbeschadet seines angedeuteten Ranges gleichzeitig in ein folgenreiches Zwielicht rückt: Erweist sich das Selbst doch gerade kraft seiner (Selbst-)Erkenntnis als Ort (und Anlass) der Auseinandersetzung mit dem Bösen.[20] Sosehr *»die Angst, die es kostet, als Individu(um) zu existieren«*[21], prinzipiell gerade durch das beiderseits subjekthafte Gegenüber von Gott und Mensch zur Beruhigung finden kann, sosehr können innerhalb der für solche Subjekthaftigkeit (menschlicherseits) vorauszusetzenden Wendung zur Inwendigkeit die Keime einer Entfremdung menschlichen Daseins von sich angelegt sein. Im christlichen-katholischen Kontext schlug und schlägt sich diese primär in Gestalt eines unglücklichen Verhältnisses – ausgerechnet – zur eigenen Leiblichkeit und namentlich zur Sexualität nieder.

Im Gegensatz zu den breitgestreuten Konsequenzen der Leitfunktion des Ichgedankens in der spirituellen wie praktischen Dimension christlicher Lebensform artikuliert sich dessen Zentralität für die theologische Reflexion nahezu exklusiv im Ringen um die Grundsätze der Christologie und Trinitätslehre: In seiner Mitte steht der »persona«-Begriff, dessen Ausbildung – um mich auf eine einfache Kennzeichnung zu beschränken – sich in einer ungeheuer komplexen Abfolge aus *»... Montage(n) wie aus Demontage(n)«*[22] vollzieht. Aber nicht darauf möchte ich hier eingehen, sondern auf ein anderes Segment dieser frühchristlichen philosophisch-theologischen Reflexionen, das wirkungsgeschichtlich mindestens ebenso von Belang ist – bis heute: Sowohl der theoretisch wie der praktisch-moralisch-spirituelle Strang christlicher Hinwendung zur Sache der Subjektivität (und den ihr mehr oder weniger eng zugehörenden Sachverhalten) findet in der frühen Kirche seinen unüberbietbaren Höhepunkt in Augustinus. Man wird sich gewiss hüten müssen, ihn zu einer Art *»Protodescartes«*[23] zu stilisieren. Damit wäre einfach die Differenz zwischen den Voraussetzungen unterschlagen, unter denen beide – Augustinus und Descartes – jeweils den Gedanken selbstbewusster Subjektivität in Anspruch nehmen: Augustinus, kurz gesagt, für die Gottesfrage, Descartes für eine erkenntnistheoretische Grundlegung von Metaphysik überhaupt. Trotzdem hat Augustinus mit seinem *»si enim fallor, sum«* (*»Wenn ich mich täusche, bin ich«*)[24] so etwas wie die *»Urform des transzendentallogischen Arguments«*[25] einer fundamentaltheologisch zu beanspruchenden Geltungsrechtfertigung etabliert. Die radikale Wendung nach innen erschöpft sich dabei keineswegs in einem formalen Zug, der einen Gewissheitsboden für das Kerygma sicherte, der diesem von außen unterzuschieben wäre. Augustinus ist vielmehr der Überzeugung, dass die ganze Wahrheit des christlichen Glaubens im Innern eines jeden bereitliege – dort wohnt ja der innere Meister (sc. Christus) – und dort nur noch gesucht und gefunden werden müsse. Dem äußerlich verkündeten Wort kommt daher letztlich (nur noch) eine Art maieutischer Funktion zu, sodass die Frage aufkommt, ob Augustinus nicht die Geschichtlichkeit der Offenbarung, speziell den Inkarnationsgedanken problematisch herabgestuft habe. Nicht zufällig sieht sich die programmatisch am meisten dem Subjektgedanken verpflichtete Theologie der Gegenwart – diejenige K. Rahners – eben demselben Bedenken ausgesetzt. Dahinter steht natürlich die aufregende Frage, was der subjektiven Gotteserfahrung, die, weil im Innersten des Menschen geschehend, immer und untrennbar mit Selbsterfahrung und Selbstreflexion verbunden ist, zugetraut werden kann und zugetraut werden muss, solange es eine vernünftige, also intersubjektiv zugängliche Verantwortung von Glauben soll geben können.

»Der eigentliche Grund meines/unseres Redens über Gott kann jeweils nur vom Zentrum meines/unseres je besonderen Gottesverhältnisses her sichtbar werden«[26],

schreibt H. Verweyen bündig. Für diese schlechthin zentrale Dimension von Glaubensvollzug steht theologisch die Chiffre »Mystik«. Diese ist als *»Erfahrungswissen von Gott«*[27] zu fassen, das – entgegen immer noch [und wieder] wirksamer Klischees – für Einsichtsbemühungen geöffnet ist und im Kern *»... nichts anders als intensiv gelebte[n] christliche[n] Glaube[n]«*[28] darstellt. Intensität von (Glaubens-)Existenz stellt sich ein, wo jemand aus Eigenstem im Eigensten lebt, wo auch noch das unverfügbar Objektive, das sein Dasein mitbestimmt, in freier Ratifizierung, also durch das Medium der Subjektivität hindurchgehend, Ureigenes geworden ist. S. Wendel hat das eindringlich herausgearbeitet: wie Mystik – namentlich die sogenannte »Deutsche Frauenmystik« – etwa Gertrud von Helfta oder Mechthild von Magdeburg, aber auch die Dominikaner-Mystik eines Meister Eckhart und seiner Vorläufer in die Genese der neuzeitlichen Subjektivität und auch ihrer theoretischen Durchdringung eingreifen.[29]

— Kronzeuge Nikolaus von Kues —

Ein noch ganz anderes Zeugnis für den Zusammenhang individueller Subjektivität und Mystik möchte ich im vollen Wortlaut aufrufen, weil es nicht nur den Subjektgedanken in seiner theologischen Relevanz präzise formuliert, sondern zugleich sichtbar macht, dass die Ichdimension – gerade entgegen zeitgenössischen Unterstellungen – nicht auf Kosten der kommunikativ-intersubjektiven Dimension, sondern als Bedingung von deren Möglichkeit auftritt – auch in Beziehung auf Gott. M.E. hat diesen sensiblen Komplex keiner überzeugender artikuliert als Nikolaus von Kues im VII. Kapitel seines nahezu gänzlich dialogischen, genauer: als Gebet verfassten Werkes »De visione Dei«:

»... niemand vermag sich Dir zu nahen, da Du unnahbar bist. Niemand also wird Dich erfassen, außer Du schenkst Dich ihm. Wie aber habe ich Dich, o Herr, der ich nicht wert bin, vor Deinem Angesicht zu erscheinen? ... Und wie wirst Du Dich mir geben, wenn Du mir nicht zugleich Himmel und Erde gibst und alles, was in ihnen ist? Ja, noch mehr: wie wirst Du Dich mir geben, wenn Du mich nicht mir selbst gibst? [Und jetzt kommt das Aufregendste; K.M.] Und wenn ich so im Schweigen der Betrachtung verstumme, antwortest Du mir, Herr, tief in meinem Herzen und sagst: Sei du dein und ich werde dein sein.
O Herr ..., Du hast es in meine Freiheit gelegt, daß ich mein sein kann, wenn ich es nur will. Gehöre ich darum nicht mir selbst, so gehörst auch Du nicht mir. Du machst die Freiheit notwendig, da Du nicht mein sein kannst, wenn ich nicht mein bin. Und weil Du das in meine freie Entscheidung gelegt hast, zwingst Du mich nicht, sondern erwartest, daß ich mein eigenes Sein erwähle. Es steht also bei mir und nicht bei Dir, Herr ...«[30].

Freiheit ist notwendig, *»da Du [sc. Gott; K.M.] nicht mein sein kannst, wenn ich nicht mein bin«*[31]. Das religionsphänomenologische Charakteristikum mystischer Erfahrung, der unio, ließe eher erwarten, dass Nikolaus sagt: Du, Gott, kannst nicht mein sein, wenn ich nicht dein bin. Ihr Proprium gewinnt die unio bei ihm stattdessen – sprachlich gesehen – genau dadurch, dass die erste Person Singular zweimal auftritt. Eine verblüffend präzise Parallele findet das übrigens bei dem chassidischen Gelehrten Menachem Mendel von Kozk:

»Man sagte einmal zu Rabbi Mendel von einem bestimmten Menschen, er sei größer als ein anderer, den man ebenfalls beim Namen nannte. Rabbi Mendel erwiderte: ›Bin ich ich, weil ich ich bin, und du bist du, weil du du bist, dann bin ich ich und du bist du. Bin ich hingegen ich, weil du du bist, und du bist du, weil ich ich bin, dann bin ich nicht ich und du bist nicht du.‹«[32]

Auf eine etwas schulmäßige Formel gebracht: Ohne gewiss verdanktes, aber doch wirklich in sich stehendes Selbstverhältnis gibt es kein Verhältnis zu anderem und auch nicht zu dem ganz Anderen, den wir Gott nennen – und gibt es schon gar nicht das Verhältnis wirklichen Einsseins.

— *Subjektsein und Intersubjektivität* —

Das gilt auch dann und dort noch, wo sich dieses prekäre Verhältnis von Subjektivität und Intersubjektivität theologisch gewendet in der Frage nach dem Verhältnis von unvertretbarer Individualität und kirchlicher Gemeinschaftlichkeit aufdrängt – und das ist natürlich eine Frage, die dem Subjektivitätstheorem gerade kraft seiner jüdisch-christlichen Herkunft konstitutiv eingraviert ist. Eine Antwort, scheint mir, hielte der bereit, der in Verlängerung der Cusaner-Linie wie ein Bruder Descartes' zu den Gründervätern der Neuzeit gehört, Subjektdenker par excellence und zugleich erzkatholisch ist: Ignatius von Loyola mit seiner Entdeckung der religiösen Relevanz subjektiver Erfahrung. Die heilsnotwendige Unterscheidung der Geister, die er als Gnadengeschenk empfindet, geht für ihn fraglos mit einer Dimension von Selbstgewissheit einher, die ihn nicht zögern lässt, in seiner Autobiographie zu schreiben, die geistliche Schau der Menschheit Christi, die ihm geschenkt wurde, hätten ihm solche Glaubenssicherheit gegeben, dass er für sie gestorben wäre, auch wenn es keine Heilige Schrift gäbe, die diese Glaubenswahrheiten lehrt.[33] Nicht von ungefähr hat Karl Rahner in seiner einzigartigen fiktiven »Rede des Ignatius von Loyola an einen Jesuiten von heute« aus dem Jahr 1978 die Gottunmittelbarkeit des Einzelsubjekts in den Augen seines Ordensvaters den Kern dessen ausmachen lassen, was gemeinhin ignatianische Spiritualität genannt wird. Und dann fragt er:

»Ist das von der Geschichte der kirchlichen Frömmigkeit her gesehen und in ihr alt oder neu? Selbstverständlich oder schockierend? Markiert es den Beginn der ›Neuzeit‹ der Kirche, und ist es vielleicht verwandter mit Luthers und Descartes' ursprünglichen Erfahrungen, als ihr Jesuiten durch Jahrhunderte hindurch es wahrhaben wolltet? Ist es etwas, was in der Kirche heute und morgen wieder zurücktreten wird, wo man die schweigende Einsamkeit vor Gott fast nicht mehr erträgt und in eine kirchliche Gemeinschaftlichkeit zu flüchten versucht, obwohl eine solche eigentlich doch aus geistlichen Menschen, die Gott unmittelbar begegnet sind, aufgebaut werden sollte …«[34]

Fragen, die im Gang der vielerorts laufenden pastoralen Reformprozesse kaum gestellt, geschweige denn beantwortet sind – aber mindestens so wichtig wären wie Strukturdebatten.

NEUNTES KAPITEL

Theologische Wahrheit und ihr Zeitindex Zur Geschichtlichkeit des Glaubens

1. Kleine Präambel

— In the long run —

»Zu den tieferen Teilen der Seele kann man nur durch ihre Oberfläche gelangen. In dieser Weise werden die zeitlosen Formen, mit denen wir durch Mathematik, Philosophie und die übrigen Wissenschaften bekannt gemacht werden, langsam durchsickern, allmählich den inneren Kern des eigenen Wesens erreichen und unser Leben beeinflussen: und das wird ihnen nicht deshalb gelingen, weil sie Wahrheiten von bloß lebenswichtiger Bedeutung ins Spiel bringen, sondern weil es sich bei ihnen um ideale und ewige Wahrheiten handelt.«[1]

Der da von idealen und ewigen Wahrheiten redet, ist kein Theologe, sondern Philosoph – und noch dazu einer, von dem man das eher nicht erwarten würde. Charles S. Peirce hat das soeben Zitierte geschrieben, also einer der Stammväter der Pragmatik, mithin einer von denen, die in der Regel dafür stehen, dass es so etwas wie Wahrheit nur »in the long run« gibt. »In the long run« meint: Wenn unbegrenzt Zeit wäre, würden sich alle an einer Diskussion Beteiligten auf eine gemeinsame Überzeugung einigen, die dann als Wahrheit zu gelten habe. Über diese Form von Wahrheitstheorie gäbe es viel zu sagen. Ich beziehe mich hier auf Peirce nur, weil er exemplarisch dafür steht, dass Wahrheit wesentlich mit Zeit und also auch mit Geschichte zu tun hat, Wahrheit also mit einem Zeitindex versehen ist. Das ist deswegen ein philosophisches Problem, weil wir in der Regel mit dem Begriff der Wahrheit den Gedanken des der Zeit Enthobenseins verbinden – und an dieser Intuition ist auch durchaus etwas Richtiges: Wenn wir in einem Urteil etwas behaupten, tun wir das immer je jetzt, aber nie nur für jetzt, sondern wir rechnen unseren Urteilen eine das Jetzt ihres Gefälltwerdens überdauernde Gültigkeit zu – manchen eine zeitlich beschränkte, manchen eine unbedingte. Vorderhand würde man annehmen, dass zu Letzteren auch die theologischen Sätze, also Versprachlichungen unserer Glaubensüberzeugungen gehören, geht es doch in ihnen um die basalen Überzeugungen, in denen unsere Welt- und Lebensdeutung wie in Türangeln hängt – und die müssen doch unbedingt verlässlich sein.

— *Das Unbedingte denken* —

So zu denken, hat nichts mit Relativismus zu tun. Im Gegenteil: Ich gehöre zu derjenigen Fraktion der Theologie und Philosophie, die unbedingte Wahrheiten für möglich und letzte Gründe im Diskurs für benennbar hält – was nicht heißt, dass ich philosophisch und theologisch nicht auch mit dem Irrtum rechnete (wahrscheinlich ist der viel häufiger als uns lieb sein kann). Herbert Schnädelbach hat das einmal ziemlich gut auf den Punkt gebracht, als er sagte:

»Man kann nicht etwas behaupten und vertreten wollen und im selben Atemzug das Gesagte durch Relativierung wieder zurücknehmen; dann hat man gar nichts behauptet oder vertreten. Wer das für Dogmatismus hält, sitzt in der Regel einer Verwechslung zwischen Relativismus und Fallibilismus auf, wobei sich der Relativist in der Regel als ein verkappter Absolutist zeigt, der immer Recht haben möchte: Wer nichts behauptet und nichts vertritt, kann auch nicht irren und ist immer ›fein raus‹; etwas zu behaupten und zu vertreten, ist hingegen immer mit dem Risiko des Irrtums verbunden, aber das ist doch kein Grund, nichts zu behaupten und nichts zu vertreten.«[2]

Die Temporalität und damit Geschichtsbedingtheit auch theologischer Wahrheit ist also gar nichts Besonderes. Im Gegenteil macht das – wie wir noch sehen werden – eine ihrer besonderen Qualitäten aus, die für das spezifisch Theologische an theologischen Wahrheiten aufkommt. Seinen tiefsten Grund hat der Zeit-Index von Wahrheit darin, dass Sinn, also der Gehalt von Wahrheit, aus Zeit entsteht. Wie das genau zugeht, möchte ich an einem Denker exemplifizieren, der diesen Zusammenhang mustergültig zur Darstellung gebracht hat: Henri Louis Bergson.

2. Wie Sinn aus Zeit entsteht

— *Leben und Zeit* —

Ich wende mich Bergson aus einem doppelten Grund zu: (a) Bergson war für Jahrzehnte der meistgelesene französische Schriftsteller. Nach anfänglichen Sympathien für den Empirismus, den Pragmatismus des mit ihm befreundeten William James und sogar für einen materialistischen Atheismus entwickelt er jung ein lebensphilosophisches Denken, das sich je länger, je mehr in Metaphysik transformiert. Man kann ihn ohne Übertreibung als den maßgebenden Philosophen der Generation vor dem Ersten Weltkrieg bezeichnen, in seiner öffentlichen Präsenz einem Bertrand Russell – der übrigens Bergson-Hörer war – oder einem Jean-Paul Sartre vergleichbar. Diese Wirksamkeit über Fachgrenzen hinaus rührte daher, dass sich Bergson zielgenau in Problemdiskurse anderer Disziplinen einzuklinken wusste und dies auf einer literarischen Höhe tat, die ihm 1927 für das 1907 erschienene Werk »Die schöpferische Entwicklung« den Literatur-Nobelpreis eintrug. Und wer kennt heute schon Bergson? In der neuesten »Geschichte der Philosophie im 19. Jahrhundert«, 1996 herausgegeben von Ferdinand Fellmann, wird Bergson einige Male beiläufig genannt, behandelt wird er nicht.

(b) Das zweite Motiv, im Kontext der Wahrheitsfrage auf Bergson einzugehen, ist folgendes: Bergson – gebürtiger Jude, der sich im Gang seines Denkens immer mehr dem Christentum näherte, kurz vor der katholischen Taufe stand, dann aber angesichts der auch in Frankreich einsetzenden Judenverfolgung aus Solidarität mit seinen Glaubensgeschwistern Jude blieb und sich als solcher öffentlich bekannte – diesem Bergson widerfuhr, seine Werke auf den »Index librorum prohibitorum«, den katholischen »Index der verbotenen Bücher« gesetzt zu sehen – eine Ehre, die nur wenigen nicht-christlichen Autoren zuteil wurde. Was diesen Bannfluch provozierte, hat unmittelbar mit dem Zentrum seiner Konzeption zu tun:

Es klingt grotesk, trifft aber den berühmten Nagel auf den Kopf, wenn ich sage: Das amtliche Verdikt richtet sich dagegen, dass es »Leben« gibt. Diesen Begriff ernstzunehmen und entsprechend auszuloten, macht das Spezifische von Bergsons Denken aus. Was den Ansatz betrifft, ließe sich dieser durchaus mit Husserl vergleichen: Bergson nimmt zum Ausgangspunkt seiner Überlegungen, was dem Bewusstsein unmittelbar gegeben ist. Und das ist für ihn »Leben«, Leben erfahren als dauernden Fluss, als Werden und Wachsen, das vom »élan vital« getragen wird. Im Rahmen dieser Ausgangskonstellation muss unwillkürlich der Begriff der Zeit in den Vordergrund treten. An ihm lässt sich auch paradigmatisch klarmachen, worum es Bergson geht. Die physikalische oder auch die psychologische Gestalt kann unschwer als lediglich Oberflächenphänomen einer ungleich komplexeren Wirklichkeit identifiziert werden: Physikalisch erscheint Zeit als geregeltes und zählbares Nacheinander von Momenten, das sich messen und berechnen lässt – gerade so, wie Aristoteles das sah, wenn er die Zeit als das Zählbare an der Bewegung definierte.[3] Augustinus hat drastisch offengelegt, welcher Plastizität diese scheinbar so objektiv an das Zählen gebundene Zeit in psychologischer Perspektive unterworfen sein kann (und wer kennte das nicht aus eigener Erfahrung: dass sich das Warten auf das Ende von etwas Langweiligem endlos hinziehen kann, während das Zusammensein mit jemandem, den man mag, wie im Fluge vergeht). Bergson deckt demgegenüber noch so etwas wie eine dritte Dimension der Zeit auf. Es handelt sich um eine gegenüber der von Aristoteles und Augustinus reflektierten quantitativen Dimension qualitative Komponente. Das Leben wächst als werdendes und sich wandelndes sozusagen beständig über sich hinaus, indem es das Gewesene überwindet, aber dabei zugleich mitnimmt. Darin hat der Gedanke des Individuellen gleichermaßen Platz wie der der Geschichtlichkeit. An einem eindrücklichen Beispiel klargemacht: Physikalisch gesehen hören Ereignisse zu einem bestimmten Zeitpunkt auf, real zu sein. Psychologisch bleiben sie dann als Erinnerung präsent. Aber gleichzeitig vermögen sie als vergangene unmittelbar in die Gegenwart hineinzuwirken, müssen also mehr als nur Erinnerung sein. Hört man etwa einen Ton immer und immer wieder, dann verändert das die aktuelle Ton-Wahrnehmung. Sie wird immer unangenehmer und dann unerträglich (ich muss mich nur an das Telefon meiner Nebenmieter erinnern, wenn diese am Wochenende nicht da sind). Das wäre nicht möglich, wenn Zeit lediglich ein Nacheinander, selbst ein plastisches Nacheinander wäre. Stattdessen geht die vergangene Wahrnehmung offenkundig in die gegenwärtige ein und bestimmt diese fundamental. Bergson nennt das »durée« – »Dauer«. So entwickelt er gegen den seinerzeitigen Mainstream quantifizierenden Denkens einen irreduziblen qualitativen Zeitbegriff.

Erfasst werden kann diese Dimension – so Bergson – nicht mit rationalem Instrumentar, sofern diese darauf angelegt ist, Einzelmomente aus dem Erkennensprozess zu isolieren und dann zu analysieren. Die qualitative Temporalität kann nur durch Miterleben und Einfühlen wahrgenommen werden, durch »intuition«. Da klingt wieder auf, was bei Pascal unter dem Titel der »Logik des Herzens« und bei Fichte wie Schelling als »intellektuelle Anschauung« begegnet. In dem solchermaßen zur Geltung kommenden Sein macht sich für Bergson die Grundverfassung von Wirklichkeit überhaupt kenntlich: Was wir im Bewusstsein erleben, durchherrscht alles, was ist. Das »alles« wird dabei wörtlich genommen – was so viel bedeutet wie: Auch Gott ist Leben. Das führt unvermeidlich zu einer Art spinozistischem Zungenschlag – und dies umso mehr, als der späte Bergson Gott mehr oder weniger als die treibende Kraft hinter dem »élan vital« bestimmt, gar mit diesem identifiziert und überzeugt ist, dass so etwas wie Gotteserkenntnis nur intuitiv möglich sei. Wie das Erkennen Gottes damit als ein Einswerden mit ihm gefasst wird, so avanciert umgekehrt der »élan vital« zur Ausdrucksform der Liebe Gottes, was natürlich heißt, dass sich in der Natur als solcher Gott selbst manifestiert.

— Kritik der instrumentellen Vernunft —

So romantisch, ja geradezu schwärmerisch das Konzept Bergsons im ersten Moment klingen mag – im Kern steckt etwas ganz anderes dahinter: die Eröffnung einer positivismus- und empirismuskritischen Alternative philosophischer Welt- und Selbstbeschreibung. Bergsons diesbezügliche Kritik war umso glaubwürdiger, als er die Fähigkeit seines Denkens zu einem kritisch-produktiven Anschluss an naturwissenschaftliche Theorien seiner Zeit mehrfach beeindruckend unter Beweis gestellt hatte, so etwa im Fall der Relativitätstheorie wie der Evolutionstheorie. Insofern lässt sich Bergsons Denken in keiner Weise als ekstatisch oder im schlechten Sinn mystisch abtun, wie das gelegentlich geschieht. Im Gegenteil bestünde aller Anlass, die heute mehr denn notwendige Wissenschaftskritik auf ebenjene Weise zu betreiben, mit der Bergson diesseits aller Irrationalität dem heute sogenannten Anderen der Vernunft Recht zu verschaffen verstand:

»Während der Wissenschaftler immer darauf bedacht ist, die Wirklichkeit ... so wie er es braucht, aufzuspalten, um sie der technischen Einwirkung des Menschen zu unterwerfen, um die Natur zu überlisten in einer Haltung des Mißtrauens und der Kampfbereitschaft, behandelt sie der Philosoph als Gefährtin. Die Richtschnur der Wissenschaft ist jene, die Bacon aufgestellt hat: gehorchen, um zu herrschen. Der Philosoph hingegen gehorcht weder, noch herrscht er, ihm ist darum zu tun, einen Gleichklang zu finden.«[4]

Daraus resultiert nicht zuletzt eine anthropologisch fundierte ökologische Ethik, die keiner prohibitiven Interventionen bedarf. Nochmals Zitat:

»Während Physik und Chemie uns helfen, unsere Bedürfnisse zu befriedigen und uns dadurch ermuntern, sie zu vermehren, kann man voraussehen, daß Physiologie und Medizin uns mehr und mehr offenbaren werden, wie gefährlich diese Vermehrung ist, und wieviel Enttäuschung sich in der Mehrzahl unserer Befriedigungen birgt.«[5]

Die Treffsicherheit dieser Prognose ist kein Einzelfall in Bergsons Werk. Dass sein Denken gegen seine anfängliche Prominenz derart auf die Verliererseite geriet, kann angesichts des soeben durch Zitate exemplifizierten Potenzials nur noch aus dem nach Hegel aufgekommenen und bis heute im Wesentlichen anhaltenden anti-systematischen Affekt in der Philosophie erklärt werden. Theologisch erklärt sich die Distanz zu Bergson einfacher und doppelt zugleich: Zunächst war er verdächtig, weil er am Leitfaden von Begriffen wie »Leben«, »Geschichte«, »Entwicklung« usw. eben dem das Wort redete, was während der Hochphase von Bergsons Karriere amtlich-katholischerseits unter dem Titel »Modernismus« nachgerade als Ausgeburt des Gott-sei-bei-uns bekämpft wurde. Als einige Jahrzehnte später durch das II. Vatikanische Konzil diesbezüglich eine völlig neue Situation aufkam, fiel Bergson ein zweites Mal ins Loch, weil die Konzilsväter in ihrem absolut redlichen Bemühen um einen Anschluss an das Denken der Neuzeit schlichtweg kein Ohr hatten für die Stimmen, die schon längst die Ambivalenz der Neuzeit oder – um es mit einem berühmten Buchtitel zu sagen – die »Dialektik der Aufklärung« erörterten, wozu eben auch und nicht zuletzt ein Bergson gehörte. Die von mir ohne jede Ironie sogenannte, weil durch und durch ehrliche Gutgläubigkeit der Konzilsväter des Vaticanum II ist bis heute so gut wie noch nicht Thema eingehender Reflexion gewesen.

Nachdem so mit Bergson geklärt ist, wie aus Zeit Sinn, das Substrat von Wahrheit, entsteht, und warum deshalb Wahrheit bis ins Mark etwas Zeitliches ist, obwohl sie über das Zeitliche hinausreicht, ist nun in einem weiteren Schritt offenzulegen, wie sich denn ein solches Ineinander von Zeitlichkeit und Gültigkeitsreflexion praktisch durchbuchstabieren lässt. Den für theologische Belange wohl geeignetsten Ansatz bietet Sir Karl Popper mit seinem Konzept eines »Kritischen Rationalismus«.

3. Falsifikation als Programm theologischer Wahrheitserzeugung

— Mühsal der Wahrheit —

Am bekanntesten ist das Wahrheitsproblem im abendländischen Bereich durch die kurze Frage eines römischen Realpolitikers geworden. Laut Johannesevangelium sagt Jesus im Verlauf seines Verhörs durch Pilatus:

»Ich bin dazu geboren und in die Welt gekommen, daß ich für die Wahrheit Zeugnis ablege. Jeder, der aus der Wahrheit ist, hört auf meine Stimme.« (Joh 18,37) – Darauf Pilatus: *»Was ist Wahrheit?« (Joh 18,38)*

Das Interessante kommt aber erst jetzt: Unmittelbar anschließend heißt es von Pilatus, er sei nach seiner Frage hinausgegangen. D.h. er hat Jesu Antwort erst gar nicht abgewartet. Das gibt denen recht, die des Pilatus' Frage immer schon ironisch verstanden – also gestellt unter der Voraussetzung, dass sie sich ohnehin nicht beantworten lasse. Auf geradezu klassische Weise verleiht Voltaire dieser Lesart des Pilatus-Spruchs Ausdruck:

»Es ist traurig für das Menschengeschlecht, daß Pilatus wegging, ohne die Antwort abzuwarten; wir möchten doch wissen, was das ist, die Wahrheit. Pilatus war zu wenig neugierig.«[6]

Und wenig später gibt Voltaire selbst die Antwort, um die er sich durch Pilatus' Weggang gebracht sieht: Wahrheit sei nichts anderes als ein abstraktes Wort, das die Mehrheit der Menschen ohne Unterschied in ihren Büchern und Urteilen anstelle von Irrtum und Lüge gebrauche.[7] Will heißen: Alle dünken sich im Besitz von Wahrheit, aber kaum einer schert sich wirklich um sie. Trifft das zu, dann hätte Voltaire nur auf seine Weise wiederholt, was schon Platon zu Protokoll gab, als er in seiner »Politeia« das berühmte Höhlengleichnis niederschrieb. Man darf das Gleichnis getrost fatal nennen, denn es besagt im Kern: In der Wahrheit zu sein, ist für den Menschen kein Naturzustand. Und keiner sucht sie von selbst. Nur unfreiwillig kommt einer dazu. Gewaltsam muss er einen schmerzhaften Prozess über sich ergehen lassen. Dessen erstes Resultat besteht überdies darin, dass er nun das Wahre, das er erblickt, für unwirklicher hält als den Schein, mit dem er sich bislang begnügte. Kommt er schließlich ganz ans Licht, sieht er überhaupt nichts mehr. Erst nach einem Gewöhnungsprozess vermag er die Dinge zu erkennen, wie sie wirklich sind. Will er dann aber – zurückgekehrt, beglückt von der Wahrheit – den ehemaligen Mitgefangenen an seiner Entdeckung teilgeben, so wird sein Sehvermögen für krank erklärt, das Hinaufsteigen dafür verantwortlich gemacht und die prinzipielle Beseitigung eines jeden beschlossen, der es je versuchen sollte, wieder aus der Höhle dort hinaufzugehen.[8] Auch nur der Versuch einer Kommunikation des Wahrheitsprozesses scheint aussichtslos; er beschwört geradezu das Gegenteil seiner selbst, den prinzipiellen Kommunikationsabbruch herauf.

— *Anästhesierung der Wahrheitsfrage* —

Diese Diagnose, dass es mit der Wahrheit ein Elend ist, erfährt im gegenwärtigen philosophischen Denken eine verblüffende Reprise – nur dass die therapeutische Indikation, verglichen mit derjenigen Platons in die entgegengesetzte Richtung geht: Nicht schmerzliches Mühen um die Wahrheit heißt das Rezept, sondern analgetische Maßnahmen in Gestalt der Suspension dessen, was da Schmerzen verursacht. Konkret gesagt: Wahrheit wird unter Verdacht gestellt.

Am spektakulärsten geschieht das im französischsprachigen Bereich der Philosophie bzw. in den von ihm beeinflussten Sphären. Dort orientiert man sich – was das Fragen nach Wahrheit und ihrer möglichen Begründung betrifft – gern an Friedrich Nietzsche.

»Was ... ist Wahrheit? Ein bewegliches Heer von Metaphern, Metonymien, Anthropomorphismen kurz eine Summe von menschlichen Relationen, die, poetisch und rhetorisch gesteigert, übertragen, geschmückt wurden, und die nach langem Gebrauche einem Volke fest, canonisch und verbindlich dünken: die Wahrheiten sind Illusionen, von denen man vergessen hat, dass sie welche sind ...«[9],

heißt es in der Schrift »Ueber Wahrheit und Luege im aussermoralischen Sinn«. Und im Aphorismus Nr. 154 aus »Jenseits von Gut und Böse« von 1886 steht: *»Der Einwand, der Seitensprung, das fröhliche Misstrauen, die Spottlust sind Anzeichen der Gesundheit: alles Unbedingte gehört in die Pathologie.«*[10]

Das Buch trägt den Untertitel »Vorspiel einer Philosophie der Zukunft«. Die darin implizierte Prognose hat sich auf frappante Weise bewahrheitet. In breitesten Kreisen gilt heute als ausgemacht, dass *die* Geschichte, *die* Sprache, *die* Wahrheit als Illusionen bzw. Strategien der Gewalttätigkeit durchschaut sind und nach dem Zerbrechen dieser

»Großerzählungen« – um mit Jean-François Lyotard zu sprechen – an ihre Stelle die Geschichten, die Sprachen, die Wahrheiten getreten sind – ein prinzipieller Pluralismus gleichermaßen gültiger Sinnansprüche.

— Kontrastmodell Falsifikation —

Obwohl er auch so etwas wie ein weiches Wahrheitskonzept vertritt, bietet der bereits erwähnte Sir Karl Popper ein Denkmodell, das einen systematisch anderen Weg einschlägt und mir für den Fall theologischer Wahrheiten besonders geeignet scheint. Will man Popper verstehen, muss man hinzunehmen, wogegen er sein Konzept formuliert, gegen das sogenannte Verifikationsprinzip des Neopositivismus oder den sogenannten Logischen Empirismus nämlich. Da waren ein paar Leute, unter ihnen so notable Namen wie Otto Neurath, Moritz Schlick (Poppers Doktorvater) und Rudolf Carnap, der Überzeugung gewesen, sie könnten der Philosophie nur dadurch wieder wissenschaftliche Reputation verschaffen, dass sie philosophische Aussagen auf Sätze verpflichten, die entweder empirisch überprüfbar oder rein logisch ableitbar sind. Das Problem dabei entsteht aber dadurch, dass eben dieses Prinzip der Verifikation selbst weder ein empirischer, noch ein logischer Satz ist. Also gibt es offenkundig auch noch andere Sätze, die philosophisch von Belang sind.

Es hat lange gedauert, bis Poppers Opposition gegen den Logischen Positivismus, die er in den 30er Jahren des 20. Jahrhunderts formulierte, Fuß fassen konnte – das geschah erst Ende der 50er und dann in den 60er Jahren. Dafür fiel er umso wirkmächtiger aus. Die heutige Wissenschaftstheorie besteht aus Fortschreibungen, wenn nicht nur aus Fußnoten zu Popper. Überdies haben sich seine Grundgedanken in der westlichen Hemisphäre tief in die Strukturen des öffentlichen Bewusstseins und seiner Diskurse eingegraben. Während der Kanzlerschaft Helmut Schmidts etwa war Popper so etwas wie der Hausphilosoph der bundesrepublikanischen Politik. Ähnlich wie Russell hat sich auch Popper in ethischen, gesellschaftlichen und politischen Fragen zu Wort gemeldet. In seinem 1945 erschienenen Werk »Die offene Gesellschaft und ihre Feinde« verteidigt er fulminant die freiheitliche Demokratie in einer harten Abrechnung mit dem Diktatur-Modell in Platons »Politeia« wie mit Hegel und Marx. In seinen späten Jahren hat er zusammen mit dem Neurophysiologen John C. Eccles in der neu aufgebrochenen »mind and brain«-Diskussion pointiert Stellung bezogen.

Poppers Grundoperation nimmt sich durchaus einfach aus: Der Verifikationismus lässt sich nicht halten, wie schon gesagt: Weder über empirische Daten noch über logische Ableitungen noch über den Common Sense lässt sich der Erkenntnis als solcher ein krisensicheres Fundament geben. Daraus folgert Popper: Ein solches Fundament gibt es überhaupt nicht – und braucht es auch nicht. Denn Wissenschaft besteht nicht darin, sicheres Wissen zu produzieren, sondern darin, empirische Hypothesen zu prüfen. Damit konzipiert Popper ein neues Verständnis von Wissenschaft überhaupt. Als Wissen gilt, was jederzeit widerlegbar ist. Der Verifikationismus müsste z.B. für den Satz »Alle Schwäne sind weiß« alle existierenden Schwäne durchmustern, um zu einer Rechtfertigung zu kommen – und woher um alles in der Welt kann er wissen, dass er wirklich alle existierenden Schwäne einbezogen hat? Falsifikatorisch gilt der Satz einfach so lange, bis möglicherweise ein andersfarbiger Schwan auftaucht – was übrigens auch geschehen ist: Vor etlichen Jahren wurden in abgelegenen Gegenden Australiens schwarze Schwäne entdeckt. So gilt jetzt der Satz »Es gibt weiße und schwarze Schwäne« so lange, bis möglicherweise grüne oder blaue entdeckt werden – oder solche aufgrund bestimmter Umweltbelastungen auftreten. Entscheidend für den Wissenscharakter eines Satzes oder einer Theorie ist dabei nicht, dass sie falsifiziert werden, sondern ihre Falsifizierbarkeit. Wissen ist sozusagen nach vorne offen. Wissenschaft besteht in nichts anderem als der systematischen Anwendung der Methode von trial and error – Versuch und Irrtum. Als besondere Pointe kommt hinzu, dass Popper dem wissenschaftlichen Diskurs damit eine Verlaufsform zuschreibt, die ihm zugleich als Strukturprinzip allen Lebens und Lernens gilt. »Alles Leben ist Problemlösen« heißt ein Aufsatzband, den Popper kurz vor seinem Tod noch fertigstellte. Zumal Theorien dazu da sind, Probleme zu lösen, wobei diese selbst von einer fehlerhaften Theorie aufgeworfen werden. Falsifikation muss dabei nicht immer gleich zu grundstürzenden Veränderungen führen. Manchmal genügt eine Einschränkung der Reichweite einer Theorie oder die Anpassung einer Teilhypothese des betroffenen Theoriegebildes, um dieses in Geltung halten zu können. Allerdings dürfen daraus nicht konventionalistische Strategien einer Immunisierung gegen Falsifikation werden, wie Popper nachdrücklich betont. Solche Kritik-Immunisierung geschähe etwa, wenn in eine falsifizierte Theorie ad hoc neue Hilfshypothesen eingeführt, grundlegende Definitionen abgeändert oder Zuverlässigkeit und Scharfsinn des Kritikers in Zweifel gezogen würden. Anpassungen oder Einfügungen in eine falsifizierte Theorie sind dann gerechtfertigt, so Popper, wenn sie den Falsifikationsgrad der Theorie erhöhen. Für dieses Verständnis von Wissen und Wissenschaft hat sich der Name »Kritischer Rationalismus« eingebürgert. Auf diesem Hintergrund lässt sich auch nachvollziehen, warum Poppers Konzept ganz gut für eine Erklärung theologischer Wahrheiten taugt. Darum:

4. Wahrheit, theologisch

— *Theologisches »Mehr«* —

Um es gleich zu sagen: Popper reicht nicht, um philosophisch das Problem theologischer Wahrheit auf den Punkt zu bringen. Aber er leistet triftige Vorarbeit. Seine »Logik der Forschung« reicht aus, um das ganze Problem der sogenannten Dogmengeschichte und damit der Zeitlichkeit theologischer Wahrheiten zu klären. Wenn Wahrheit prinzipiell nach vorne offen ist, sind wir genauso prinzipiell in der Lage, durch fortgesetzte Reflexion und Korrektur des Bisherigen der Wahrheit Stück für Stück näher zu kommen. Es kann sogar sein, dass wir in einem Fall schon längst die Wahrheit, also alles Wissbare erreicht und auch formuliert haben. Nur wissen wir das nicht und wir brauchen es auch nicht zu wissen. Das lässt sich gerade im Fall theologischer Aussagen, namentlich am Thema der Christologie gut beobachten. Hatten die ersten Christen versucht, das offenkundig besondere und einzigartige Verhältnis Jesu zum Gott Israels, den er »Abba« nannte, mit dem

Terminus »Sohn« einzufangen, so haben spätere Generationen das Instrumentarium der damals zeitgenössischen Metaphysik aufgegriffen, um diese Verhältnisbestimmung zwischen Gott und Jesus weiter zu bestimmen, zu vertiefen und auszudifferenzieren. Nirgends wird aber von der kirchlichen Lehrtradition behauptet, in den dogmatischen, von Konzilien und vom Lehramt formulierten Sätzen, sei schon alles gesagt, was es über Jesus und Gott zu sagen gibt oder dass es nicht noch anders und besser gesagt werden könnte. Die dogmatischen Formulierungen fungieren stattdessen nur als eine Art Grenzmarkierung für ein Verständnisniveau, hinter das nicht mehr zurückgegangen werden soll. Nichts hindert nachfolgende Generationen, das Alte auf eine neue Weise zu sagen, die das zu explizierende Glaubensgeheimnis im Horizont der jeweiligen Epoche auf überraschende Weise zum Strahlen bringt. So ist der im Kontext des II. Vatikanischen Konzils prominent gewordene, auf Karl Rahner zurückgehende, Begriff der Selbstmitteilung Gottes für das Christusgeschehen ohne Zweifel hilfreich, um die personal-existenzielle Dimension von Offenbarung deutlicher zur Geltung zu bringen, als das etwa die klassische Zwei-Naturen-Lehre vermag. Oder – anderes Beispiel – im Horizont des sogenannten »linguistic turn«, also der Entdeckung der Fundamentalität von Sprache für unser Denken insgesamt, gewinnt die Rede von Jesus als einer lebendigen Metapher Gottes, wie etwa Eberhard Jüngel sie vorschlägt[11], eine Verständigungskraft, die über diejenige der in den alten Dogmen implizierten Substanzmetaphysik hinausgeht. Und ich könnte mir vorstellen, dass im Gang der Umprägung unserer Gegenwartskultur durch die Neuen Medien und den durch sie erzeugten iconic turn – also eine Wendung des Denkens in die Dimension des Bildes – das Verständnis Jesu als Ikone Gottes ganz neue Bedeutung gewinnt und dabei zugleich auf uralte, vor allem auch ostkirchliche Traditionen zurückgreifen kann. Nach Poppers Konzeption von Wahrheit reicht die Korrigierbarkeit und Veränderbarkeit, gegebenenfalls auch die Falsifizierbarkeit eines Satzes aus, damit er als wahr gelten kann. Und im Grunde ist ein solches Verständnis gerade in religiösen Sätzen besonders angemessen, sofern das wie von selbst mit impliziert, dass kein konkreter Satz je das Geheimnis auszuschöpfen vermag, von dem er kündet. Gottes auch in der Offenbarung fortwährende Unbegreiflichkeit und Transzendenz bleiben so gewahrt.

— *Über-Zeitlichkeit* —

Die Temporalität von Wahrheit ist damit ohne Zweifel zur Geltung gebracht. Allerdings ist Wahrheit nicht nur temporal. Der amerikanische Philosoph Thomas Nagel bringt das geglückt auf den Nenner:

»Das Ziel der Allgemeingültigkeit ist vereinbar mit der Bereitschaft, stets Alternativen und Gegenargumente in Betracht zu ziehen – aber sie müssen als Anwärter auf den Posten objektiv gültiger Alternativen und Argumente betrachtet werden.«[12]

Der erste Teil des Zitats fasst genau die Position Poppers zusammen, der zweite Teil spricht deutlicher, als Popper das tut, aus, worin sein nach vorne offenes Konzept von Wahrheit seine ermöglichende Bedingung hat: in der Überzeugung, dass es objektiv Gültiges in unserer Erkenntnis geben kann. Wer immer Ausdrücke wie »Wahrheit« oder »Erkenntnis« nicht für sinnlos hält, kommt nicht darum herum, seine Gedanken prinzipiell mit dem Metagedanken eines Wirklichkeitsgehalts in Zusammenhang zu bringen. Theodor W. Adorno hat das einmal in das – übrigens mit Blick auf Kant geschriebene – freche Bonmot gefasst, alles wirklich ernsthafte Philosophieren umspiele den ontologischen Gottesbeweis[13], es gebe also so etwas wie einen naturwüchsigen Übergang zwischen Denken und Sein: dass also Ichgedanken ein Wirklichkeitswissen implizieren, von dem her weiteres Wirklichkeitswissen zugänglich sei. Das sehe ich auch so. Denn wenn ich im Selbstbewusstsein, also Wissen von mir, zweifelsfrei auch dies weiß, dass ich bin, bewege ich mich mit diesem Wissen bereits in einer Wirklichkeitsdimension.

— *Letztgültiges* —

Als Theologe gehe ich aber noch einen Schritt weiter, und zwar einen Schritt, den etliche meiner theologischen Kollegen und Kolleginnen nicht mitgehen würden. Ich halte nämlich unbedingte Gedanken für denkbar. Es geht dabei keineswegs um eine *»... geschlossene Menge selbstverständlicher Grundlegungswahrheiten ...«*[14], um nochmals eine Formulierung Thomas Nagels aufzugreifen. Es geht schlicht darum, einen Begriff unbedingten Sinnes für denkbar zu halten. Hansjürgen Verweyen macht das am Leitfaden des Bildbegriffs, Thomas Pröpper exemplifiziert das Unbedingte am Begriff der Freiheit. Ich berufe mich dafür auf den Begriff des selbstbewussten Subjekts.[15]

— Theologie und letzte Gründe —

Egal, wie man dafür ansetzt: Die Antwort muss ausgehen vom Charakter dessen, was Theologie ihrem Wesen nach ist: Ihrem Selbstverständnis nach redet christliche Theologie davon, dass Gott geredet und was er geredet hat. Sie sucht das, was sie als Rede Gottes glaubt, je und je in Horizonte zu übersetzen, unter denen mögliche Adressaten der Gottrede stehen, damit diese Adressaten – also prinzipiell alle Menschen aller Kulturen – verstehen können, was Gott geredet hat. Formal gefasst: Theologie ist durch und durch Kunst der Verständnisweckung, also Hermeneutik. Aber sie ist nicht nur Hermeneutik und kann es auch nicht ausschließlich sein und zwar (a) aus einem rein formalen und (b) aus einem inhaltlichen Grund.

Zu (a): Wer hermeneutisch tätig ist, also zu verstehen sucht oder deutet, um anderen zu verstehen zu helfen, greift vorgegebene Zeichen auf, um sie mit anderen Zeichen in Verbindung zu bringen, wobei das Produkt dieser Verbindung, nämlich neue Zeichen, seinerseits wieder mit anderen Zeichen in Verbindung gebracht werden kann usw. Verstehen und Deuten ereignen sich in einem Kosmos von Zeichen, in dem jedes Zeichen mit jedem anderen in Verbindung gebracht werden kann, so dass es prinzipiell eine unabschließbare Zahl möglicher Deutungen und Verstehensweisen gibt. Hermeneutik ist von Wesen ein auf Endlosigkeit angelegter Prozess.

Sofern das so ist, muss aber in den hermeneutischen Prozess ein ganz anderes Moment eintreten, weil sich Hermeneutik sonst als ausschließliches Zusammen-, Auseinander- und wieder Zusammentreten von Zeichen selbst aufhöbe. Wenn prinzipiell alles mit allem zusammengebracht, also alles auf alle mögliche Weise gedeutet und verstanden werden kann, gibt es im Grunde gar nichts mehr zu verstehen. Wo alles möglich ist, ist auch alles gleich. Darum ist Hermeneutik als Kunst des Verstehens um ihrer selbst willen auf Kriterien angewiesen, genauer auf Kriterien dafür, ob die Deutung eines Zeichens sinnvoll oder sinnlos ist. Solche Kriterien können freilich nun nicht ihrerseits wiederum einfach der Zeichenwelt entnommen werden, in der ich mich verstehend bewege. Alle Ansätze, die dieses Problem sehen, suchen darum irgendwie eine kriterielle Metaebene zu benennen.[16] Wirklich gelöst werden aber kann das Problem nur im Rekurs auf diejenige Instanz, die deutend mit den Zeichen umgeht, also die Vernunft des Verstehenden. Nur wenn ich der Vernunft zutraue, Letztgültiges denken zu können, kann ich auch mit Überzeugung bestimmte Deutungen vertreten und bestimmte ablehnen, weil nur im Horizont solcher Letztgültigkeit sinnvoll von etwas gesagt werden kann, dass es sinnvoll oder sinnlos sei.

Gäbe es kein solches Kriterium, bin ich schutzlos allem ausgeliefert, was an Zeichen auf mich zukommt und gegen mich Autorität erhebt. Vor jedem Wort, jedem Satz, jedem Zeichen, die ich wahrnehme, steht ja im Grunde ein »Es gilt, dass...«. Aber wie oft haben wir uns nicht nur geirrt, sondern sind wir auch möglicherweise gezielt getäuscht worden! Ohne Sinnkriterium wäre ich all dem völlig schutzlos ausgesetzt, könnte allenfalls nur willkürlich reagieren und einfach dies für sinnvoll und jenes für sinnlos erklären.

Auch auf der Ebene der Intersubjektivität und Kommunikation bliebe der Ausfall eines Sinnkriteriums nicht folgenlos. Ohne ein solches Kriterium kann ich einem anderen gegenüber von nichts wirklich durch und durch überzeugt sein. Er oder sie kann dann aber auch aus Prinzip nie mehr wissen, wie er mit mir genau daran ist. Beide können einander nicht mehr wirklich ernstnehmen. Folge: Kommunikation kann nicht mehr Teilgabe an und Austausch von Persönlichem sein, sondern verkommt zum Wortgeplänkel. Kurz gesagt: Soll Verstehen (bei allen Grenzen, die es auch zeichnen) nicht im Prinzip eine Illusion sein, muss Hermeneutik um ihrer selbst willen mit Erster Philosophie als dem Ort letztgültiger Gedanken in Beziehung gesetzt werden. Erst recht gilt dies von der Theologie, sofern es in ihrem hermeneutischen Geschäft um Dinge geht, die mit größt denkbarer Autorität begegnen und das Persönlichste ihrer Adressaten betreffen.

Damit zu (b) der inhaltlich begründeten Verpflichtung der Theologie auf einen Letztbegründungsgedanken. Gemäß christlicher Überzeugung hat sich Gott letztgültig und also auf nicht mehr überbietbare Weise in Jesus Christus geoffenbart.[17] Wie immer auf diesen Anspruch reagiert wird, ob bestätigend oder bestreitend, beide Varianten erfordern zur Bedingung ihrer Möglichkeit einen präzisen Begriff letztgültigen Sinnes – oder den Nachweis seiner Unmöglichkeit. Ob ein faktisch auftretender Sinnanspruch letzte Gültigkeit für sich einfordern kann, lässt sich ja nur entscheiden, wenn zuvor rein mit dem Instrumentar philosophischer Vernunft der Begriff solch letztgültigen Sinnes ausgearbeitet worden ist und damit geprüft ist, ob Vernunft prinzipiell eines solchen Gedankens fähig ist.

In welcher Form ein solcher Gedanke gefasst wird, ist demgegenüber zweitrangig. Unbeschadet der Differenzen im Ansatz kommen alle Konzeptionen, die einen Begriff unbedingten Sinnes als Voraussetzung theologischer Wahrheitsansprüche unterstellen, in der These überein, mit der die Herausgeber das »Merkur«-Sonderheft zur Gottesfrage im Herbst 1999 einleiteten. Dort heißt es:

»Nach Gott zu fragen, sei es in der Weise der Theologie, sei es mit Blick auf das Religiöse in der säkularen Welt, ist ein Exerzitium ... Wer es ausschlägt, nimmt Schaden – der Gläubige an seiner Seele, der Ungläubige an seinem Intellekt.«[18]

ZEHNTES KAPITEL

Die Religionen und die Vernunft

1. Grenzziehungen

— *Radikale Beschränkung* —

Es hieße zwar nicht gerade das Meer mit einer Nussschale, wohl aber einen Gärbottich mit einem Reagenzglas ausschöpfen wollen, wenn ich das mit dem Titel umrissene Thema ernsthaft einzulösen versuchte. Denn Religion ist schon längst vor dem 11.09.2001 global eines der großen Themen der Philosophie gewesen. Seit diesem Datum hat das nochmals drastisch zugenommen. Nicht zuletzt katholischerseits – namentlich durch die »Regensburger Vorlesung« Benedikts XVI. im Herbst 2006[1] – wurde das Thema Religion philosophisch formatiert dann auch noch in die breaking news der Weltpresse katapultiert. Kurz: Ich muss mir eine radikale Beschränkung auferlegen. Ich spreche deshalb nicht von den postmodernen Behandlungen des Themas von Derrida bis Vattimo und auch nicht von dem in deren Nähe, aber doch nochmals anders verorteten Levinas. Ich gehe nicht ein auf die kontinuierliche Wiedergewinnung sämtlicher religionsphilosophischer Themen bis hin zu den Gottesbeweisen in diversen Sektoren analytischen Philosophierens. Ich übergehe auch die Neophänomenologie, für die Jean-Luc Marion und Michel Henry stehen. Ich nehme nicht das neu erwachte Interesse an russischer Religionsphilosophie von Semen Frank über Pavel Florenskij bis Lev

Šestov in Blick. Und ich streife am Ende nur beiläufig den Diskurs über Religion und Gewalt, den Jan Assmann vor Jahren angestoßen hat[2] und der dann durch Peter Sloterdijk und zuletzt Ulrich Beck fortgesetzt wurde.[3]

— Zwei Stimmen deutscher Philosophie —

Stattdessen konzentriere ich mich – sehr schlicht – auf zwei deutschsprachige Stimmen, von denen eine in ihrer Bedeutung für die Thematik der Religion noch gar nicht so richtig zur Kenntnis genommen ist, die andere eben damit in jüngerer Zeit umso mehr Aufmerksamkeit auf sich zog. Ich verstehe diese Konzentration im Übrigen auch als ausdrückliche Kritik eines Trends in erheblichen Teilen der deutschsprachigen Universitätsphilosophie, das Thema Religion zu tabuisieren – bis dahin, dass man jungen Privatdozenten vor einiger Zeit auf einem Kongress empfahl, zur Chancenerhöhung in Bewerbungsverfahren einschlägige Publikationen aus dem Konkurs herauszuhalten. Einer, von dem gleich die Rede sein wird, meinte einmal, von Gott zumindest reden können müsste jeder Philosoph,

»dem die Philosophie von dem Ort, an dem die Fragen an der Grenze des Wissens bewegt werden, nicht zu einer Spezialität unter anderen geworden oder vielmehr heruntergekommen ist.«[4]

Das Diktum stammt von Dieter Henrich, dessen ausgreifendes Œuvre keineswegs den Verdacht erweckt, in besonderer Weise von Interesse an Religion imprägniert zu sein – und dennoch seit vielen Jahren grundlegende Anstöße in die Religionsphilosophie vermittelt. Noch vor dieser religionsphilosophisch erst zu entdeckenden Stimme soll es um denjenigen gehen, der das Thema Religion seit einigen Jahren vehement – und durchaus zur Irritation etlicher seiner Kollegen und Schüler – in die Öffentlichkeit trägt: Jürgen Habermas. Den Blick auf ihn stelle ich unter den Titel:

2. Athen, Jerusalem und die reflexive Moderne

— Konzeptionelle Verlagerungen —

Man muss Habermas' Denken nicht eine strikt lineare Fortentwicklung oder eine progressive Annäherung an das Thema Religion unterstellen, um dennoch zum Befund zu kommen, dass sich seine explizite Einschätzung von Religion, Glaube und Theologie auf eine Weise modifiziert hat, die es erlaubt, im Verhältnis von Glauben und Wissen nach einer Phase der »Ersetzung« des Ersteren durch das Letztere und einer solchen der »Koexistenz« beider nunmehr von »Kooperation« zu sprechen.[5] Abgezeichnet hat sich diese Tendenz bereits in dem langen Interview »Ein Gespräch über Gott und die Welt«[6], das Habermas im Sommer 1999 mit dem befreiungstheologisch geprägten Philosophen Eduardo Mendieta geführt hatte. Ihre Fortsetzung fand die Thematik dann im Licht einer breiten Öffentlichkeit dadurch, dass Habermas sich ihr in seiner Frankfurter Paulskirchen-Rede anlässlich der Entgegennahme des Friedenspreises des deutschen Buchhandels widmete.[7] Zu einer erneuten Welle öffentlicher Aufmerksamkeit kam es, als Anfang 2004 bekannt wurde, dass die Katholische Akademie in München – beinahe als Geheimtreffen inszeniert – einen Disput zwischen Jürgen Habermas und dem damaligen Joseph Kardinal Ratzinger organisiert hatte.[8] Dort hat Habermas seine Position aus der Frankfurter Rede nochmals zugespitzt: Die Verlustgeschichte der Moderne bedürfe um deren Fortschreibung willen der Konterkarierung durch die – wie ein Kommentator zusammenfasste –

»... säkularisierende[n] Entbindung religiös verkapselter Bedeutungspotentiale [auf eine Weise, dass dabei; K.M.] der ursprünglich religiöse Sinn ... nicht auf eine entleerende Weise deflationiert und ausgezehrt werde.«[9]

Ende 2004 schließlich erschien im Druck ein zuvor mehrfach öffentlich gehaltener Vortrag Habermas' über Kants Religionsphilosophie[10], in dem er detailliert offenlegt, wie sich die Spannung zwischen Athen und Jerusalem – also Vernunft und Glaube –, die nicht aufgelöst werden dürfe, wenn das Netz des interkulturellen Diskurses nicht reißen solle[11], in Orientierung an kantischen Potenzialen stabilisieren lasse.

— Jüdisch-christliche Hintergrundressourcen der Moderne —

In dieser mehrschrittigen Fortschreibung der Problemanzeige bleibt durchgängig präsent, dass Habermas keineswegs einer Art Harmonismus von Glauben und Wissen das Wort redet. Aber er nimmt wie wenig andere auch das Eingehen jüdisch-christlicher Substanz in die Philosophie, gerade in die moderne Philosophie deutscher Provenienz wahr. Habermas nimmt in dem genannten Interview die Frage des Gesprächspartners, ob man nicht beinahe sagen könne, dass das Christentum in den Hallen der deutschen Philosophie überlebt habe[12], in einer aufschlussreichen Differenzierung auf, von der letztlich auch Licht auf seine eigene Verortung zurückfällt: Auf dem Hintergrund der Französischen Revolution hätten sich die jungen Tübinger Theologiestudenten Hegel, Schelling und Hölderlin an das Projekt gemacht,

»Athen mit Jerusalem und beide mit einer Moderne zu versöhnen, die ihr normatives Selbstverständnis wesentlich aus dem egalitär-universalistischen Geist der jüdischen und christlichen Überlieferung schöpft.«[13]

Dieser Ausgangskonstellation schließt Habermas eine doppelte Differenzierung an: Zum einen habe von diesem Programm der jungen Tübinger Stiftler eine eher ästhetisch-platonische und eine primär sozial- und geschichtsphilosophische Wirklinie ihren Ausgang genommen. Innerhalb Letzterer sei aber nochmals in besonderer Weise die Denkform des dialektischen Denkens hervorzuheben, die sich markant an Namen wie Jakob Böhme, Friedrich Oetinger, Friedrich W. J. Schelling, Georg W. F. Hegel, Karl Marx, Ernst Bloch, Walter Benjamin und in gewissem Sinne auch Michel Foucault festmachen lasse.[14]

»In dieser Tradition arbeitet sich die Philosophie ernsthaft am Theologoumenon der Menschwerdung Gottes ab – an der Unbedingtheit des moralischen Sollens angesichts der Radikalität des Bösen, an der Endlichkeit der menschlichen Freiheit, an der Fallibilität des Geistes und der Sterblichkeit des individuellen Lebens. Die Dialektik nimmt die Frage der Theodizee ernst – das Leiden an der Negativität einer verkehrten Welt.«[15]

Und es ist – wenn je einer – dann dieser in die Philosophie eingewanderte Traditionsstrang, in dessen durch die Moderne gebrochenen Erbfolge sich Habermas einsetzend mit seiner Schelling-Dissertation von 1954[16] lokalisiert. Was Habermas an diesen Überlegungen derart fasziniert, dass sie zu einer Art theologischen Subtext seiner Universalpragmatik werden, ist ihre Erhellungskraft innerhalb menschlicher Selbstverständigung:

»Dieser Mythos, und darum ist er mehr als ein bloßer Mythos, beleuchtet zwei Aspekte der menschlichen Freiheit: die intersubjektive Verfassung der Autonomie und den Sinn der Selbstbindung der Willkür an unbedingt geltende Normen.«[17]

— *Theologischer Überschuss* —

Worin dieses »mehr als ein bloßer Mythos« an religiösen oder theologischen Traditionen besteht und ob es sich dabei um kognitive Gehalte handelt, ist dabei natürlich die zentrale Frage, die sich unmittelbar anschließt. Und genau ihr ist ein erheblicher Teil des erwähnten Münchener Dialogs gewidmet. Es ging dabei thematisch um so etwas wie vorpolitische Quellen, *»aus denen sich das Normbewusstsein und die Solidarität von Bürgern speist«*[18], und von denen Habermas meint, eine Gesellschaft wie die gegenwärtige okzidentale, im Blick auf die ein Verdacht auf entgleisende Säkularisierung nahe liege[19], täte gut daran, mit ihnen schonend umzugehen.[20] Das dafür nötige reziproke Ernstnehmen von Vernunft und Glaube aus kognitiven Gründen[21] ist freilich ein Unterfangen, das auf *»vermintes Gelände«*[22] führt. Die Richtschnur für die Vermessung der damit gestellten Herausforderung lässt sich Habermas dabei unübersehbar von Kants über sich selbst aufgeklärtem aufklärerischem Projekt vorgeben – auch noch gegen die bisweilen überzogen angelegten Hoffnungen auf die versöhnende Kraft der Kategorie des Eingedenkens.[23]

Ich bin mir vor diesem Hintergrund einer Rückkehr religiöser Gehalte ins Zentrum philosophischer Diskurse nicht sicher, wie entschieden Habermas' Verdikt aus dem Gespräch von 1999, dass eine Philosophie, die trösten wolle, keine Philosophie sei[24], das letzte Wort in der Sache bleiben kann und wird. Im Kant-Aufsatz von 2004 ist an die Stelle des normativen Vorbehalts eine konstatierende Bilanz getreten, Philosophie

»... verfüg[e] nicht mehr über die Art von Gründen, die ein einziges motivierendes Weltbild vor allen anderen auszeichnen könnten, und zwar ein Weltbild, das existentielle Erwartungen erfüllt, ein Leben im ganzen verbindlich orientiert oder gar Trost spendet.«[25]

Dem steht ganz unmittelbar entgegen, dass eben dies das seit Jahrzehnten leitende Anliegen im Denken des in vielfältigem Zuspruch und Einspruch mit Habermas verbundenen Dieter Henrich ausmacht und dort sehr wohl eben jene Art von Gründen entfaltet wird, von der Habermas behauptet, die Philosophie verfüge nicht mehr über sie.[26] Genau das möchte ich im nächsten Schritt prüfen.

3. Religion als Form letzter Gedanken

— *Fruchtbare Konfrontation* —

Die Gründe freilich, um die es nachfolgend gehen soll, sind solche, die nur aus jener zu Habermas' sozial- und geschichtsphilosophischer Verortung alternativen Perspektive gewonnen werden können, die dieser als *»eher ästhetisch-platonische«*[27] apostrophiert. Diesbezüglich begegnen sich Habermas und Henrich in einer bislang zwischen beiden nie explizit gemachten Kontroverskonstellation. Spätestens seit 1982 lässt Henrich keinen Zweifel mehr daran, dass er eine im beschriebenen Sinn wirkliche Versöhnung endlicher Vernunft mit sich aus der Logik der Selbstbeschreibung selbstbewusster Subjektivität primär der spekulativen Philosophie zutraue und eine Konvergenz zwischen dieser und der monistischen Grundstruktur fernöstlicher Religionen erkenne, dagegen die theistischen Traditionen im Wesentlichen für verschlissen halte[28] – es sei denn, möchte ich im Blick auf einschlägige jüngere Erwägungen Henrichs ergänzen, wenn sie sich darauf verstünden, an die Potenziale ihrer eigenen, oft verdeckten monistischen Implikate praktisch und theoretisch Anschluss zu finden.[29]

— *Philosophie im Horizont letzter Gedanken* —

Bei dieser existenzphilosophischen Ortsbestimmung und ihren religionsphilosophischen Konsequenzen handelt es sich keineswegs um eine mehr oder weniger dezisionistische Option.[30] Vielmehr ergibt sich diese Wendung in Henrichs Subjektmetaphysik aus deren Genesis und dem Aufkommen einer auf die Selbstbeschreibung in »letzten Gedanken« bezogenen Wahrheitsfrage, die so lange unabweislich ist, als ein Subjekt seinem Dasein in der Welt in der Instanz autonomer Vernunft auf irgendeine Weise Bewandtnis zuerkennt.[31] Zwar wird diese Denkform von eben den Vorbehalten getroffen, die Habermas auch gegen die Weise, wie Karl Jaspers das Erbe Kierkegaards antritt, vorbringt: nämlich den Geltungsanspruch philosophischer Aussagen in eine Familienähnlichkeit mit dem Status von Glaubenswahrheiten zu überführen.[32] Ein triftiges Gegenargument ist das aber nicht, denn abgesehen davon, dass hinter der Operation Jaspers' ein Verständnis von Philosophie steht, das bis zu Platon zurückreicht, lässt das umgekehrt auch die Frage aufkommen, ob nicht Habermas unbeschadet aller Säkularisierungsdynamik so tief in das jüdisch-christliche Erbe verstrickt ist, dass ihm dadurch die scharfe Sicht auf jenes andere Paradigma, was dessen Verständigungskraft betrifft, verstellt ist – die auffällig glatte Rede vom durch die Kirchen überwundenen (vorchristlich-kosmotheistischen) *»Heidentum«*[33] und von der Lüftung des Geheimnisses durch bestimmte Religionen machen hellhörig.[34]

— *Religionen als Selbstdeutungen bewussten Lebens* —

Um es für einen ersten Augenblick um der Prägnanz willen im Fachjargon der Philosophie zu sagen: Die Grundalternative menschlicher Beheimatung in der Welt als einer geordneten Wirklichkeit – oder kurz: Religion – lässt sich in einer transzendentalen Analyse aus dem Selbstvollzug und der Selbstdeutung bewussten Lebens herleiten. »Transzendentale Analyse« besteht darin, die Bedingungen der Möglichkeit für das Auftreten eines Phänomens und seine Gesetzmäßigkeiten freizulegen. Ich tue das nachfolgend im Anschluss an zentrale Züge jener umfänglichen Subjekttheorie, die Dieter Henrich seit Jahrzehnten in unablässigem Bemühen ausarbeitet. Charakteristisch ist in deren Rahmen, dass sich bewusstes Leben einer Doppelerfahrung konfrontiert findet: Es ist einerseits etwas ganz und gar Einmaliges, Unvertretbares gegenüber aller Welt, gleichsam deren Quellort, zugleich aber eine der Entitäten unter den zahllosen Seienden in dieser Welt. Wie von selbst stellen sich hier Bildworte ein: Als eine oder einer unter den unendlich vielen Seienden bin ich so viel wie ein Tropfen im Meer, ein Staubkorn irgendwo in der Unermesslichkeit des Universums. So gesehen kommt es auf mich überhaupt nicht an. Ich bin völlig marginal, eine Randerscheinung. Was fehlte denn dem Universum, wenn ich nicht wäre? So viel wie nichts und trotzdem etwas Unersetzbares: Meine Einmaligkeit, meine Sicht auf das Ganze aus diesem Ganzen heraus. Dieter Henrich hat für den ganzen Problemkomplex folgende Sprachregelung vorgeschlagen, der ich mich anschließe: Sofern sich der Mensch in der Ich-Perspektive beschreibt, ist er Subjekt; sofern er sich in der Beobachterperspektive beschreibt, ist er Person.

Angesichts dieser ihrer Doppeldimensionalität kann selbstbewusste Subjektivität nur auf zweierlei Weise reagieren: Entweder sie anerkennt einen zumindest gewissen Grad von Absurdität ihrer Existenz, eine durch alles hindurchgreifende, letzte Zerrissenheit als ihr Spezifikum. Oder aber sie lässt sich auf eine Vermittlung ein, die freilich angesichts der radikalen Disparatheit beider Selbstbeschreibungsperspektiven, die keinerlei Reduktion der einen auf die andere oder Deduktion der einen aus der anderen zulassend, ihrerseits eine ganz eigenartige Form annehmen muss. Thomas Nagel, Subjekttheoretiker analytischer Provenienz, der ersichtlich zur ersteren »Lösung« des Antagonismus, also der Absurditätsthese, tendiert[35], nennt diese Alternative ohne Umschweife die »religiöse« und erachtet den Subjekt-Person-Antagonismus durch sie als auf ein lebbares Niveau humanisiert.

Für Henrich geht mit einem wirklich bewusst geführten Leben die auf Vermittlung orientierte Option – also die von Nagel »religiös« genannte – nachgerade notwendig einher, sofern Selbstbewusstsein nur auf diese Weise zu einem stabilen Selbstverhältnis zu finden vermag. Henrich scheut sich nicht, dafür einen religiösen Grundbegriff schlechthin in Anspruch zu nehmen:

»Man kann schon in diesem Zusammenhang, so elementar er ist, und so sehr in ihm von allen praktischen, emotionalen und von allen Weltgründen zur Religion abstrahiert ist, in einem nur auf Verständigung und Deutung bezogenen Sinn von einer ›Erlösung‹ des Selbstbewußtseins sprechen, – von seiner Befreiung nämlich zur Eindeutigkeit der Selbstorientierung, zu einem wohlbestimmten Ort in einem verstandenem Ganzen und in das Ende der Unruhe, die aus der Verwirrung und dem Dunkel kommt, das die natürliche Welt beherrscht.«[36]

Jedoch heißt das nicht, diese Alternative spiele im Vergleich zur Absurditätsvariante die einfachere Antwort zu. Im Gegenteil! Die abgründige Differenz zwischen Subjekt- und Personperspektive selbstbewusster Subjektivität zwingt jede ihrer Vermittlungen in eine intrikate Drift. Religion konstatiert nämlich nicht einfach die Inkommensurabilität der Subjekt- und der Persondimension, sondern entwickelt Vermittlungsgestalten von je einer der beiden Seiten her, also gemäß je deren Tiefenstruktur und Logik. Daraus folgt, dass je eine der beiden Dimensionen der anderen untergeordnet wird, ohne dass sich die Tiefenstruktur und Logik der je untergeordneten mit den Mitteln der dominierenden aufheben ließe. Dafür liegen die Differenzen viel zu tief.

Auf dem Hintergrund wird ohne Weiteres einsichtig, wie an sich gleich verfasste Subjekte ohne äußere Determination – freilich gewiss durch externe, etwa kulturelle Faktoren motiviert – zu grundlegend divergierenden Selbstdeutungen zu kommen vermögen. Der Ausgangspunkt solcher Deutung ist dabei immer die eine oder die andere jener beiden Grunderfahrungen von Subjekt- und Personsein. Die eine oder die andere wird gleichsam zum hermeneutischen Schlüssel für das Ganze der Wirklichkeit, also der kosmischen Bergung des Daseins genommen. Im Vollzug bedeutet das: Entweder transzendiert Selbstbewusstsein sein Einzelnes-unter-Vielen-Sein, sein Person-Sein in der Logik seiner Subjekterfahrung, also seiner Singularität, begreift darum Wirklichkeit insgesamt als ein radikal Einmalig-Einziges, eine Ganzheit und bindet sich so an einen überindividuell gedachten Wirklichkeitsgrund, in den es eingeht. In einschlägigen Beschreibungen wird das durch Chiffren wie »Strom« oder »Prozess« geltend gemacht, in die das Einzelne gleichsam eingeht und aufgehoben wird. Idealtypisch begegnet ein solcher ontologischer Monismus in den fernöstlichen Hochreligionen, besonders markant im Buddhismus, historisch gewendet auch in der All-Einheitslehre hinter dem ägyptischen Kosmotheismus. Oder aber Selbstbewusstsein übersteigt sein Einmaliges-Subjekt-Sein in der Logik seiner Personerfahrung und des damit verbundenen charakteristischen Einzeln-Seins unter vielen anderen Seienden: dann erfolgt diese Selbstverständigung im Horizont des Gedankens einer Ordnung dieser vielen Seienden, die sich in ihrem Bestand einem höchsten Seienden verdankt, welches selbst Person ist. Dem kommt eine (philosophisch gesehen: strukturell aristotelische) Ontologie entgegen, die mit einer Vielheit von Dingen, ihren Eigenschaften oder Zuständen operiert. Dieses Paradigma einer pluralistischen Ontologie prägt die monotheistischen Religionen mit einem obersten Seienden personalen Charakters, die gemeinhin dem »westlichen« Kulturkreis zugerechnet werden, obwohl sie ausnahmslos im Vorderen Orient aufgekommen sind.

— *Religion als Vernunftform* —

Dieser selbstbewusstseinstheoretische Zugriff auf das Phänomen der Religion und ihrer Pluralität erlaubt nun aber nicht nur eine Erklärung dafür, dass systematisch gesehen Religion nur in zwei charakteristischen Grundformen auftritt, bzw. dass Wesen prinzipiell gleicher Bewusstseinsverfassung ihre Selbstverständigung über diese in basal verschiedenen Ontologien zur Geltung bringen. Insofern in Religion damit ineins die unvermeidbaren Grundfragen bewusst geführten Lebens, gebündelt in der Frage nach seiner Beheimatung, zu beantworten gesucht werden, erweist sich Religiöses als solches von prinzipieller und originärer Vernünftigkeit. Das widerspricht nicht der Diagnose faktisch auftretender Depravationen und schon gar nicht dem Auftreten meist nicht propositional, sondern performativ realisierter Vernunftkritik innerhalb religiöser Traditionen (das ist vielmehr Indiz für die strikte, weil selbstkritische Vernünftigkeit von Religion). Neuere Versuche, Religion dadurch zu naturalisieren, dass sie zu einem längst überflüssigen Beiprodukt der Evolution erklärt wird, das phylogenetisch seinen Sinn verloren habe, oder ihr allenfalls unter dem Vorzeichen des Handicap-Prinzips eine gewisse Funktion als Fitness-Signal im Rahmen des sexuellen Wettbewerbs zuschreiben, sind damit bereits im Ansatz und hinsichtlich ihrer Erklärungskraft um Dimensionen überboten.

— Reziproke Inklusionen —

Zu den Leistungen dieses Ansatzes gehört aber noch etwas, das seine Erhellungskraft um eine zusätzliche Dimension erweitert. Von ihm her lassen sich nämlich Konfliktlagen, die beide Grundformen von Religion seit je intern begleiten, in ihrer Genese wie Struktur durchsichtig machen. Weil das Subjekt- und Personsein bewussten Lebens unbeschadet seiner dimensionalen Differenz untrennbar zusammengehört, geht das in Absicht auf Selbstverständigung geschehende Ergreifen einer der beiden Seiten im Sinn des hermeneutischen Primats immer mit einem Wissen um die Alternative einher: Die monistischen Religionen räumen der Unabweisbarkeit des Gedankens des Einzeln- und damit des Personseins ihr Recht ein – der Buddhismus vor allem in Gestalt seiner Mahayana-Variante, der Hinduismus mit polytheistischen Intuitionen, der ägyptische Kosmotheismus in der Vielgestaltigkeit seines Pantheons. Die monotheistischen Religionen andererseits geben dem Einmaligkeits- und damit Alleinheitscharakter der Subjektperspektive Raum hauptsächlich in Form der Mystik und in Gestalt kosmotheistischer Implikationen vieler ihrer Ausdrucksformen. Es gibt in allen Varianten von Monotheismus – am intensivsten übrigens im Katholizismus – so etwas wie einen monistischen Tiefenstrom.[37] Genau in dieser Funktion der Alternativeneinholung zur Pluralontologie der auf ein höchstes personales Seiendes justierten Religionsform kann man im Übrigen auch den wirklichen Sinn der christlichen Trinitätslehre ansetzen: nicht als Explikation oder Vollendung personalen Denkens, sondern als Einholung des Einmalig-Subjektiven unter den Chiffren wie »Geist« oder »Liebe«, deren Strukturkonvergenz mit den monismus-ontologischen Kategorien »Strom« oder »Ereignis« unübersehbar ist.[38] Es ist alles andere als ein Zufall, dass knapp drei Viertel der Bezeichnungen für den Heiligen Geist in den biblischen Quellen und den nachfolgenden theologischen Traditionen aus dem Fundus apersonaler Metaphern wie »Sturm«, »Feuer«, »Flut« etc. stammen. Nimmt man das alles zusammen, so lässt sich ohne Übertreibung sagen, dass religiöse Traditionen erst dann in ihrer ganze Fülle zu sprechen beginnen, wenn sie philosophisch einer gleichsam holographischen Lektüre unterzogen werden, wie sie die vorausgehend angewandte transzendentale Reflexion möglich macht.

In der Logik dieses Ansatzes kann schließlich auch noch eine metatheoretische Frage aufgenommen werden, die uns heute im Kontext der Religionsthematik öffentlich beschäftigt wie kaum eine andere und die ich am Ende meiner Überlegungen wenigstens tangieren möchte.

4. Die Religionen und die Wahrheit

Ich habe vorausgehend Religion philosophisch beschrieben in einer Art Pharmakologie für die Grundsituation menschlicher Weltbefindlichkeit: Wir sind nicht naturwüchsig daheim dort, wo wir uns vorfinden: Was uns umgibt, ist uns in einem gewissen Sinn zu viel und zu wenig zugleich, zu klein und zu groß in einem für das, was wir denken und fühlen und wollen. Religionen versöhnen symbolisch diesen Antagonismus unserer Existenz. Sie tun dies in zwei aufeinander nicht zurückführbare, auseinander nicht herleitbare alternative Weisen. Welche von ihnen aber ist wahr?

— *Perspektivische Wahrheit* —

Mir scheint, man kann sich auch dieser unvermeidlichen Frage aus dem Ansatz bei der Doppelung in der Selbstbeschreibung bewussten Lebens auf fruchtbare Weise annähern: Religion verheißt denen, die sich ihre Substanz aneignen bzw. sich ihr übereignen, das, was in ihrer Sprache meist »Heil« heißt und seinem Gehalt nach als Ereignis absoluter Vermittlung von Einmaligkeit (Subjektsein) und Einzelheit (Personsein) zu begreifen ist. Die Schwierigkeit dieser Vermittlungsaufgabe resultiert daraus, dass sie – wie erläutert – immer im Horizont einer Zuordnung beider Glieder erfüllt werden muss, die bereits eine mehr oder weniger ausgeprägte Prärogative für eines der Glieder impliziert. Das Niveau einer Vermittlung – will sagen ihre Wahrheit – bemisst sich genau daran, inwieweit trotz des Vorrangs des einen Gliedes die jeweils untergeordnete Dimension als sie selbst in der Vermittlung gegenwärtig bleibt. Jede Religionsform, die entweder die Einzelheit von der Einmaligkeit absorbieren, oder die umgekehrt die Einmaligkeit in der Einzelheit aufgehen ließe, erwiese sich demgemäß als defizitär.

— Das christliche Spezifikum —

Das Besondere der christlichen Religion in dieser Hinsicht macht aus, dass das Einmalige, Einzigartige im Einzelnen als Einmaliges erscheint und dass sich dieses Erscheinen seinerseits durch nichts anderes als das völlige Selbstverständigtsein, die erfüllte und gelebte Identität derjenigen Subjekt-Person vermittelt, in der als Einzelheit die Einmaligkeit als sie selbst zur Erscheinung kommt: Das absolut Einmalige oder – monotheistisch gesprochen – der Absolute tritt auf als Einzelner. Daran haben sämtliche Formeln der Christologie ihr Thema: Der Mensch Jesus von Nazaret als das unüberbietbare Gleichnis des transzendenten Gottes. Jede Religion als Selbstdeutung bewussten Lebens, die die Vermittlung unterhalb dieses Niveaus anlegt, kann zumindest auf der Ebene eines philosophisch sensibilisierten theologischen Diskurses aus vernünftigen Gründen kritisiert werden. Sie bliebe etwas von dem schuldig, was sie qua Religion unter dem Richtmaß philosophischer Einsicht an der von Religion prinzipiell zu leistenden Aufgabe zu erfüllen vermöchte. Ich bin geneigt, in dieser Hinsicht dem Christentum philosophisch – ich betone das »philosophisch«! – eine nur schwer zu überbietende Evidenz im Sinne guter Gründe für einen Wahrheitsanspruch zuzuschreiben. Das schließt nicht nur nicht aus, sondern gerade ein, dass auch den anderen Religionen ein Wahrheitsgehalt zukommt. Und umgekehrt wird es am Christentum in diesem Sinne Wahrheitsdefekte geben, weil es ja auch immer noch wie die anderen Religionen unter dem Gesetz der erläuterten hermeneutischen Asymmetrie steht und vom Ansatz her der pluralontologischen Alternative angehört. Gleichwohl billige ich dem Christentum gerade wegen der Christologie den Rang zu, gleichsam die der Philosophie nächststehende Religion zu sein. Denn sie kommt für eine Verschränkung von Vernunft und Glaube auf, die Wahrheitsansprüche in Geltung lässt und trotzdem jedem Fundamentalismus im Ansatz den Weg verlegt.

Unterm Strich heißt das: Religionen sind die im buchstäblichen Sinn therapeutische Antwort auf das höchst kritische und prekäre Verhältnis von Mensch und Kosmos. Ohne eine Einhegung durch die philosophische Vernunft aber stehen sie in Gefahr, wegen des mit ihnen einhergehenden Geltungsanspruchs zu konfligieren und so eine Krise zweiter Ordnung auszulösen. Je mehr sich eine Religion selbst dieser kritischen Arbeit stellt, desto mehr wird sie beitragen, die Welt als Kosmos, also geordnetes Ganzes, zu erhalten und darin selbst den Widerschein eines gütigen Urgrunds oder eines liebenden Gottes zu erkennen – aber immer im Wissen, dass ihr Erkennen des Göttlichen Stückwerk bleibt.

ANMERKUNGEN

Erstes Kapitel

1 So überliefert in Buber, Martin: Die Erzählungen der Chassidim. Zürich 1949. 793.

Zweites Kapitel

1 Sturm, Vilma: Barfuß auf Asphalt. Ein unordentlicher Lebensablauf. Köln 1981. 327f.
2 Pseudo-Dionysios Areopagita: Die Namen Gottes. I, 6. Eingel., übers. u. mit Anm. versehen v. Beate Regina Suchla. Stuttgart 1988. 27.
3 Denzinger/Hünermann: 806.
4 Nikolaus von Kues: De docta ignorantia. I, 24.
5 Kamphaus, Franz: Schwerpunkte der Predigtausbildung. In: Internationale Kirchliche Zeitschrift 11 (1982). 113–122. Hier 122.
6 Fichte, Johann Gottlieb: Die Anweisung zum seligen Leben, oder auch Religionslehre. In: Fichtes Werke. Bd. V. Zur Religionsphilosophie. Hg. v. J. G. Fichte. Nachdr. Berlin 1971. 397–574. Hier 479.
7 Fichte: Anweisung (Anm. 6). 479. Übrigens auch einer so theologienahen Philosophie wie derjenigen Antonio Rosminis gilt der Schöpfungsgedanke als beweisbar und zugleich nicht vollständig verstehbar. Vgl. dazu Dossi, Michele/Rosmini, Antonio: Ein philosophisches Profil. Stuttgart 2003. 366–374.
8 Fichte: Anweisung (Anm. 6). 479–480.
9 Zit. nach Maaß, Winfried: Warum tut ihr das. Die Geschichte der Dienerinnen der Armen. Hamburg 1994. 168f.
10 Zur nachfolgenden Auslegung dieser Stelle vgl. Balthasar, Hans Urs von: Du hast Worte ewigen Lebens. Schriftbetrachtungen. Einsiedeln; Trier 1989. 17–19.
11 Musil, Robert: Der Mann ohne Eigenschaften. Hamburg 1970. 769f.
12 Rahner, Karl: Freunde Gottes. Homilie zu Joh 15,12–16. In: Ders.: Sämtliche Werke. Bd. 4. Hörer des Wortes. Schriften zur Religionsphilosophie und zur Grundlegung der Theologie. Bearbeitet v. Albert Raffelt. Solothurn; Düsseldorf; Freiburg i.Br. 1997. 294–295. Hier 294.
13 Vgl. Savinien Cyrano de Bergerac: Reise zum Mond und zur Sonne. Zwei Romane hg., übers. und mit einem Nachwort versehen v. Wolfgang Tschöke. Frankfurt a.M. 2004. 125–126.

14 Fried, Erich: Gesammelte Werke. Bd. 1: Gedichte I. Hg. v. Volker Kaukoreit u. Klaus Wagenbach. Berlin 1993. 337.
15 Epikur. Brief an Menoikeus. Zit. nach: Epikur: Philosophie der Freude. Eine Auswahl aus seinen Schriften übers., erl. und eingel. v. Johannes Mewaldt. Stuttgart 1973. 41.
16 Sutzkever, Abraham: Griner Akwarium. Kurtse Baschrajbungen. Prosastücke. Jiddisch und deutsch. Frankfurt a.M. 1992. 10f.
17 Vgl. Spaemann, Robert: Das unsterbliche Gerücht. In: Merkur 53 (1999). 772–783. Hier 783.

Drittes Kapitel

1 Vgl. Tertullian: Apologeticum. 46, 4–16.
2 Tertullian: Apologeticum. 46, 18.
3 Tertullian: De praescriptione haereticorum. 7, 9–12.
4 Vgl. Augustinus: Confessiones. 3, 4, 7.
5 Augustinus: De vera religione. 4, 6.
6 Augustinus: Contra Iulianum. IV. 14, 72.
7 Zit. nach Historisches Wörterbuch der Philosophie. Bd. 7. Basel 1989. Sp. 635.
8 Vgl. Historisches Wörterbuch. Bd. 7 (Anm. 7). Sp. 638–640.
9 Anselm von Canterbury: Proslogion. II.
10 Thomas von Aquin: Summa theologiae. I, q2 a1 ad2.
11 Vgl. dazu ausführlich Hindrichs, Gunnar: Das Absolute und das Subjekt. Untersuchungen zum Verhältnis von Metaphysik und Nachmetaphysik. Frankfurt a.M. 2008.
12 Kant, Immanuel: Kritik der reinen Vernunft (2. Aufl.). In: Ders.: Kant's gesammelte Schriften. Hg. v. der Königlich Preußischen Akademie der Wissenschaften. Bd. III. Berlin 1911. 426.
13 Kant: Kritik der reinen Vernunft (Anm. 12). 19.
14 Kant, Immanuel: Grundlegung zur Metaphysik der Sitten. In: Ders.: Kant's gesammelte Schriften. Hg. v. der Königlich Preußischen Akademie der Wissenschaften. Bd. IV. Berlin 1911. 385–463. Hier 411.
15 Vgl. Kant, Immanuel: Kritik der praktischen Vernunft. In: Ders.: Kant's gesammelte Schriften. Hg. v. der Königlich Preußischen Akademie der Wissenschaften. Bd. V. Berlin 1913. 1–163. Hier 25.
16 Kant: Kritik der praktischen Vernunft (Anm. 15). 125.
17 Vgl. Martini, Carlo Maria/Eco, Umberto: Woran glaubt, wer nicht glaubt? Mit einem Vorwort v. Kardinal Franz König u. Beiträgen v. Emmanuele Severino, Manlio Sgalambro, Eugenio Scalfari, Indro Montanelli, Vittorio Foa u. Claudio Martelli. Aus d. Ital. v. Burkhart Kroeber u. Karl Pichler. Wien 1998.

18 Ross, Jan: Die Stimme des Papstes. In: Die Zeit. Nr. 44; 22.10.1998. 1.

19 Vgl. Kallscheuer, Otto: Wer glaubt, wird vernünftig. Die neue päpstliche Enzyklika hofft auf Metaphysik und verdrängt Gedankenfreiheit. In: Die Zeit. Nr. 44; 22.10.1998. 63.

20 Vgl. Anselm: Proslogion. I, Ende. – Vgl. Augustinus: In Ioan. tr. XL, 9.

21 Chesterton, Gilbert K.: Father Browns Einfalt. Zwölf Geschichten. Deutsch v. Hanswilhelm Haefs. Zürich 1991. 24–25.

22 Vgl. Habermas, Jürgen: Zwischen Naturalismus und Religion. Philosophische Aufsätze. Frankfurt a.M. 2005. Hier bes. die Texte 5 u. 8. – Vgl. dazu auch Langthaler, Rudolf/Nagl-Docekal, Herta (Hgg.): Glauben und Wissen. Ein Symposium mit Jürgen Habermas. Wien; Berlin 2007.

23 Vgl. Badiou, Alain: Paulus: Die Begründung des Universalismus. München 2002.

24 Vgl. Agamben, Giorgio: Die Zeit, die bleibt. Ein Kommentar zum Römerbrief. Aus d. Ital. v. Giorgio Giuriato. Frankfurt a.M. 2006.

25 Vgl. Žižek, Slavoj: Die Puppe und der Zwerg. Das Christentum zwischen Perversion und Subversion. Aus d. Engl. v. Nikolaus G. Schneider. Frankfurt a.M. 2003.

26 Vgl. Santner, Eric: Miracles Happen: Benjamin, Rosenzweig, Freud, and the Matter of Neighbor. In: Žižek, Slavoj/Santner, Eric/Reinhard, Kenneth (Hgg.): The Neighbor. Three Inquiries in Political Theology. Chicago; London 2005. 76–134.

27 Vgl. Jochum, Uwe: Die Sendung des Paulus. Politik der Umkehr. Paderborn u.a. 2008.

28 Vgl. dazu auch Finkelde, Dominik: Politische Eschatologie nach Paulus: Badiou; Agamben; Žižek; Santner. Wien 2007.

29 Vgl. etwa Vattimo, Gianni: Glauben – Philosophieren. Aus dem Ital. v. Christiane Schultz. Stuttgart 1997.

30 Augustinus: In Ioan. ep. tr. VIII, 10.

31 Vgl. Anonymus: Contro Ratzinger. Milano 2006.

32 Vgl. Meineke, Thomas u.a.: Ratzinger-Funktion. Frankfurt a.M. 2006.

33 Vgl. Verweyen, Hansjürgen: Joseph Ratzinger – Benedikt XVI. Die Entwicklung seines Denkens. Darmstadt 2007.

34 Vgl. Ratzinger, Joseph Kardinal: Aus meinem Leben. Erinnerungen (1927–1977). Stuttgart 1998. 138–152.

35 Vgl. dazu die umfängliche Biographie von Nichtweiss, Barbara: Erik Peterson. Neue Sicht auf Leben und Werk. Freiburg; Basel; Wien 1992.

36 Vgl. Ratzinger, Joseph: Theologie der Liturgie. Die sakramentale Begründung christlicher Existenz. Freiburg; Basel; Wien 2008.

37 Vgl. dazu mit Nachweisen Müller, Klaus: Gaudium et spes zweimal gelesen. Über eine Konvergenz diametraler Interpretationen. In: Lebendige Seelsorge 56 (2005). 195–199.

38 Vgl. Sottopietra, Paolo G.: Wissen aus der Taufe. Die Aporien der neuzeitlichen Vernunft und der christliche Weg im Werk Joseph Ratzingers. Regensburg 2003.

39 Im Übrigen, sagt man, sei der Mitherausgeber der KKD, der Dogmatiker Johann Auer, über dieses Buch so verärgert gewesen, dass er kurze Zeit nach dessen Erscheinen eine eigene Eschatologie – im gleichen Verlag! – herausbrachte mit dem (mehr als zweideutigen) Titel »Siehe, ich mache alles neu«. Vgl. Auer, Johann: »Siehe, ich mache alles neu«. Der Glaube an die Vollendung der Welt. Regensburg 1984.

40 Vgl. dazu Müller, Klaus. Die Vernunft, die Moderne und der Papst. In: Stimmen der Zeit 5 (2009). 291–306.

41 Vgl. dazu Müller, Klaus: Vernunft und Glaube. Eine Zwischenbilanz zu laufenden Debatten. Münster 2005. Kap. 4.3.

42 Vgl. »Vorpolitische moralische Grundlagen eines freiheitlichen Staates«. Gesprächsabend in der Katholischen Akademie Bayern am Montag, 19. Januar 2004. In: zur debatte 34 (2004). – Habermas, Jürgen/Ratzinger, Joseph: Dialektik der Säkularisierung. Über Vernunft und Religion. Hg. u. mit einem Vorwort v. Florian Schuller. Freiburg u.a. 2005.

43 Vgl. Habermas, Jürgen: Glauben und Wissen. Friedenspreis des Deutschen Buchhandels 2001. Laudatio: Jan Philipp Reemtsma. Frankfurt a.M. 2001.

44 Kissler, Alexander: Die Entgleisungen der Moderne. Wie Habermas und Ratzinger den Glauben rechtfertigen. In: Süddeutsche Zeitung. 21.01.2004. 11. Vgl. auch den Wiederabdruck in: zur debatte 34 (2004). 5. – Vgl. auch Assheuer, Thomas: Auf dem Gipfel der Freundlichkeiten. Jürgen Habermas und Kardinal Ratzinger diskutieren über Religion und Aufklärung. In: Die Zeit. Nr. 5; 22.01.04. 38.

45 Vgl. Benedikt XVI.: Jesus von Nazareth. Von der Taufe im Jordan bis zur Verklärung. Freiburg; Basel; Wien 2007.

46 Ratzinger, Joseph: Auf der Suche nach dem Frieden. In: Deutsche Tagespost. 12.06.2004. http://www.die-tagespost.de/Archiv/titel_anzeige.asp?ID=9319 [12.06.2004]. 5.

47 Vgl. dazu Sottopietra: Wissen aus der Taufe (Anm. 38).

48 Ratzinger, Joseph Kardinal: Die Welt braucht Gottes Anwesenheit. Predigt des Präfekten der römischen Glaubenskongregation am 06. Juni 2004 in der Kathedrale zu Bayeux. Zit. nach Deutsche Tagespost. 12.06.2004. 3.

49 Vgl. die offizielle Druckversion in: Benedikt XVI.: Glaube und Vernunft. Die Regensburger Vorlesung. Kommentiert v. Gesine Schwan, Adel Theodor Khoury, Karl Kardinal Lehmann. Freiburg; Basel; Wien 2006.

50 Benedikt XVI.: Glaube und Vernunft (Anm. 49). 16. Dazu bes. 16, Anm. 3.

51 Benedikt XVI.: Glaube und Vernunft (Anm. 49). 28–29.

52 Vg. Ratzinger, Joseph: Der Gott des Glaubens und der Gott der Philosophen. Ein Beitrag zum Problem der theologia naturalis. Hg. u. mit einem Nachwort versehen v. Heino Sonnemans. Leutesdorf 2004.

53 Vgl. bes. Huber, Wolfgang: Glaube und Vernunft. In: FAZ.NET. www.faz.net/s/RubBF7CD2794CEC4B87B47C719A68C59339/Doc [02.11.2006]. – Graf, Friedrich W.: Eine Wissenschaft, die sich für das Ganze zuständig weiß. In: Süddeutsche Zeitung. 06.12.2006. 16.

54 Vgl. Enzyklika FIDES ET RATIO von Papst Johannes Paul II. an die Bischöfe der katholischen Kirche über das Verhältnis von Glaube und Vernunft. 14. September 1998. Bonn 1998. (Verlautbarungen des Apostolischen Stuhls; 135). Nr. 84. – Vgl. dazu auch Ratzinger, Joseph Kardinal: Glaube, Wahrheit und Kultur. Reflexionen im Anschluß an die Enzyklika »Fides et ratio«. In: Internationale katholische Zeitschrift Communio 28 (1999). 289–305. Hier 290. 299–300.

Viertes Kapitel

1 Vgl. Buggle, Franz: Denn sie wissen nicht, was sie glauben. Oder warum man redlicherweise nicht mehr Christ sein kann. Eine Streitschrift. Reinbek b. Hamburg 1992.

2 Vgl. Dawkins, Richard: Der Gotteswahn. Berlin 2007.

3 Vgl. Stern. Nr. 40; 27.09.2007.

4 Vgl. Schröder, Winfried: Ursprünge des Atheismus. Untersuchungen zur Metaphysik- und Religionskritik des 17. und 18. Jahrhunderts. Stuttgart-Bad Cannstatt 1998. 45.

5 Vgl. Schröder: Ursprünge (Anm. 4). 53–55.

6 Vgl. Schröder: Ursprünge (Anm. 4). 77–86.

7 Vgl. Müller, Klaus: Glauben – Fragen – Denken. Bd. I: Basisthemen in der Begegnung von Philosophie und Theologie. Münster 2006. Kap. 9.1.

8 Appiah, Kwame Anthony: Der Kosmopolit. Philosophie des Weltbürgertums. München 2007. 54.

9 Vgl. Dennett, Daniel C.: Breaking the Spell. Religion as a natural phenomenon. New York u.a. 2006.

10 Vgl. Hitchens, Christopher: God is not Great. How religion poisons everything. New York 2007.

11 Vgl. Harris, Sam: The End of Faith. Religion, Terror, and the Future of Reason. New York 2005.

12 Geyer, Christian: Religion für viele. In: Frankfurter Allgemeine Zeitung. 22.12.2006. 33.

13 Graf, Friedrich Wilhelm: Der »liebe Gott« als blutrünstiges Ungeheuer. In: Süddeutsche Zeitung. 11.09.2007. 16.

14 Der Spiegel. Nr. 22; 28.05.2007.

15 Vgl. Wolf, Gary: The Church of the Non-Believers. In: Wired 11 (2006).

16 Vgl. dazu Eagleton, Terry: Lunging, Flailing, Mispunching. Rez. v. Dawkins: The God Delusion. In: London Review of Books 28 (2006).

17 Vgl. Dawkins: Gotteswahn (Anm. 2). 239–249.
18 Vgl. Dennett: Spell (Anm. 9). 55. 300.
19 Vgl. Dennett: Spell (Anm. 9). 151. 309.
20 Vgl. Dennett: Spell (Anm. 9). 312.
21 Vgl. Dennett: Spell (Anm. 9). 240–246.
22 Vgl. Dawkins: Gotteswahn (Anm. 2). 479–521. – Vgl. Dennett: Spell (Anm. 9). 327–339.
23 Vgl. Harris, Sam: Das Ende des Glaubens. Religion, Terror und das Licht der Vernunft. Winterthur 2007. 213–231.
24 Vgl. Harris: Das Ende (Anm. 23). 231.
25 Vgl. Harris, Sam: Letter to a Christian Nation. New York 2006.
26 Harris: Das Ende (Anm. 23). 15.
27 Vgl. Origenes: De principiis. IV 3,1. [Zit. nach Origenes: Vier Bücher von den Prinzipien. Hg., übers., mit kritischen u. erl. Anm. vers. v. Herwig Görgemanns u. Heinrich Karpp. 3., gegenüber der 2. unveränd. Aufl. Darmstadt 1992.]
28 Harris: Das Ende (Anm. 23). 9.
29 Vgl. Harris: Das Ende (Anm. 23). 109–156.
30 Vgl. Harris: Das Ende (Anm. 23). 9.
31 Vgl. Harris: Das Ende (Anm. 23). 43.
32 Vgl. Harris: Das Ende (Anm. 23). 170.
33 Harris: Das Ende (Anm. 23). 178.
34 Vgl. Borgolte, Michael: Juden, Christen, Muselmanen. Die Erben der Antike und der Aufstieg des Abendlandes 300 bis 1400 n. Chr. München 2006. 573–584.
35 Vgl. Harris: Das Ende (Anm. 23). 107.
36 Vgl. Hitchens, Christopher: Der Herr ist kein Hirte. Wie Religion die Welt vergiftet. München 2007. 7.
37 Vgl. Hitchens: Der Herr (Anm. 36). 173–180.
38 Vgl. Hitchens: Der Herr (Anm. 36). 263–276.
39 Vgl. Hitchens: Der Herr (Anm. 36). 305–330.
40 Vgl. Hitchens: Der Herr (Anm. 36). 83–93.
41 Vgl. Hitchens: Der Herr (Anm. 36). 331–338.
42 Vgl. Döblin, Alfred: Schicksalsreise. Bericht und Bekenntnis. Frankfurt a.M. 1949.
43 Döblin: Schicksalsreise (Anm. 42). 365.
44 Vgl. Benedikt XVI.: Gott und die Vernunft. Aufruf zum Dialog der Kulturen. Augsburg 2007. 29.
45 Vgl. Sloterdijk, Peter: Gottes Eifer: Vom Kampf der drei Monotheismen. Frankfurt a.M. 2007.
46 Vgl. Beck, Ulrich: Der eigene Gott. Die Individualisierung der Religion und der »Geist« der Weltgesellschaft. Frankfurt a.M. 2008.
47 Vgl. Sloterdijk, Peter: Du mußt dein Leben ändern: Über Religion, Artistik und Anthropotechnik. Frankfurt a.M. 2009.

48 Ein Argument in diese Richtung hat m. W. als Erster Robert Spaemann vorgelegt. Vgl. Spaemann, Robert: Die Welt ist kein geschlossenes System, der Tod hat nicht das letzte Wort. In: Wenzel, Uwe Justus: Was ist eine gute Religion? Zwanzig Antworten. München 2007. 107–110. Hier 109.

49 Vgl. dazu Müller, Klaus: Gottes Zorn, der Menschen Eifer und die theologische Vernunft. Zu Peter Sloterdijks affektanalytischer Gotteskritik. In: Striet, Magnus (Hg.): Wiederkehr des Atheismus. Not oder Segen für die Theologie? Freiburg; Basel; Wien 2008.

50 Vgl. dazu Walter, Peter (Hg.): Das Gewaltpotential des Monotheismus und der dreieine Gott. Freiburg; Basel; Wien 2005.

51 Vgl. Marquard, Odo: Lob des Polytheismus. Über Monomythie und Polymythie. In: Ders.: Abschied vom Prinzipiellen. Philosophische Studien. Stuttgart 1981. 91–116. – Vgl. dazu Müller, Klaus: Streit um Gott. Politik, Poetik und Philosophie im Ringen um das wahre Gottesbild. Regensburg 2006. 23–25.

52 Beck, Ulrich: Gott ist gefährlich. So human Religion auch scheinen mag: Sie birgt stets einen totalitären Kern. Fünf Thesen. In: Die Zeit. Nr. 52; 19.12.2007. 12.

53 Vgl. bes. Sloterdijk, Peter/Macho, Thomas H. (Hgg.): Weltrevolution der Seele. Ein Lese- und Arbeitsbuch zur Gnosis von der Spätantike bis zur Gegenwart. 2 Bde. München u.a. 1991. – Ders.: Sphären II. Globen. Frankfurt a.M. 1999. Bes. Kap. 5. – Ders.: Tau von den Bermudas. Über einige Regime der Einbildungskraft. Frankfurt a.M. 2001.

54 Vgl. Sloterdijk, Peter: Zorn und Zeit. Politisch-psychologischer Versuch. Frankfurt a.M. 2006.

55 Vgl. Sloterdijk: Eifer (Anm. 45).

56 Vgl. Sloterdijk: Zorn (Anm. 54). 115–117.

57 Sloterdijk: Zorn (Anm. 54). 117.

58 Sloterdijk: Zorn (Anm. 54). 117.

59 Vgl. Wolf: Church (Anm. 15).

60 Sloterdijk: Zorn (Anm. 54). 151.

61 Sloterdijk: Eifer (Anm. 45). 155–156.

62 Vgl. Clayton, Philip/Peacocke, Arthur (Hgg.): In Whom We Live and Move and Have Our Being. Panentheistic Reflections on God's Presence in a Scientific World. Grand Rapids; Cambridge 2004.

63 Vgl. Jenkins, Philip: Christianity's New Center. In: http://www.theatlantic.com/unbound/interviews/int2002-09-12.htm. [23.08.2003]. – Ders.: The Next Christianity. In: http://www.theatlantic.com/issues/2002/10/jenkins.htm. [23.08.2003].

64 Vgl. Sloterdijk: Eifer (Anm. 45). 172.

65 Sloterdijk: Eifer (Anm. 45). 205.

66 Vgl. Müller, Klaus: Gewalt und Wahrheit. Zu Jan Assmanns Monotheismuskritik. In: Walter: Gewaltpotential (Anm. 50). 74–82. – Zenger, Erich: Der Mosaische Monotheismus im Spannungsfeld von Gewalttätigkeit und

Gewaltverzicht. Eine Replik auf Jan Assmann. In: Walter: Gewaltpotential (Anm. 50). 39–73. Hier 39–43.

67 Vgl. Sloterdijk: Tau (Anm. 53). 11.

68 Vgl. Fürst, Alfons: »Im Trend der Zeit«. Ein Gespräch mit Professor Alfons Fürst über die Konstantinische Wende. In: Herder Korrespondenz 61 (2007). 502–507. Hier 505.

69 Vgl. Angenendt, Arnold: Toleranz und Gewalt. Das Christentum zwischen Bibel und Schwert. Münster 2007. 282 (Tabelle).

70 Vgl. Koselleck, Reinhart: Fiktion und geschichtliche Wirklichkeit. In: Zeitschrift für Ideengeschichte I/3 (2007). 39–54. Hier 51.

71 Vgl. Kobusch, Theo: Christliche Philosophie. Die Entdeckung der Subjektivität. Darmstadt 2006. 168, Anm. 59.

72 Vgl. die offizielle Druckversion in: Benedikt XVI.: Glaube und Vernunft. Die Regensburger Vorlesung. Kommentiert v. Gesine Schwan, Adel Theodor Khoury, Karl Kardinal Lehmann. Freiburg; Basel; Wien 2006. 16, bes. Anm. 3.

73 Vgl. Sloterdijk: Eifer (Anm. 45). 125, Anm. 8.

74 Vgl. dazu auch Fürst, Alfons: Monotheismus und Gewalt. Fragen an die Frühzeit des Christentums. In: Stimmen der Zeit 129 (2004). 521–531. Hier 529.

75 Enzyklika FIDES ET RATIO von Papst Johannes Paul II. an die Bischöfe der katholischen Kirche über das Verhältnis von Glaube und Vernunft. 14. September 1998. Bonn 1998. (Verlautbarungen des Apostolischen Stuhls; 135). Nr. 92.

76 Vgl. Müller: Streit (Anm. 51).

77 Vgl. Sloterdijk: Eifer (Anm. 45). 156–168.

78 Vgl. Origenes: De principiis. IV 3,1. [Zit. nach Origenes: Vier Bücher von den Prinzipien (Anm. 27).]

79 Vgl. Sloterdijk: Eifer (Anm. 45). 168.

80 Vgl. Sloterdijk: Eifer (Anm. 45). 168.

81 Vgl. dazu Zenger, Erich: Ein Gott der Rache? Feindpsalmen verstehen. Freiburg; Basel; Wien 1994.

82 Ricœur, Paul: Die Interpretation. Ein Versuch über Freud. Frankfurt a.M. 1974. 506.

83 Vgl. Scheler, Max: Der Mensch im Weltalter des Ausgleichs. In: Ders.: Philosophische Weltanschauung. 3., durchges. Aufl. Hg. v. Maria Scheler. Bern; München 1968. 89–118. Hier 103.

84 Sloterdijk, Peter: Derrida ein Ägypter. Über das Problem der jüdischen Pyramide. Frankfurt a.M. 2007. 29.

85 Vgl. dazu auch Kuschel, Karl-Josef: Moses. Monotheismus und die Kultur der Moderne. In: Assmann, Jan: Die Mosaische Unterscheidung oder der Preis des Monotheismus. München 2003. 273–286.

86 Mann, Thomas: Joseph und seine Brüder. Der erste Roman: Die Geschichten Jaakobs. 10. Aufl. Frankfurt a.M. 2000. 16.

87 Mann, Thomas: Joseph und seine Brüder. Der zweite Roman: Der junge Joseph. 9. Aufl. Frankfurt a.M. 2000. 42.
88 Mann: Der junge Joseph (Anm. 87). 44.
89 Mann: Die Geschichten Jaakobs (Anm. 86). 53.
90 Mann: Joseph und seine Brüder. Der vierte Roman: Joseph, der Ernährer. 9. Aufl. Frankfurt a.M. 2000. 279–280.
91 Vgl. Assmann, Jan: Thomas Mann und Ägypten. Mythos und Monotheismus in den Josephsromanen. München 2006. 34–35.
92 Zit. nach Assmann: Thomas Mann (Anm. 91). 208.
93 Assmann: Thomas Mann (Anm. 91). 177.
94 Kurze, Hermann: Mondwanderungen. Wegweiser durch Thomas Manns Josephs-Roman. Frankfurt a.M. 1993. Nachdr. 2003. 158.
95 Wichtiges verdanke ich diesbezüglich Drewermann, Eugen: Tiefenpsychologie und Exegese. Bd. I: Traum, Mythos, Märchen, Sage und Legende. Olten; Freiburg i.Br. 1984. 502–529.
96 Dawkins: Gotteswahn (Anm. 2). 329.
97 Vgl. erste Hinweise dazu in Müller: Streit (Anm. 51). 226–229.
98 Herder, Johann G.: Brief an Fr. L. W. Meyer. In: Ders.: Briefe. Gesamtausgabe 1763–1803. Hg. v. Karl-Heinz Hahn. Bd. 5. Weimar 1979. Nr. 226. 238.
99 Nikolaus von Kues: Dialogus de Genesi. 437. – Vgl. dazu Hagencord, Rainer: Diesseits von Eden. Verhaltensbiologische und theologische Argumente für eine neue Sicht der Tiere. Mit einem Geleitwort von Jane Goodall. Regensburg 2005. 164–165.
100 Herder, Johann G.: Nachlass II. 254f. Zit. nach Scholz, Heinrich: Einleitung zu Ders. (Hg.): Die Hauptschriften zum Pantheismusstreit zwischen Jacobi und Mendelsohn. Mit einer historisch-kritischen Einleitung versehen. Berlin 1916. VII–CXXVIII. Hier XCI–XCII.
101 Herder, Johann G.: Nachlass II. 263ff. Zit. nach Scholz: Einleitung (Anm. 100). XCIV–XCV.
102 Rahner, Karl: Kleines Kirchenjahr. München 1954. 63–65.
103 Delp, Alfred: Brief an Luise Oestreicher vom 17.11.1944. In: Ders.: Gesammelte Schriften. Hg. v. Roman Bleistein. Bd. IV: Aus dem Gefängnis. Frankfurt a.M. 1985. 25–28. Hier 26.

Fünftes Kapitel

1 Hrabal, Bohumil: Allzu laute Einsamkeit und andere Texte. Stuttgart; München 2003. 140.
2 Wilson, Neil: Substances without substrata. In: Review of Metaphysics 12 (1959). 521–539. Hier 532.
3 Zit. nach einem Radio-Gespräch im Juni 2005 auf WDR 3.
4 Zit. nach Chesterton, Gilbert K.: Autobiographie. Bonn 2002. 321.
5 Hebbel, Friedrich: Sämtliche Werke. Bd. II. Wiesbaden o.J. 283.

6 Tucholsky, Kurt: Zur soziologischen Psychologie der Löcher. In: Ders.: Gesammelte Werke. Bd. 9. Reinbek b. Hamburg 1975. Auflage 1985. 152–153.
7 Vgl. Platon: Apologia 21d.
8 Kierkegaard, Sören: Über den Begriff der Ironie. Mit ständiger Rücksicht auf Sokrates. Frankfurt a.M. 1976. 9.
9 Vgl. Platon: Politeia 337a. – Platon: Symposion 216e; 218d.
10 Platon: Protagoras 339e.
11 Platon: Apologia 17a.
12 Vgl. Kierkegaard: Ironie (Anm. 8). 42, Anm. *.
13 Vgl. Platon: Theaitetos 149a.
14 Vgl. dazu Kutschera, Franz von: Platons Philosophie I. Die frühen Dialoge. Paderborn 2002. 119–129.
15 Platon: Euthyphron. 15d–e.
16 Vgl. Ratzinger, Joseph: Der angezweifelte Wahrheitsanspruch. Die Krise des Christentums am Beginn des dritten Jahrtausends. In: Frankfurter Allgemeine Zeitung. 08.01.2000. I–II. Hier I.
17 Taylor, Charles: Die Formen des Religiösen in der Gegenwart. Frankfurt a.M. 2002. 44.
18 Vgl. Wittgenstein, Ludwig: Über Gewißheit. § 378.
19 Vgl. Verweyen, Hansjürgen: Theologie im Zeichen der schwachen Vernunft. Regensburg 2000. 20–29.
20 Graf, Friedrich W.: Die Wiederkehr der Götter. Religion in der modernen Kultur. München 2004. 28–29.
21 Vgl. Gregor von Nyssa: De vita Moysis. PG 44, 408 D. – Vgl. dazu auch Ratzinger, Joseph: Unterwegs zu Jesus Christus. Augsburg 2003.
22 Denzinger/Hünermann: 806.
23 Vgl. Thomas von Aquin: Summa Theologiae. I q 3 pr.
24 Vgl. Heidegger, Martin: Identität und Differenz. 2. Aufl. Pfullingen 1957. 70–71.
25 Heidegger, Martin: Phänomenologie des religiösen Lebens. 1. Einleitung in die Phänomenologie der Religion. 2. Augustinus und der Neuplatonismus. 3. Die Philosophischen Grundlagen der mittelalterlichen Mystik. Frankfurt a.M. 1995. 120.
26 Vattimo, Gianni: Jenseits des Christentums. Gibt es eine Welt ohne Gott? Aus dem Ital. v. Martin Pfeiffer. München; Wien 2004. 180.
27 Vattimo: Jenseits des Christentums (Anm. 26).181.
28 Vgl. das Interview: Die Stärken des schwachen Denkens. Ein Gespräch mit Gianni Vattimo. In: Weiß, Martin G: Gianni Vattimo. Einführung. Mit einem Interview mit Gianni Vattimo. Wien 2003. 171–182. Hier 172.
29 Henrich, Dieter: Versuch über Kunst und Leben. Subjektivität – Weltverstehen – Kunst. München 2001. 60.
30 Vgl. Vaihinger, Hans: Die Philosophie des Als Ob. System der theoretischen, praktischen und religiösen Fiktionen der Menschheit auf Grund

eines idealistischen Positivismus. Mit einem Anhang über Kant und Nietzsche. 3. durchges. Aufl. Leipzig 1918. – Ders.: Kommentar zu Kants Kritik der reinen Vernunft. 2 Bde. 2. Aufl. Stuttgart 1922.

31 Vgl. Rosenzweig, Franz: Das Büchlein vom gesunden und kranken Menschenverstand. Hg. u. eingel. v. Nahum Norbert Glatzer. Königstein/Ts. 1984.

32 Vgl. dazu einführend Müller, Klaus: Verdoppelte Realität – virtuelle Wahrheit. Philosophische Erwägungen zu den neuen Medien. In: Die politische Meinung 43 (1998). 59–70. – Ders.: Computer machen Leute. Philosophie, Neue Medien und Cyber-Religion. In: Renovatio 54 (1998). 149–162. – Ders.: Philosophisches über die Veränderung von Kommunikation durch Telemediatisierung. In: Jahrbuch für Christliche Sozialwissenschaften 41 (2000). 160–178.

33 Henrich, Dieter: Bewußtes Leben. Einleitung und Übersicht zu den Themen des Bandes. In: Ders.: Bewußtes Leben. Untersuchungen zum Verhältnis von Subjektivität und Metaphysik. Stuttgart 1999. 11–48. Hier 43.

34 Vgl. Henrich: Versuch über Kunst und Leben (Anm. 29). 61.

35 Henrich: Versuch über Fiktion und Wahrheit. In: Bewußtes Leben (Anm. 33). 139–151. Hier 148.

36 Vgl. Henrich: Versuch über Kunst und Leben (Anm. 29). 61–62.

37 Vgl. Müller, Klaus: »... was überhaupt wirklich und was ein erstes Wirkliches ist«. Mit Dieter Henrich unterwegs zu letzten Gedanken. In: Hoff, Gregor M. (Hg.): Auf Erkundungen. Theologische Reise durch fremde Bücherwelten. Mainz 2005. 149–165.

38 Vgl. dazu Hofmann, Peter: Goethes Theologie. Paderborn; München; Wien; Zürich 2001. 127–131.

39 Zu Heine vgl. umfassend Bartscherer, Christoph: Heinrich Heines religiöse Revolte. Freiburg; Basel; Wien 2005.

40 Vgl. Heine, Heinrich: Zur Geschichte der Religion und Philosophie in Deutschland. In: Ders.: Werke in fünf Bänden. Bd. 5. Berlin; Weimar 1981. 5–146.

41 Heine: Geschichte (Anm. 40). 68.

42 Heine: Geschichte (Anm. 40). 73.

43 Vgl. Heine, Heinrich: Ludwig Börne. Eine Denkschrift. In: Ders.: Werke. Bd. 5 (Anm. 40). 167–309.

44 Heine: Börne (Anm. 43). 177–178.

45 Vgl. dazu ausführlich: Müller, Klaus: Vernunft und Glaube. Zwischenbilanz zu laufenden Debatten. Münster 2005. Bes. Kap. 3.1.3 u. 4.3.1.

46 Vgl. Tertullian: De praescriptione haereticorum. 7, 9–12.

47 Heine: Börne (Anm. 43). 178–179.

48 Vgl. Schiller, Friedrich: Gedichte. Sämtliche Werke. Bd. 1. Berlin 2005. 184–190. In einer späteren Zweitfassung (vgl. 190–194) formuliert Schiller deutlich moderater. – Vgl. dazu auch Safranski, Rüdiger: Schiller oder Die Erfindung des Deutschen Idealismus. München; Wien 2004. 288–289.

49 Heine: Börne (Anm. 43). 275–276.

50 Kuschel, Karl-Josef: Gottes grausamer Spaß? Heinrich Heines Leben mit der Katastrophe. Düsseldorf 2002. 191.
51 Heine, Heinrich: Seraphine VII. In: Ders.: Historisch-kritische Gesamtausgabe der Werke. Hg. v. Manfred Windfuhr. Bd. 2. Neue Gedichte. Hamburg 1983. 34.
52 Vgl. Heine, Heinrich: Geständnisse. In: Ders.: Werke. Bd. 5 (Anm. 40). 323–383.
53 Heine, Heinrich: Nachwort zum »Romanzero«. In: Ders.: Sämtliche Schriften. Bd. 6. Teilbd. 1. Hg. v. Klaus Briegleb. München 1975. 182–186. Hier 182.
54 Heine, Heinrich: Brief an Moses Moser in Berlin. In: Ders.: Säkularausgabe. Bd. 20: Briefe 1815–1831. Berlin 1970. 97.
55 Heine: Geständnisse (Anm. 52). 362–363.
56 Zit. nach Werner, Michael (Hg.): Begegnungen mit Heine. Berichte der Zeitgenossen. Bd. 2. 1847–1856. Hamburg 1973. 155.
57 Vgl. Kuschel: Spaß (Anm. 50). – Ders.: Moses, Monotheismus und die Kultur der Moderne. Zum Gespräch über Jan Assmanns Moses der Ägypter unter Rückgriff auf die Moses-Deutungen von Heinrich Heine und Thomas Mann. In: Oeming, Manfred/Schmid, Konrad/Welker, Michael (Hgg.): Das Alte Testament und die Kultur der Moderne. Münster 2003. 157–166. Wieder abgedruckt in Assmann, Jan: Die Mosaische Unterscheidung oder der Preis des Monotheismus. München; Wien 2003. 273–286. (hier zit. nach dieser Ausg.).
58 Vgl. Kuschel: Moses (Anm. 57). 279.
59 Vgl. Kuschel: Spaß (Anm. 50). 48–62. – Ders.: Moses (Anm. 57). 284–285.
60 Um ebendiese Frage dreht sich auch die Debatte zwischen Michael Theunissen und Dieter Henrich über eschatologische versus präsentische Vollendbarkeit menschlicher Existenz. Vgl. Henrich, Dieter: Zeit und Gott. Anmerkungen und Anfragen zur Chronotheologie. In: Angehrn, Emil/Iber, Christian/Lohmann, Georg/Pocai, Romano (Hgg.): Der Sinn der Zeit. Weilerswist 2002. 15–39. – Theunissen, Michael: Der Gang des Lebens und das Absolute. In: Deutsche Zeitschrift für Philosophie 50 (2002). 343–362. – Vgl. dazu auch Scharf, Susanne: Zerbrochene Zeit – Gelebte Gegenwart. Im Diskurs mit Michael Theunissen. Regensburg 2005.
61 Vgl. Augstein, Rudolf: Jesus Menschensohn. Hamburg 1999. 292.
62 Kuschel: Spaß (Anm. 50). 302.
63 Vgl. Kuschel: Spaß (Anm. 50). 302.
64 Mann, Thomas: Das Gesetz. In: Ders.: Mario und der Zauberer. Späte Erzählungen. o.O. 1967. 328–395.
65 Vgl. dazu auch Kuschel: Moses (Anm. 57).
66 Vattimo: Ein Gespräch mit Gianni Vattimo (Anm. 28). 181–182.
67 Ricœur, Paul: Die Interpretation. Ein Versuch über Freud. Frankfurt a.M. 1974. 506.

Sechstes Kapitel

1 Frühwald, Wolfgang: Zeit der Wissenschaft. Forschungskultur an der Schwelle zum 21. Jahrhundert. Köln 1997. 8–9. 140–147. Hier 9.
2 Vgl. Frühwald: Wissenschaft (Anm. 1). 144. – Vgl. auch Morrison, Philip und Phylis/Studio Eames, Charles und Ray: ZEHNHOCH. Dimensionen zwischen Quarks und Galaxien. Korr. Nachdr. der 1. Aufl. Heidelberg 1991.
3 Vattimo, Gianni: Glauben – Philosophieren. Aus dem Italienischen v. Christiane Schultz. Stuttgart 1997. 23.
4 Vgl. Münker, Stefan: Was heißt eigentlich: ›Virtuelle Realität‹? Ein philosophischer Kommentar zum neuesten Versuch der Verdopplung der Welt. In: Ders./Roesler, Alexander (Hgg.): Mythos Internet. Frankfurt a.M. 1997. 108–127. Hier 118. – Vgl. dazu auch Müller, Klaus: Verdoppelte Realität – virtuelle Wahrheit. Philosophische Erwägungen zu den neuen Medien. In: Die politische Meinung 43 (1998). 59–70.
5 Sloterdijk, Peter: Tau von den Bermudas. Über einige Regime der Einbildungskraft. Frankfurt a.M. 2001. 11.
6 Vgl. Capra, Fritjof: Wendezeit. Bausteine für ein neues Weltbild. Dt. v. Erwin Schuhmacher. Bern; München; Wien 1983. – Guitton, Jean/Bogdanov, Grichka/Bogdanov, Igor: Gott und die Wissenschaft. Auf dem Weg zum Materialismus. Dt. v. Eva Moldenhauer. München 1993. – Tipler, Frank J.: Die Physik der Unsterblichkeit. Moderne Kosmologie, Gott und die Auferstehung der Toten. Dt. v. Inge Leipold. Wien; Gütersloh 1994.
7 Für die folgenden Überlegungen vgl. bes. Jenkins, Philip: Christianity's New Center (Interview). In: http://www.theatlantic.com/unbound/interviews/int2002-09-12.htm. [23.08.03]. – Jenkins, Philip: The Next Christianity. In: http://www.theatlantic.com/issues/2002/10/jenkins.htm. [23.08.03].
8 Die Beispiele stammen aus Jenkins: Next Christianity (Anm. 7). 4–5.
9 Jenkins: New Center (Anm. 7). 8.
10 Vgl. Jenkins: New Center (Anm. 7). 4.
11 Vgl. Jenkins: Next Christianity (Anm. 7). 11–12.
12 Vgl. dazu noch immer Drewermann, Eugen: Strukturen des Bösen I–III. Paderborn 1988.
13 Vgl. dazu Müller, Klaus: Homiletik. Ein Handbuch für kritische Zeiten. Regensburg 1994. 35–41.
14 Enzensberger, Hans Magnus: Lob des Analphabetentums. In: Ders.: Mittelmaß und Wahn. 4. Aufl. Frankfurt a.M. 1989. 61–88. Hier 67–68.
15 Vgl. dazu Frielingsdorf, Karl: Dämonische Gottesbilder. Ihre Entstehung, Entlarvung und Überwindung. Mainz 1992.

Siebtes Kapitel

1 Apel, Karl-Otto: Die Herausforderung der totalen Vernunftkritik und das Programm einer philosophischen Theorie der Rationalitätstypen. In: Concordia 11 (1987). 2–23. Hier 6.
2 Vgl. Apel, Karl-Otto: Transformation der Philosophie. Bd. 2: Das Apriori der Kommunikationsgemeinschaft. Frankfurt a.M. 1976. 428.
3 Schmidt, Gunter: Sexuelle Verhältnisse. Über das Verschwinden der Sexualmoral. Reinbek b. Hamburg 1998. 14.
4 Vgl. etwa Siep, Ludwig: Konkrete Ethik. Mannigfaltigkeit – Natürlichkeit – Gerechtigkeit. Frankfurt a.M. 2004.
5 Vgl. Habermas, Jürgen: Glauben und Wissen. Friedenspreis des Deutschen Buchhandels 2001. Laudatio: Jan Philipp Reemtsma. Frankfurt a.M. 2001.
6 Vgl. »Vorpolitische moralische Grundlagen eines freiheitlichen Staates«. Gesprächsabend in der Katholischen Akademie Bayern am Montag, 19. Januar 2004. In: zur debatte 34 (2004).
7 Vgl. Frankfurter Allgemeine Zeitung. 15.11.2004.
8 Vgl. Habermas, Jürgen: Die Grenze zwischen Glauben und Wissen. Zur Wirkungsgeschichte und aktuellen Bedeutung von Kants Religionsphilosophie. In: Langthaler, Rudolf/Nagl-Docekal, Herta (Hgg.): Recht – Geschichte – Religion. Die Bedeutung Kants für die Gegenwart. Berlin 2004. 141–160.
9 Kissler, Alexander: Die Entgleisungen der Moderne. Wie Habermas und Ratzinger den Glauben rechtfertigen. In: Süddeutsche Zeitung. 21.01.2004. 11. Vgl. auch den Wiederabdruck in: zur debatte 34 (2004). 5. – Vgl. auch Assheuer, Thomas: Auf dem Gipfel der Freundlichkeiten. Jürgen Habermas und Kardinal Ratzinger diskutieren über Religion und Aufklärung. In: Die Zeit. Nr. 5; 22.01.2004. 38.

Achtes Kapitel

1 Gadamer, Hans-Georg: Hermeneutik I: Wahrheit und Methode. Grundzüge einer philosophischen Hermeneutik. 5., durchges. u. erw. Aufl. Tübingen 1986. 281.
2 Gadamer: Hermeneutik I (Anm. 1). 311.
3 Henrich, Dieter: Inflation in Subjektivität? In: Merkur 52 (1998). 46–54. Hier 54.
4 Vgl. Kobusch, Theo: Christliche Philosophie. Die Entdeckung der Subjektivität. Darmstadt 2006.
5 Ouaknin, Marc-Alain: Das verbrannte Buch. Den Talmud lesen. Aus d. Franz. v. Dagmar Jacobsen u. Lutz Mai. Weinheim; Berlin 1990. 13.
6 Vgl. dazu Assmann, Jan: Moses der Ägypter. Entzifferung einer Gedächtnisspur. München; Wien 1998. 171–242. – Horwitz, Rivka: Moses Men-

delssohns Interpretation des Tetragrammaton: »Der Ewige«. In: Judaica 55 (1999). 2–19. 132–152. – Müller, Klaus: Philosophische Grundfragen der Theologie. Eine Enzyklopädie mit Quellentexten. Unter Mitarbeit v. Saskia Wendel. Münster 2000. 242–243. – Krochmalnik, Daniel: Formeln des Monotheismus im Judentum. In: Jahrbuch Politische Theologie 4 (2002). 81–92.

7 Vgl. dazu Zenger, Erich: Das Buch Exodus. 2. Aufl. Düsseldorf 1982. 53.

8 Dalferth, Ingolf U./Jüngel, Eberhard: Person und Gottebenbildlichkeit. In: Christlicher Glaube in moderner Gesellschaft. Teilbd. 24. 2., unv. Aufl. Freiburg; Basel; Wien 1981. 57–99. Hier 75.

9 Ouaknin: Talmud (Anm. 5). 49.

10 Vgl. Ouaknin: Talmud (Anm. 5). 92–125.

11 Vgl. etwa Rosen, Jonathan: Der Talmud und das Internet. Eine Reise zwischen Welten. In: Neue Rundschau 111 (2000). 11–20. – Ders.: Talmud und Internet. Eine Geschichte von zwei Welten. Aus d. Amerikan. v. Christian Wiese. Frankfurt a.M. 2000.

12 Vgl. dazu Vattimo, Gianni: Glauben – Philosophieren. Aus dem Ital. v. Christiane Schultz. Stuttgart 1997.

13 Vgl. Otto, Walter F.: Das Weltgefühl des klassischen Heidentums. In: Fritz, Kurt v. (Hg.): Mythos und Welt. Stuttgart 1962. 21–35. Hier 24–25.

14 Vgl. dazu Müller, Klaus: Homiletik. Ein Handbuch für kritische Zeiten. Regensburg 1994. 32.

15 Celsus: Gegen die Christen. Aus dem Griech. v. Theodor Keim. München 1991. 70.

16 Bachl, Gottfried: Wider die harmlose Redseligkeit. Thesen zur Sprachkultur in der heutigen Kirche. In: Herder Korrespondenz 45 (1991). 325–330. Hier 329.

17 Auf diesen Nenner bringt Katherine Hayles die Position des großen Cyber-Theoretikers Hans Moravec in: Moser, Mary A./MacLeod, Douglas (Hgg.): Immersed in Technology. Art and Virtual Environments. Cambridge 1996. 2.

18 Habermas, Jürgen: Zu Max Horkheimers Satz: »Einen unbedingten Sinn zu retten ohne Gott, ist eitel«. In: Ders.: Texte und Kontexte. Frankfurt a.M. 1991. 110–126. Hier 121.

19 Vgl. Habermas, Jürgen: Metaphysik nach Kant. In: Cramer, Konrad/Fulda, Hans Friedrich/Horstmann, Rolf-Peter/Pothast, Ulrich (Hgg.): Theorie der Subjektivität. Frankfurt a.M. 1987. 425–443. Hier 430–431.

20 Vgl. etwa Schulz, Walter: Ich und Welt. Philosophie der Subjektivität. Pfullingen 1979. 267.

21 Drewermann, Eugen/Jeziorowski, Jürgen: Gespräche über die Angst. 2. Aufl. Gütersloh 1991. 80.

22 Köhler, Wolfgang R.: Zur Debatte um reflexive Argumente in der neueren deutschen Philosophie. In: Forum für Philosophie Bad Homburg (Hg.): Philosophie und Begründung. Frankfurt a.M. 1990. 273–309. Hier 281.

23 Kersting, Wolfgang: »Noli foras ire, in te ipsum redi«. Augustinus über die Seele. In: Prima philosophia 3 (1990). 309–331. Hier 310.
24 Augustinus: De libero arbitrio. Lib II, III (CChr SL XXIX). 239.
25 Verweyen, Hansjürgen: Gottes letztes Wort. Grundriß der Fundamentaltheologie. 3., vollst. überarb. Aufl. Regensburg 2000. 110.
26 Verweyen, Hansjürgen: Fundamentaltheologie – Hermeneutik – Erste Philosophie. In: Theologie und Philosophie 56 (1981). 358–388. Hier 362.
27 Sudbrack, Josef: Große und kleine Stunden im Leben des Christen. In: Ders.: Mystische Spuren. Auf der Suche nach der christlichen Lebensgestalt. Würzburg 1990. 17–49. Hier 17.
28 Sudbrack: Stunden (Anm 27). 17.
29 Vgl. Wendel, Saskia: Affektiv und inkarniert. Ansätze Deutscher Mystik als subjekttheoretische Herausforderung. Regensburg 2002.
30 Nikolaus von Kues: De visione Dei. In: Ders.: Philosophisch-theologische Schriften. Hg. u. eingel. v. Leo Gabriel. Übers. v. Dietlind u. Wilhelm Dupré. Stud.- u. Jub.-Ausg. Lat.-dt. Bd. III. Wien 1967. 93–219. Hier 121–123.
31 Nikolaus von Kues: De visione Dei (Anm. 30). 121.
32 So überliefert in Buber, Martin: Die Erzählungen der Chassidim. Zürich 1949. 793.
33 Vgl. Ignatius von Loyola: Der Bericht des Pilgers. Übers. u. erl. v. Burkhart Schneider. Mit einem Vorwort v. Karl Rahner. 3. Aufl. Freiburg; Basel; Wien 1977. III. Nr. 29.
34 Rahner, Karl: Rede des Ignatius von Loyola an einen Jesuiten von heute. In: Ders.: Schriften zur Theologie. Bd. XV. Wissenschaft und christlicher Glaube. Bearb. v. Paul Imhof. Zürich; Einsiedeln; Köln 1983. 373–408. Hier 376–377.

Neuntes Kapitel

1 Peirce, Charles S.: Reasoning and the Logic of Things. Hg. v. Kenneth Laine Ketner. Cambridge, MA 1992. 121–122.
2 Schnädelbach, Herbert: Das Gespräch der Philosophie. Berliner Abschiedsvorlesung. In: Information Philosophie 31 (2003). 7–12. Hier 11.
3 Vgl. Aristoteles: Physik. 223a, 16.
4 Bergson, Henri: Die philosophische Intuition. In: Ders.: Denken und schöpferisches Werden. Aufsätze und Vorträge. Meisenheim a. Glan 1948. 126–148. Hier 145.
5 Bergson, Henri: Die beiden Quellen der Moral und der Religion. Jena 1933. 300.
6 Zit. nach Mauthner, Fritz: Wörterbuch der Philosophie. In: Ders.: Das philosophische Werk. Nach den Angaben letzter Hand hg. v. Ludger Lütkehaus. Bd. I,3. Wien; Köln; Weimar 1997. 383.

7 Vgl. Mauthner: Wörterbuch (Anm. 6). 384.
8 Vgl. Platon: Politeia. 516e–517a.
9 Nietzsche, Friedrich: Ueber Wahrheit und Luege im aussermoralischen Sinne. In: Ders.: Sämtliche Werke. Kritische Studienausgabe in 15 Bd. Hg. v. Gorgio Colli u. Mazzino Montinari. Bd. 1. München; Berlin; New York 1999. 873–890. Hier 880–881.
10 Nietzsche, Friedrich: Jenseits von Gut und Böse. In: Ders.: Sämtliche Werke. Kritische Studienausgabe in 15 Bd. Hg. v. Gorgio Colli u. Mazzino Montinari. Bd. 5. München; Berlin; New York 1999. 9–244. Hier 100.
11 Vgl. Jüngel, Eberhard: Metaphorische Wahrheit. Erwägung zur theologischen Relevanz der Metapher als Beitrag zur Hermeneutik einer narrativen Theologie. In: Ders.: Entsprechungen: Gott – Wahrheit – Mensch. 2. Aufl. München 1986. 103–157.
12 Nagel, Thomas: Das letzte Wort. Aus dem Engl. übers. v. Joachim Schulte. Stuttgart 1999. 103.
13 Vgl. Adorno, Theodor W.: Negative Dialektik. Darmstadt 1998. 378.
14 Nagel: Letztes Wort (Anm. 12). 103.
15 Vgl. Müller, Klaus: Glauben – Fragen – Denken. Bd. 2: Weisen der Weltbeziehung. Münster 2008. Teil A.
16 Vgl. dazu aus jüngster Zeit bes. die »Interpretationsphilosophie« G. Abels und H. J. Sandkühlers »Onto-Epistemologie«. Näheres bei Plümacher, Martina: Philosophie nach 1945 in der Bundesrepublik Deutschland. Reinbek b. Hamburg 1996. 277–280.
17 Nebenher bemerkt: Mit Religionen, die älter als das Christentum sind, lässt sich von diesem Anspruch her problemlos umgehen. Sie werden zu mit Irrtümern durchsetzten Vorspielen des Eigentlichen erklärt. Das trägt automatisch größte Probleme mit dem Judentum ein, auf dessen Schultern das Christentum seiner gesamten Substanz nach steht. Noch irritierender aber ist etwas anderes: Was macht man mit dem Faktum, dass ein paar Jahrhunderte nach Christus nochmals eine Weltreligion entsteht – der Islam –, die daran ist, in absehbarer Zeit mit dem Christentum gleichzuziehen, was die Zahl der Anhänger betrifft? Meine Frage ist alles andere als ironisch gemeint. Vielleicht kann sie erst heute, in der sogenannten Postmoderne, als einer Situation kultureller Gleich-Gültigkeit, ausdrücklich gestellt werden.
18 Vorwort von Karlheinz Bohrer und Kurt Scheel zum »Merkur«-Sonderheft »Nach Gott fragen. Über das Religiöse«. In: Merkur 53 (1999). 771.

Zehntes Kapitel

1 Vgl. die offizielle Druckversion in Benedikt XVI.: Glaube und Vernunft. Die Regensburger Vorlesung. Kommentiert v. Gesine Schwan, Adel Theodor Khoury, Karl Kardinal Lehmann. Freiburg; Basel; Wien 2006.

2 Vgl. Assmann, Jan: Monotheismus und die Sprache der Gewalt. In: Walter, Peter (Hg.): Das Gewaltpotential des Monotheismus und der dreieine Gott. Freiburg 2005. 18–38.

3 Vgl. Müller, Klaus: Gottes Zorn, der Menschen Eifer und die theologische Vernunft. Zu Peter Sloterdijks affektanalytischer Gotteskritik. In: Striet, Magnus (Hg.): Wiederkehr des Atheismus. Fluch oder Segen für die Theologie? Freiburg i.Br. 2008. 77–98. – Ders.: Neuer Atheismus? Alte Klischees, aggressive Töne, heilsame Provokationen. In: Herder Korrespondenz 61 (2007). 552–557.

4 Henrich, Dieter: Eine philosophische Begründung für die Rede von Gott in der Moderne? Sechzehn Thesen. In: Ders./Metz, Johann Baptist/Hilberath, Bernd Jochen/Werblowsky, Zwi (Hgg.): Die Gottrede von Juden und Christen unter der Herausforderung der säkularen Welt. Symposion des Gesprächskreises »Juden und Christen« beim Zentralkomitee der deutschen Katholiken am 22./23. November 1995 in der Katholischen Akademie Berlin. Münster 1997. 10–20. Hier 10.

5 Vgl. Trautsch, Asmus: Glauben und Wissen. Jürgen Habermas zum Verhältnis von Philosophie und Religion. In: Philosophisches Jahrbuch 111 (2004). 180–198.

6 Vgl. Habermas: Jürgen: Ein Gespräch über Gott und die Welt. In: Ders.: Zeit der Übergänge. Kleine politische Schriften IX. Frankfurt a.M. 2001. 173–196.

7 Vgl. Habermas, Jürgen: Glauben und Wissen. Friedenspreis des deutschen Buchhandels 2001. Laudatio: Philipp Reemtsma. Frankfurt a.M. 2001.

8 Vgl. »Vorpolitische moralische Grundlagen eines freiheitlichen Staates«. Gesprächsabend in der Katholischen Akademie Bayern am Montag, 19. Januar 2004. In: zur debatte 34 (2004). 1–7. Habermas' Part des Dialogs vgl. auch unter dem Titel »Zur Diskussion mit Kardinal Ratzinger«. In: Information Philosophie 32 (2004). 7–15.

9 Kissler, Alexander: Die Entgleisungen der Moderne. Wie Habermas und Ratzinger den Glauben rechtfertigen. In: Süddeutsche Zeitung. 21.01.2004. 11. Vgl. auch den Wiederabdruck in: zur debatte 34 (2004). 5. – Vgl. auch Assheuer, Thomas: Auf dem Gipfel der Freundlichkeiten. Jürgen Habermas und Kardinal Ratzinger diskutieren über Religion und Aufklärung. In: Die Zeit. Nr. 5; 22.01.2004. 38.

10 Vgl. Habermas, Jürgen: Die Grenze zwischen Glauben und Wissen. Zur Wirkungsgeschichte und aktuellen Bedeutung von Kants Religionsphilosophie. In: Langthaler, Rudolf/Nagl-Docekal, Herta (Hgg.): Recht – Geschichte – Religion. Die Bedeutung Kants für die Gegenwart. Berlin 2004. 141–160. – Veränderte Fassung in Habermas, Jürgen: Zwischen Naturalismus und Religion. Philosophische Aufsätze. Frankfurt a.M. 2005. 216–257. (Nachfolgend Seitenangaben für beide Versionen).

11 Vgl. die einschlägige Formulierung in Habermas: Gespräch (Anm. 6). 182.

12 Vgl. Habermas: Gespräch (Anm. 6). 182.
13 Habermas: Gespräch (Anm. 6). 183.
14 Vgl. Habermas: Gespräch (Anm. 6). 184.
15 Habermas: Gespräch (Anm. 6). 184–185. – Dass all diese Motive, die der Neuen Politischen Theologie zu Recht so wichtig sind, anders als von dieser unterstellt, bereits seit Kant innerhalb der Philosophie präsent sind, zeigt im Detail Langthaler, Rudolf: Gottvermissen – eine theologische Kritik der reinen Vernunft? Regensburg 2000.
16 Vgl. Habermas, Jürgen: Das Absolute und die Geschichte. Von der Zwiespältigkeit in Schellings Denken. Diss. Bonn 1954.
17 Habermas: Gespräch (Anm. 6). 188.
18 Habermas: Diskussion (Anm. 8). 13.
19 Vgl. Habermas: Diskussion (Anm. 8). 7. 10. – Ders.: Grenze (Anm. 10). 142 (Version 2004). 218 (Version 2005).
20 Vgl. Habermas: Diskussion (Anm. 8). 13–14.
21 Vgl. Habermas: Gespräch (Anm. 6). 14.
22 Habermas: Glauben (Anm. 7). 28.
23 Vgl. Habermas: Glauben (Anm. 7). 25.
24 Vgl. Habermas: Gespräch (Anm. 6). 192.
25 Habermas: Grenze (Anm. 10). 157–158 (Version 2004). 248 (Version 2005).
26 Vgl. Müller, Klaus: Aufgaben eines bewusst geführten Lebens. Zu Dieter Henrichs Projekt einer metaphysischen Existenzdeutung. In: Philotheos 4 (2004). 82–97. – Ders.: »...was überhaupt wirklich und was ein erstes Wirkliches ist.« Mit Dieter Henrich unterwegs zu letzten Gedanken. In: Hoff, Gregor M. (Hg.): Auf Erkundung. Theologische Lesereisen durch fremde Bücherwelten. Mainz 2005. 149–165. – Ders.: Zwischen Ich-Gewissheit und Fiktion. Über die Grenzlogik religiöser Wahrheit. In: Oberhammer, Gerhard/Schmücker, Marcus (Hgg.): Glaubensgewissheit und Wahrheit in religiöser Tradition. Wien 2008. 135–160.
27 Habermas: Gespräch (Anm. 6). 183. – Vgl. dazu auch die ausführliche Skizze dieser Option in Habermas: Grenze (Anm. 10). 252–253 (nur Version 2005).
28 Vgl. Henrich, Dieter: Das Selbstbewußtsein und seine Selbstdeutungen. In: Ders.: Fluchtlinien. Philosophische Essays. Frankfurt a.M. 1982. 125–181.
29 Vgl. dazu Müller, Klaus: Streit um Gott. Politik, Poetik und Philosophie im Ringen um das wahre Gottesbild. Regensburg 2006.
30 Vgl. dazu auch Henrich, Dieter: Religion und Philosophie – letzte Gedanken – Lebenssinn. Drei Versuche, auf Rückfragen von Ulrich Barth zu antworten. In: Korsch, Dietrich/Dierken, Jörg (Hgg.): Subjektivität im Kontext. Erkundungen im Gespräch mit Dieter Henrich. Tübingen 2004. 211–231.
31 Vgl. Henrich, Dieter: Versuch über Kunst und Leben. Subjektivität – Weltverstehen – Kunst. München 2001. 40.

32 Vgl. Habermas: Grenze (Anm. 10). 157 (Version 2004). 247 (Version 2005). – Vgl. dazu auch Henrich, Dieter: Der Mensch als Subjekt in den Weisen seines Mitseins. In: Hügli, Anton/Kaegi, Dominik/Wiehl, Reiner (Hgg.): Einsamkeit – Kommunikation – Öffentlichkeit. Basel 2004. 26–50.

33 Habermas: Gespräch (Anm. 6). 178.

34 Vgl. Habermas: Glauben (Anm. 7). 28.

35 Vgl. Nagel, Thomas: Der Blick von nirgendwo. Frankfurt a.M. 1992. [Hier die amerikanische Originalausgabe New York; Oxford 1986]. 217. 218. 223.

36 Henrich: Das Selbstbewußtsein und seine Selbstdeutungen (Anm. 28). 116.

37 Vgl. Müller: Streit um Gott (Anm. 29). 200–204.

38 Vgl. Henrich: Das Selbstbewußtsein und seine Selbstdeutungen (Anm. 28). 117–119.

Umschlaggestaltung: Aschendorff Verlag
Aufnahme: Jürgen Christ

Hinweis:
Das vierte Kapitel entstand aus einer Predigtreihe, die vom Verfasser 2008 an der Dominikanerkirche Münster gehalten wurde und als veränderte Fassung 2009 in ›Prediger und Katechet‹ erschien.

Printed in Germany, 2010
Gedruckt auf säurefreiem, alterungsbeständigem Papier ∞
ISBN 978-3-402-12835-0

